増補改訂版

流通入門

成田景堯・秦小紅　編著

五絃舎

『流通入門』増補改訂版発行にあたって

　新型コロナウイルスの感染拡大防止対策が打たれて，はや１年が経った。マスクをつけたままの会話や在宅ワークなどが日常となったように，この１年は多くの常識が非常識に，考えもしなかったことが当たり前のことへと変わった。流通もその例外ではない。例えば，インターネット通販における買物や宅配サービス，および QR コード決済などの利用増加がそうである。

　このように私たちはコロナ自粛を通じて，多くの新しい消費や買物方法を身に付けた。消費者の変化に対応するために，企業もその戦略と行動を変えていった。これらの諸現象は新型コロナウイルス感染症のコントロールができたあとでも，続くものもあれば，そうでないものもあるであろう。

　当然，流通研究の世界でも，新たな研究テーマが立ち上がり，これまでの流通理論の修正が迫れたり，あるいは書き替えられたりすることが予想される。しかし，新たな流通理論が確立されるには，多くの時間を要する。その前に，流通の基礎理論と歴史をもう一度おさらいし，現在と過去を比較し，どのような流通理論が有効で，どの部分が既存の理論では説明できないかを明らかにする必要がある。

　本書は，上記のような考えのもとで歴史背景の説明に重点を置いたうえでその展開を見る「消費者と流通」と「流通と政策」の２つの章を追加した。「消費者と流通」の章では消費者運動，「流通と政策」の章では流通政策に着目している。

　また，初版の「消費者と流通」の章は「消費者行動」というタイトルに改めた。そして他の章では内容の変更こそないが，より読みやすいための説明を付け加えた。

　最後に，温故知新という言葉があるように，本書を通じて過去の歴史と先人

が築いてくれた基礎理論を振り返ることで，過去と異なった何か新しいものを
見つけてほしい。

編著者　成田景堯・秦小紅

2021 年 2 月吉日

『流通入門』発行にあたって

　本書は，昨年（2019 年）に出版された『流通論入門』の補訂版である。

　今回補訂を行った理由は，流通補助の扱いを明確にした点にある。流通補助は，商品の所有権移転を伴う取引当事者に代わって，流通活動の一部を遂行する人たちの活動の総称である。例えば，小売業者が商品販売に伴う配達を自身で行う場合，この活動は流通活動に分類される。それに対し，物流専業会社が小売業者に代わって，配達を遂行した場合は，この活動は流通補助に分類される。換言すれば，流通補助であるかどうかは，活動内容による区分ではなく，担い手の性質（所有権移転の当事者であるかどうか）によるのである。

　こうした理解のもとで，補訂版では第 7 章のタイトルをこれまでの「流通補助」から「流通金融と危険負担」に変更した。

　補訂版の第 1 章は，流通に関係する諸現象と理論を全体的に簡潔に紹介している。第 2 章は流通の誕生と展開，第 3 章は流通の捉え方について説明している。第 4 章から第 7 章は，流通を支える諸機能を機能別に説明している。第 8 章は商業が必要とされる理由，第 9 章から第 12 章は商業者（卸売業者と小売業者）に関係する変化と彼らが果たす役割と機能等について説明している。第 13 章と 14 章は，生産者と消費者がどのように流通と関わり合い，そして影響し合っているかについて説明している。

　以上の通り，初版の構成をできる限り生かしつつ，内容検討の上，補訂を行った。その際，今後の改訂に向けてより多くの流通理論と現象を扱えるよう考慮して，書名を『流通入門』にすることとした。

編著者　成田景堯・秦小紅

2020 年 2 月吉日

はしがき

　生産や消費と比較すると，流通という言葉に馴染みを持つ人は少ない。学生に「流通とは何か」を聞くと，ほとんどの人は首を傾げる。さらに「思ったイメージでいいから言ってみて」とたたみかけると，何人かの学生は「トラックで荷物を運ぶ」，「配達員」と答える。

　学生は，どうやら流通は荷物をA地点からB地点に運ぶ活動，あるいは仕事だと考えているらしい。間違ってはいないが，流通を狭くとらえすぎている。なぜ流通という言葉はあまり認知されていないだろうか。いくつかの原因が考えられる。

　1つ目は，流通という言葉は日常生活でほとんど使われていないからであろう。生産と消費という言葉は日々の新聞や日常会話に登場するが，流通はあまり出番がない。

　2つ目は，流通に対応する用語が流通につながりにくいからであろう。多くの人は，生産が製造・作る・供給と，消費が使用・使う・需要と対応していることを知っているが，流通はどのような用語に対応できるかを思いつかない。それは流通という活動が細分化され，その活動を表す用語が流通とつながりにくいことと関連している。

　私たちがよく買物に行くコンビニやスーパー，または多くの学生が就職したい総合商社や広告代理店は，すべて流通を業としている。この他にも運輸，倉庫，卸売などの業界も流通業に含まれる。また銀行や保険，リースなどの業界も流通と深く関わっている。

　これらのことを学生に伝えると，多くの人は，「へえ」と驚いたり，「流通って大切だな」と流通がカバーする範囲の広さに感心する。

　本書は流通の初学者を対象に作られている。流通をわかりやすくかつ体系的

に説明することに心がけてきた。また，第1章は総論的な位置づけであるため，第2章以降の全体を読んだ後に，再読すると，流通および流通研究の面白さをより一層感じて頂けるだろう。

謝辞

　本書の企画に賛同していただき，貴重な原稿を寄せてくださった兵庫県立大学名誉教授の小西一彦先生，松山大学の芳賀英明先生をはじめ，編者らの研究を院生時代から支援してくださった，明治大学の小林一先生，諸上茂登先生，大石芳裕先生，菊池一夫先生，中西晶先生，町田一兵先生，日本大学の臼井哲也先生，岡山商科大学の松井温文先生，鈴鹿大学の今光俊介先生，新潟経営大学の伊部泰弘先生，近畿大学の岡山武史先生，柳偉達先生，大阪商業大学の金度渕先生，拓殖大学の中嶋嘉孝先生，東海学園大学名誉教授の西田安慶先生に心より感謝申し上げたい。

　そして理論と現実の結合に多くの示唆を小売経営の現場から教えてくださった東急ストア元取締役の山本和孝様，イトーヨーカ堂社長の三枝富博様，およびエミフルMASAKI支配人の山本徹様にも心から謝意を表したい。

　最後に本書の出版を快く引き受けて頂き，格別のご配慮とお手数を煩わせた五絃舎社長の長谷雅春様にも心よりお礼を申し上げる次第である。

編著者　成田景堯・秦小紅

2019年2月

目　次

第1章　流通論，商業論，マーケティング論

第1節　流通研究の3つの分野

　流通研究は基本的に「商学」に含まれるが，その内容は多岐にわたっている。大別すると，流通論と商業論とマーケティング論に別けられる。流通論はマクロ的で商業論はセミマクロ的，そしてマーケティング論はミクロ的であるといえる。現在,わが国の流通研究は,これらを一つで表現できる適切な言葉をもっていない。強いていえば流通研究であろう。とりあえず本章ではこの用語を用いることにする。アメリカ合衆国ではマーケティングという用語が多用されてきた。これにミクロやマクロを冠して2つのマーケティングを区別しようとしているが，必ずしもそうでもない場合もあるので読む時は注意を要する。日本でも，それは視点や観点の違いによるものであるので，用語は統一した方が良いと主張する人もいるが，それは間違いである。それぞれは視点や観点の違いではなく対象の違いである。概念の本質や生成の起源，背景，解くべき問題，課題や条件などは異なるので，やはり区別して使用すべきである。さもなければ議論は混乱するだろう[1]。

第2節　3つの概念の起源と定義

1.　流通の起源と定義

　流通は，生産，分配，交換，消費のうち，交換に関係する，というよりも交換がより発展した段階の形態である。生産が発展し,剰余の生産物ができると,

1)　小西一彦『現代流通の基本問題』（神戸商科大学経済研究所，1991 年）序章参照。

生産者の間で交換と呼ばれる所有権の移転が行われる[2]。その交換によって生産物は単なる生産物でなく商品となる。その後，交換目的の生産が行われて商品生産となり発展していく。単純な物々交換の限界から貨幣が生まれ，その貨幣を介した交換が行われるようになり，交換は販売と購買に分裂し，その統一として成就していくようになる。それぞれの販売や購買は個別的であるが，いずれも他の販売や購買を前提にして行われるので，どの販売や購買も社会的に無限の売買連鎖を形成していくことになる。この売買連鎖の社会的関係の全体も交換であるが単純な交換とは別の社会的形態の交換であるので，それに適した言葉が必要になる。それが流通である。流通は商品の売買連鎖の社会的総体であるといえる。こうして，流通は，生産や分配や消費のように太古の昔からあったものではなく，人類の歴史では比較的新しい存在なのである。それは本来的に社会的である。そして開放的である[3]。

2.　商業の起源と定義

　上のような流通が成立したことによって，社会の生産はいっそう発展する。しかし，生産者が直接行う流通には個別的販売の偶然性もあるので限界がある。売買が停滞して流通が順調に機能していかなくなると，それを解決するものが現れていく。生産は行わないで流通だけに専念する特殊な人間，すなわち商人がそれである。流通は商人による売買を介して行われるようになるのである。売買の社会的連鎖の中に商人が現れると，全体としての流通は，生産者による直接的な売買の部分とそれとは別に商人に媒介された間接的な売買の部分の2つから構成されるようになる。このうち，後者が商業と呼ばれるのである。流通は商業を含めて全体として機能していく。したがって，商業は，商品流通における生産を伴わない再販売購入の部分であるということになる。やがて，その商業が流通のほぼ全域を占めるようになると，商業は流通の代名詞のようになる。実際，流通という言葉は使われず，商業が流通の代名詞として機能して

2)　交換とは別の所有権移転の形態としては略奪と贈与がある。
3)　小西一彦『前掲書』（第1章参照）

いくのである。それも関係して，学問としては，流通論ではなく，商業論（古典的商業学）が，先に成立していくのである。その後，何世紀も経って，全体としての流通の中に，もう一度，商業ではない，非商業的な流通部分が肥大していくようになり，それは商業とは呼べないので，別の用語が，例えば，マーケティングや配給，そして流通の名が使われるようになっていく。この後の流通は現代的な意味と内容をもった流通である。後段で説明する。

3.　マーケティングの起源と定義

　商人によって行われるようになった流通部分である商業は，社会が封建社会から資本主義社会に移行してからも存在しつづける[4]。しかし，19世紀の末頃に，多数の中小の生産者たちの中から，少数の大規模な生産者（寡占メーカー）が成立していくと，事態は一変する。それら寡占メーカーが販売を行うようになり，また，その販売のための操作活動も活発に行うようになる。それによって，自立した商業者たちはその寡占メーカーの商品の流通からは排除されていく。または，商業者たちに固有の商業性や自立性，社会性が著しく制限されていく。寡占メーカーによる直接販売とそのための売買操作の活動が流通の中で大きな部分を占めるようになっていく。これが最初に現われたアメリカ合衆国では，それを商業とは呼べないので，マーケティングという言葉が使われるようになった。マーケティングは，歴史的には，アメリカ合衆国で，1880年代に，寡占（少数支配）化した大規模製造企業（メーカー）が，私的な市場の獲得と創造，支配と管理をするために行い始めた売買と売買操作の政策と行動の総称として誕生したものである。ただし，その後，第2次世界大戦後からは製品差別化などの市場戦略も含んだ概念になり，また，1980年代に入ると，経営理念（目的や目標）やドメイン（価値提供の対象者，提供内容，提供の方法の程度），SWOT（強み，弱み，機会，脅威の分析），などの経営ではより上位の意思決定も含んだ概念になって内容は豊富化し，高度な発展を遂げるようになっていった。また，マーケティ

---

4)　自由競争の資本主義の下で存在する「近代的商業」のことである。

ングは寡占メーカー以外の企業や非営利の組織も行うようになり，現在，これを一言で定義するのは難しくなっている。強いて定義するなら，「あるもの（事物，性質，関係，観念）を販売するために行われる戦略経営の流通部分である」といえるかもしれない。

4. 今後の流通研究のために

　以上，わが国では，流通研究は，現在，大別すると，流通論と商業論とマーケティング論の３つに分けられる。いずれも社会的に大きな意義と役割をもって存在し機能している。それぞれの基礎には異なった社会関係があり，異なった問題や異なった課題をかかえている。それは国や時代によって区々であるので，対象に適した方法で研究する必要がある。1980年代以降，社会の構造は大きく変化した時代に入っている。その下で，流通と流通研究も大きな変革期を迎えている。上の３つの研究分野の内部でもいっそうの細分化がみられ，研究の高度化が進んでいる。反対に，複数分野の統合または複合化の事態も生じている。現実の流通は，常に，既存とは異なる形態や機能，問題や課題を伴って変化し発展していくので，研究者はそれらを注視し，それらを発見し，観察し，分析し，概念化し，理論化していくことが必要である。以下では，そのような今後の流通研究に資する目的で，これまでの流通研究を，さらに詳しく概観してみることにする。

第3節　「古典的商業学」の盛衰

1.　「商業学」の成立

　流通研究の中で，学問として，最も早くから成立したのは商業論であった。ただし，その商業論は「商業学」の名で呼ばれていた。経済学や経営学よりも時期は早い。社会科学の中で最も早くから成立した学問であるといえる。資本主義に先立つ重商主義の時代に早くも一応の確立をみたのである。アラビア人のアリ・ディミスクの手になるといわれる『商業の美，良き商品と悪しき商品

の知識ならびに商品詐欺師の偽造にかんする指針』はその萌芽的研究であった。これの出現は 12 世紀よりも前であったといわれている。その後も 14 ～ 15 世紀頃にはイタリアで，また，15 ～ 16 世紀にはヨーロッパ諸国で，商業（実務）についての膨大な記述が遺されている。その内容は最初の頃は実務指針的なものであったのが，やがて商業活動を中心に，社会経済の問題の全般にわたるものへ，さらにはそれら問題の解明を意図したものへと発展した。ルイ 14 世の宰相コルベールの経済顧問であったサヴァリーによる『完全な商人』（1675）では，単なる技術的な商業実務の知識だけでなく，商業組織の問題，マニュファクチュアに対する関係，輸出業に関する原理，なども含まれていた。やがてそこから，ドイツで官房学の一翼をなしたといわれる「商業学」が成立していった。ルドビッチ，メイ，ロイクスなどはその代表者たちであった[5]。

　このような「商業学」が，なぜ，経済学や経営学よりも時期的に早く，学問として成立したのか。それは歴史を少しだけ振り返ってみるとわかる。当時，どの国の権力者たちも，商業こそが社会に富をもたらす存在であると考えていたからであり，商人（商業者，商業資本家）たちこそが社会の経済で最も中心的な力のある存在だったのである。

2. 経済学の成立と商業学の衰退

　しかし，18 世紀の後半頃になると，そのような商人たちの力には陰りがみられるようになった。代わりに，新しい勢力が社会の中に現れていった。それら新興勢力も，同じく商人的ではあったけれども，商業者ではなかった。商人的生産者すなわち産業資本家であった。その産業資本家たちは，まず，イギリスに登場した。イギリスでは，社会の資本が，より多く生産に投じられた。分業と協業，機械と機械体系から工場システムが確立し，資本主義の社会が生まれた。第 1 次産業革命が起きて，イギリスの経済成長の時代が続いた。何年もの間，イギリスは世界の工場として，また，経済の大国として，世界に君臨

---

5) 森下二次也『現代商業経済論』（有斐閣，1960 年）92 頁。風巻義孝『商品学の誕生－ディマシュキーからベックマンまで』（東洋経済新報社，1976 年）参照。

した。このイギリスの資本主義と産業革命は，1825 年の第 1 回世界恐慌（バ
ブル崩壊）を契機に，ヨーロッパの諸国に，そしてアメリカ合衆国に，最後に
日本にも波及していき，世界全体は資本主義社会に変わっていった。

　剰余の価値（利潤）は流通（商業）ではなく生産でつくられると考える点に
大きな特徴をもつ資本主義の成立で，それまで社会の中心に位置していた商業
の地位は大きく低下した。当時，グラスゴー大学で教員をしていたアダム・ス
ミスが剰余価値は生産でつくられることを理論的にも明らかにしたが（『諸国
民の富』1776 年），このスミスを筆頭にヨーロッパでは「国民経済学」が成立
していき，それまで「商業学」で論じられていたマクロ的な経済問題は，この
「国民経済学」の中で論じられるようになった。「古典的商業学」の地位も低下
していったのである[6]。

3.　経営学の成立と商業学の換骨奪胎

　それだけではなかった。その後，中小零細の産業資本家たちによる自由競争，
価格競争，生産性向上競争が，必然的に企業規模の拡大競争へと発展していき，
その中から巨大組織をもつ企業が成立していった。この巨大経営組織が成立す
ることで，それまで，市場取引を通じて配分されていた社会の諸資源が企業内
部の管理を通じても行われるようになった。そこで，それを合理的に行うため
の研究が必要になった。すなわち，「経営学」が成立していったのである。こ
れによって，それまで「古典的商業学」に残されていたミクロ経済的な問題も，
その「経営学」の中で論じられるようになって，そこに吸収されていった。そ
の結果，「古典的商業学」は，文字どおり，「換骨脱胎」され，再び，かつての
商業実務にとどまる，内容的には社会科学とは呼べない存在へと衰退していっ
たのである[7]。

---

6)　森下二次也『前掲書』93 頁。
7)　小西一彦『前掲書』4 頁。

第 4 節　現代流通と流通研究

1.　現代社会と現代流通

　18 世紀の第 1 次産業革命期から大規模製造企業（寡占メーカー）が成立した 1880 年頃までが資本主義の第 1 期（「近代」）である。その後，それら寡占メーカーの経営が限界を露呈するようになる 1980 年頃までが資本主義の第 2 期（「現代」）である[8]。この第 1 期の終わり，第 2 期の資本主義の初め頃にも「第 2 次産業革命」が起きた。それによって，寡占メーカーの生産力は飛躍的に高まった。そして，市場問題（販売の困難）も激化した。周期的そして構造的にこの市場問題が発生し大規模化した。大きな社会問題も起きた。2 度の世界戦争まで勃発した。資本主義社会も基本的に商品の生産と流通の社会である。そこで生産された商品は一定の期間内で必ず販売されなければならない。さもなければ次の生産は行うことができないで，企業は倒産してしまう。そうでなくても売れ行きが鈍化すると社会の経済は混乱する。それが他にも悪い影響を与えて社会問題を増悪させるのである。そのような事態の激発と深刻化を基礎に，19 世紀の末頃に，どの国でも，再び，流通問題への関心が高まり，流通研究の必要が出てきた。合衆国では，農産物価格の問題を巡って，農民運動と消費者運動が高揚し，シカゴを中心に流通問題の研究が活発化した。また，北部では個別企業の流通活動についての研究が活発化した。それらがいずれもマーケティングの用語で研究され，様々なアプローチで，理論化され，体系化され，学問としても成立していった。ドイツでも，商業学が復活し，日本では，明治期には商業論が，そして大正期に入ってから配給論が国際的にかなり高い水準で形成されていった。このように，各国で，その名は同じではなかったが，いずれも 19 世紀の末から 20 世紀にかけて，「現代」（第 2 期の資本主義）の経済と流通を対象にした研究が行われていったのである。

---

[8]　この後の「新時代」も含めて，資本主義の人きな時代区分は，私独自の見解である。迪説とはやや異なるが，このように区分するとわかりやすい。

　これら「現代」の流通研究の主な内容の特徴は，商業（者）だけでなく，非商業（者）である寡占メーカーの「直接的な販売」も含んだ流通であったことである。また，それら「直接的な販売」を行うための操作的な機能活動であった「マーケティング」も含まれていた。そこで，もう一度，マーケティングについてもみておこう。

2. マーケティングの生成（第1期）とマーケティング論

　マーケティングは，まず，アメリカ合衆国で，1880年代に，寡占（少数支配）化した大規模生産者（メーカー）が，私的に市場の獲得と創造，支配と管理を行うための売買操作の政策と行動の総称として誕生した[9]。第2次世界大戦までは，寡占メーカーの商品を販売するための売買操作的な活動，具体的には製品，価格，場所，促進に関係した流通機能的活動（1960年にマッカーシー教授はそれらを4Psに集約したことで有名[10]）であった。これはマーケティングの第1期といえる[11]。大規模化し寡占化したメーカーによるマーケティングによって，第1に，市場価格は競争価格よりも高い水準に形成されるようになった。小規模多数にとどまった商業者たちは，再販売でその価格を他に転嫁することは難しく，収益は圧迫されることになった。第2に，寡占メーカーたちは，商業者たちへの販売後も自社製品を高く維持し優先販売することを強制した。それまで，同種異種の多数商品を多数の生産者から仕入れて多数の消費者に無差別に販売することで（売買の社会化），社会の流通コストを節約し（流通の経済：流通時間や流通費用や危険準備資金の節約），それによって社会（生産者や消費者）から存在を認められてきた商業者たちは，その存在すら困難にさせられた。寡占メーカーのマーケティングは，商業者の競争的な価格設定や多数の生産者たちの商品の無差別的な販売とは行動の原理が根本から異っていたのである[12]。

---

9) 小西一彦『前掲書』123頁。

10) E.J.McCarthy,*Basic Marketing:A Managerial Markeing Approch*,1960, pp.36-49.

11) この後の「第2期」「第3期」も含めて，マーケティングの3段階区分は，私の独自な判断に基づく見解である。

12) この商業自立化論と商業否定論の詳しい内容は，前掲の森下二次也『現代商業経済論』（有斐閣）を参照されたい。

両者が対立すれば，市場で強い力をもつようになった寡占メーカーの論理が貫徹していく。商業者たちは流通から排除されるか従属化されていく，あるいは「販売代理人化」（マーケティングチャネル化，流通系列化）されていったのである。商業者に代わって，販売のためのセールスマンが雇用されたり，商業者から機能的に分化した広告機構を通じて，情報の伝達が行われていった。製品についても，売れ行きの良い品質や機能，色，柄，デザインの開発が行われ高度化していった。このように，売買操作の機能的な次元で，順次，開発が行われ発展していったのが，第2次世界大戦期までのアメリカ合衆国における第1期のマーケティングであった。A.W. ショウ（『市場流通の諸問題』1912 年 [13]）は，この時代のマーケティングを見事に体系的に論じている。

　もちろん，そのようなマーケティングによっても，合衆国の社会の流通全体を完全に覆うまで発展を遂げたわけではなかった。むしろ，それら寡占メーカーの市場支配的な行動は，小規模零細な中小企業だけでなく，農民や消費者からも強い反発を買う行動であった。1890 年にシャーマン法，1914 年にクレイトン法，同じく 1914 年に 連邦取引委員会法の独占禁止法が成立して，粗野なマーケティングは違法化され規制された。結局，多くの経済問題や社会問題を背景にして，用語はマーケティング（Marketing）が使われたが，内容は殆ど流通であるような流通研究が主流として行われていった。したがって，戦前はマーケティング論よりも，流通論（合衆国では Principles of Marketing，ドイツは商業学，日本は配給論）が中心であった。本格的なマーケティング論は戦後になって開花した。

3. マーケティングの発展（第2期）とマーケティング論

　機能別に順次展開していった戦前の合衆国のマーケティングは，戦後に入ると寡占メーカーの経営にとって死活的にも重要な存在になった。マーケティングの諸機能は統合され，政策は戦略と戦術に分裂し，長期と広域の判断を必要とする上位の戦略は経営者が担当するようになった。また，マーケティング戦

13) Shaw, A.W."Some Problems in Market Distribution",*Quarterly Journal of Economics*,Vol.26Aug.1912.

略が経営全体の基礎に据えられるようにもなった。こうしてマーケティングは「経営者的マーケティング（managerial marketing)」と呼ばれるようになり，研究も一新された。製品差別化の戦略が行き詰ると，市場細分化の戦略，そして計画的陳腐化の戦略，等々と新しいマーケティング戦略が開発されていき，その下で，機能別の4Pの政策は展開されるという順序の構造に変化した。戦前に支配的であった流通論的なマーケティング論はすっかり影をひそめるようになり，企業的アプローチのマーケティング論こそが全盛時代を迎えるようになった。定義も売買の操作的機能や活動ではなく，それらを管理する活動，すなわちマーケティング戦略の策定こそがマーケティングである，そう主張されるようになった。マーケティングの教科書は全面的に書き換えられたのである。ただし，本質よりも機能重視であり，目的・手段の関係を優先させた機能主義的アプローチは戦前以上に強まっていく [14)]。

4. 戦後日本流通と流通研究（商業論，マーケティング論，流通論）

　日本では，戦後10年間は，市場経済が回復して，卸と小売の商業企業も活動を再開したことで，流通研究も，まずは商業の研究から始まった。

　しかし，1955年に日本の財界首脳たちが合衆国を訪問して，上の第2期の経営者的マーケティングを学んで，帰国直後に，これを報告したことが契機となって，日本の流通と流通研究は一変した。この頃から日本経済は高度成長の時代に入り，日本でもマーケティングが本格的に展開されるようになった。学界の流通研究者たちも，それまでの商業研究から，マーケティング研究へ，一斉にシフトしていった。戦前でも若干の企業がマーケティングを行っていたので，マーケティング研究は戦前にもみられたが，本格的な研究は，やはり，この頃から始まったと考えられる。

　その後，1960年代に入って，戦前に配給論の名で研究されていたマクロの流通の研究も復活してきた。高度成長で生産は近代化され効率化したが流通は

---

14) この項については，森下二次也「Managerial Marketingの現代的性格について」(『経営研究』第40号・41号) 1959年，参照。

旧態依然のままであるので，流通も近代化すべきである，国は政策を講じて流通の近代化を誘導すべきである，このような社会的な意識の高まりで，かなりの程度で政策志向の強い流通研究が行われていった。日本の流通全体の構造や機能，慣行，制度，政府の流通政策のあり方，などがこの期の流通論の主な内容であったといえる。しかし，振り返って判断すると，この流通論は寡占的製造企業が行うマーケティングと軌を一にしたものであった。戦前の「古典的配給論」の復活とそれを若干，政策志向を加味した「流通システム」論である。

　しかし，寡占メーカーのマーケティングが発展する下で，日本の商業は衰退していき，物価は異常な水準まで高騰した。そのような実態を観察して，流通やマーケティング，そして商業について，批判的に研究する研究者も現れ，それらによる流通研究も活発に行われていった。それは世界的には異例であったが，貴重な流通研究であったといえる[15]。

第 5 節　新時代流通と流通研究—現実を踏まえて—

1.　新時代と戦略経営の時代

　1980 年代以降，世界の資本主義は新しい段階（第 3 期，「新時代」）に入った。その影響でどの国どの流通も大きく変化した。これからの流通研究はこの新しい流通実体を直視した新しい内容の流通研究へと変化していかなければならない。

　それまでの資本主義（第 2 期，「現代」）では，大きい社会問題は概ね国家が解決したので，企業は経営で上手に管理さえ出来れば大きな収益を得ることができた，そのような時代であった。しかし，その管理的な経営の結果，1970 年代に入った頃から，企業はいかなる戦略を駆使しても大きな収益を上げることができないような状況に市場が変化した。

　資本が著しく過剰化し市場も飽和化して貿易摩擦も激化したので，寡占資本

---

15) 森下二次也（『流通組織の動態』『マーケティング論の体系と方法』『商業経済論の体系と展開』（有斐閣，1993 年），風呂勉（『マーケティング・チャネル行動論』千倉書房，1968 年），石原武政・小西一彦編著『流通論パラダイム—風呂勉の世界—』碩学舎，2015 年），など。学界では「商業経済論派」で知られる。

は国や産業の境を越えて相互参入を行った。多国籍企業や多産業企業が激増した。その結果，市場の境界線は不鮮明になりグローバル市場化した。そのような市場では，どの企業も従来のような行動をとることは難しい。激化する競争の中で生き残っていくには，生産と流通と管理の全てにおいて大幅なコスト削減と市場への迅速かつ的確な対応ができる経営へと変わらねばならない。

このような構造の中で，最初に新時代的な行動をとったのは日本であった。1970 年代に 2 度の石油ショックに見舞われ危機に陥った日本は，石油に頼らない産業構造（知識集約型産業構造）への変革を決意し，情報産業の育成に力を注いだ。1980 年代に半導体の生産で世界一になり，安くて高性能の製品を生産して次々と世界の市場を制覇していった。その結果，合衆国の貿易と財政は赤字になり，産業が空洞化した。そこで，政府は，ソフトの情報産業の育成と大量のベンチャーの育成，そして日本に対しては「円高」攻勢（プラザ合意，1985 年）と「市場開放要求」（日米産業構造問題協議，1989 年～）を国家戦略として断行した。民間企業も，それまでの管理的経営を廃して，新時代の戦略経営[16]と高度情報技術の導入を行うようになった。これらが効を奏して，1990 年代に入ると，日本以上に成熟した超大国でありながら，高い経済成長率の国へ変化した。それ以上に，中国やインドなどの大洋州の諸国も，同様に，情報産業とベンチャー人材の育成，そして戦略経営に力を入れて，高度成長を実現していった。これらは今も続いている。一方，日本は 1991 年の「バブルの崩壊」以降，30 年もの長きに亘って，経済の低迷状態が続いている。この過去約 30 年を振り返り，世界と日本の資本主義のあり方を考えると，やはり 1980 年前後に起きた新時代への移行，市場構造や経営行動の変化の影響は大きかったといえる。

2.　戦略経営と戦略的マーケティング

合衆国で，1980 年代に，新しい戦略経営が行われるようになったのは，日本の輸出の拡大だけが理由ではなかった。国内でも，戦後の合衆国企業による

16）戦略経営については多くの研究がある。例えば，経営戦略研究会『経営戦略の基礎』日本実業出版社，2008 年，高橋宏誠『戦略経営バイブル』PHP 研究所，2010 年，参照。

管理的経営に問題があった。日本企業との競争で敗北を喫する中でその経営の限界が明白になったのである。

　厳しい競争戦に勝ち残るために，高度情報化の政策がとられた。それによって，市場は益々多様化し変動するようになった。中小企業，零細企業，消費者も，それら高度情報化の成果を享受して，自らも情報を発信したり，購入前に豊富に情報を収集し，広告や宣伝に安易に操作されることがないようになった。市場の成熟化，経済のグローバル化，社会の高度情報化こそは，新時代の大きな特質であり，この時代の潮流である。経済と経営，社会におけるこの大きな現象こそが，資本主義の第 3 段階への移行を特徴づけている。

　これが社会の流通と流通研究にも，当然，影響を与える。それまで管理的であった戦後の経営者的マーケティングは，1980 年代に入って，戦略的マーケティングへと変った[17]。それを受けてマーケティング論も戦略的マーケティング論として再編されていった。この新しい戦略的マーケティング論は，第 2 次大戦前の 4P 中心の機能別マーケティング政策論や第 2 次世界大戦後の製品差別化戦略などの戦略策定を軸にしたマーケティング戦略論でなく，それら政策や戦略の策定の前に「理念（目的・目標）」や「ドメイン（誰に，何を，どのような方法で提供するかの範囲）」，「SWOT 分析」といった次元の意思決定が優先される戦略経営的マーケティング論とでも呼べるものである。そして，マーケティング戦略の策定も以前は経営トップだけが行っていたが，今は，ミドルやボトムのリーダーも行うようになっている。それを可能にするために，権限も諸部門へ委譲されている。硬直的で垂直統合型であった組織も柔軟で水平型あるいはネットワーク型に変わっている。組織全体はあたかも経営者集団のようである。もちろん，理念やドメインなどは組織の全員が共有し整合的な意思決定がなされることが前提とされている。これらが新時代の戦略経営であり戦略的マーケティングである。

---

17) 私はこの「戦略的マーケティング」の用語は，「戦略経営的マーケティング」とした方が正確だと考えている。小西一彦編著『新時代マーケティングへの挑戦―理論と実践―』（六甲出版販売，2010 年）参照。

3. 流通経路政策の転換と商業の復活

　戦略的マーケティングの下で，寡占メーカーの流通経路政策も大きく変化した。これまでは商業排除や流通系列化（マーケティング・チャネル化）のように商業否定的であった経路政策は，1980 年代頃から商業企業を支援したり，共同を提案する，商業肯定的な方向へ転換する企業がみられるようになっていった。チャネル政策としては後退だが経路政策としては時代の潮流に適合するので前進である。この寡占メーカーの経路政策における変化こそは，現代の流通と商業のあり方に劇的変化をもたらした大きな要因であった[18]。小売流通の段階では既に高度成長期からも大規模小売商業企業の発展という形で部分的にみられたが，それが本格化したのは 1980 年以降である。卸売業においても 1990 年代に入って事業の大規模化が本格的にみられるようになった。興味深いのは，本業は製造業でありながら，他社から商品を仕入れて何ら加工を行うことなく再販売するという，内容的には商業といってよいような事業を兼業する傾向が大手の製造企業でみられるようになったことである[19]。このように流通全体として商業的な部分の発展や機能の拡大は，1980 年以前ではみられなかった現象である。新しい時代の流通形態として特筆されてよい現象である。その他の関係でも何かと一昔前ではみられなかった現象が起きている。そこで，これからの流通研究では，そのような資本主義の第 3 期的な現象を踏まえて，変化する流通の現実を直視して研究をしていかなければならない。ここでは対象となる実体の正しい分析とともに，総合化の方法でも，かなり難しい問題が考えられる。それを避けないで分析し，総合し，理論化していくべきである。

4. 商業とマーケティングの新しい関係

　例えば，1970 年代から，「小売業のマーケティング」[20]というテーマの研究がみられるようになった。ひと昔前であると，商業とマーケティングは実体

---

18) 小西一彦「第 7 章卸売業の構造変化の特質」（尾崎久仁博・神保充弘編著『マーケティングへの歴史的視角』同文舘，2000 年），参照。

19) 小西一彦「前掲論文」（『前掲著』）146 頁。

20) 三浦信『小売マーケティングの展開』千倉書房，1976 年。

も理論も互いに排除し合う関係にあったので，そのようなテーマの研究は忌避されるか異端視される可能性の強い状態であった。しかし，最近は，そうでもなくなっている。この種のテーマの研究も増えている。とはいえ，商業とマーケティングの概念は，依然，別であるので，それぞれを正しく定義したうえで，両者の統合を論理的にも整合するように議論していく必要がある。方法論でかなり難しい問題であるが挑戦する価値はある。かつての流通研究でもこれに良く似た問題があった。それが学界でも取り上げられて流通研究の大きなテーマになった。「マーケティング・チャネル研究」がそれである[21]。

　さいわい，この統合は現実に事実として存在するので，経営者の頭の中では統一されている。論理的に統一することは可能であるということである。研究の方が遅れているのである。新しい概念と新しい流通の理論の形成が求められる。流通論とマーケティング論の関係でも同じことがいえるかもしれない。例えば，「保険のマーケティング」がその例になるかもしれない。流通機能の一つであった保険が，流通のための操作の活動としてのマーケティングと，これまでは別過程として研究されてきたが，今はその統合が発展しているので，それを理論化する必要がある。この研究では，保険論とマーケティング論の双方の知識と理論が必要である。それぞれの専門の研究者が協力する必要もあるだろう。同様に，運輸や保管，金融，証券，情報などでも，マーケティングの研究者との共同が望まれる。

　1970 年代から，サービスについての議論も活発化し，1980 年代に入って本格化している。その中で，マーケティング論との接点がうまれた。スカンジナビア半島や北欧諸国を中心にサービスのマーケティングが大きな研究分野として発展してきた。日本でもサービス・マーケティングが熱心に研究されるようになっている。この背景には，どの国でも，サービス部門の雇用比率が伸び，GDP の中のサービス産業の割合が上昇してきたことが考えられる。企業の経営でもサービス関連へのマーケティングの適用が益するところが大きく，そのためにサービス・マーケティングについての研究の発展が期待されるように

---

21) 風呂勉『マーケティング・チャネル行動論』千倉書房，1968 年。

なっているのである。ただし，サービス概念の本質解明の困難さから，学問として の体系化は，なかなか進展していない。今後もサービス経済化の流れは確実であるので，マーケティング論的あるいは流通論的な取り組みの対象として注目していきたい。ここではサービスの概念だけでなく，生産や消費といった経済の基礎的な概念も関係しているので学際的研究がいっそう必要である。

5. 高度情報化社会と流通研究の課題

　紙数の制限のために，詳しくは書けないが，今一つの大きな問題としてあるのは，社会の高度情報化の流通への影響である。社会の高度情報化は既に指摘したように，市場の成熟化や経済のグローバル化と並んで，新時代を特徴づける大きな特質の一つである。特に 1990 年代の半ばに始まる，IT 関連技術を用いた新型ビジネスの登場と急成長の影響は大きい。インターネット・ビジネスの発展はその代表である。この社会の高度情報化によって，生産から生活までの全域でそのあり方が一変するという事態が起きたのである。IT の関連技術の使用で，IoT，ビッグデータ，ディープラーニング，AI，ロボット，などが発展し，目下，「第 4 次産業革命」の只中にある。確かに技術の発展は激しく急であるので「革命」と呼ぶに相応しい。これを受けて，流通では，特にインターネットを利用した卸売業や小売業が急成長している。実際の購入がリアルで行われる場合も，人々は，大抵は，事前にインターネットから情報を収集し，判断の妥当性の確認をするようになっている。このインターネットを介した，あるいは利用した，流通や商業，マーケティングは，これまでにはなかったことであるので，不明なことは多いが，理論化が必要であり，今後の大きな課題である。

第6節　流通研究の課題と展望

　最後に，これまで，流通研究は諸分野に細分化していくことで専門性を高め，学問としても成立し発展してきた。しかし，本来，学問は，現実の問題や課題，

条件を踏まえて，研究者が（これには学生も含まれる）意識の層で対象を知覚し，模写し，分析し，論理的に再構成し，概念化し，そして理論化して学問に高めていくものである。したがって，基本は現実の認識であり，社会問題の解決に役立つことが目的である。もちろん，社会の主権者は市民であり国民であるので，社会問題の解決の方向や方法は，最終的には市民や国民が決すべきであるが，そのためには市民や国民が現実を正しく認識し判断し行動できるのでなければならない。そのためには研究者は専門性と学問性を生かして現実を正しく認識し理論化していかなければならない。社会に正しく説明する必要がある。また，問題解決の方策の提案も望まれる。新時代の流通研究は，専門性と学問性，実践性，そして問題解決能力も示す方向で行われていくことが期待される。

第2章　流通の誕生と展開

第1節　3つの経済活動

　経済活動は大きく生産，消費，流通に分類することができる。生産者は，自らの生産活動によって作り出したモノ（有形財）やサービス（無形財）を通じて誰かの問題解決や欲望達成に役に立つことを目的とする。一方の消費者は，作られた製品やサービスの使用を通じて，自らの問題解決や欲望達成を実現しようとする。これらの目的を達成するための活動はそれぞれ生産と消費と呼ばれている[1]。

　例えば，人の短期記憶の容量は有限である。そのため学生は忘れないうちに教員から教わった知識をノートに書き込む。そして復習するときに引っ張り出して使う。学生がペンを使ってノートに書き込む活動は，消費という。そして，記憶することを手伝うためのペンやノートを作る活動は生産という。

　同じように，教員が学生に分かりやすく知識を伝えるために，パワーポイントやプロジェクター，およびスクリーンを使う活動も消費という。しかし，ここでいう教員の消費と学生の消費の性質は違う。学生がペンとノートを消費するのは，自らの記憶問題を解決するためにある。それに対して，教員がパワーポイントやプロジェクター，スクリーンを消費するのは，教員が伝達する知識に価値を見出し，授業料を支払っている学生によりわかりやすく知識を伝えるためにある。つまり，教員は知識の伝達という製品（サービス財）を生産するためにパワーポイントやプロジェクター，およびスクリーンという製品が消費

---

1)　本節は岩永忠康監修『現代流通の基礎』五絃舎，2011年，4頁と鈴木安昭『新・流通と商業〔第5版〕』有斐閣，2010年，1〜3頁を参照して作成した。

されているのに対し，学生は自らの問題解決のためにペンとノートという製品を消費しているのである。

　一般に後者を消費者と呼び，彼らが消費する製品を消費財と呼ぶ。そして前者は何かの財を生産しているため生産者と呼ばれ，彼らが製品を生産するために使用される製品を生産財と呼ばれている。

　3つ目の流通は，生産と消費を結び付ける経済活動である。現代のような高度分業社会では，多くの消費者は自らが使用している製品はどこで，誰に，どのように作られたかということをほとんど把握していない。他方の生産者の多くも，自ら生産した製品は具体的にどこの誰に，どのように使用されているかを把握していない。

　例えば，私たちはスマートフォンを手に入れようとしたら，ほとんどの人は携帯ショップまたは家電量販店へ行く。そして恐らく多くの人はスマートフォンのメーカーや製造国も大よそ知っている。だが，スマートフォン内に入っている半導体のシリコンウェハーの材料がブラジルで採取され，日本でウェハーが製造され，そのウェハー上の電子回路は台湾やアメリカで作られ，そしてマイクやスピーカー，液晶などの部品は中国で生産され，半導体と一緒に組み立てられていること，またはスマートフォンを駆動させるソフトウェアはどこで，どのように生産されているかなどを知っている人はほとんどいないだろう。また，そのスマートフォンは，一体どのような取引経路と物流経路を経て，小売店に届けられているかについてもほとんど消費者に知られていないはずである。さらに，材料と部品はどのように生産され，どのような流通経路を経て自らの手元に，自らが生産した製品はどのような流通経路および販売方法を経て消費者に届くかについての詳細を把握しているメーカーも少ないだろう。

　生産者と消費者がお互いのことを熟知していないにもかかわらず，製品が使用したい人のもとで使用されているのは流通が機能しているからである。本書は流通についての入門本であり，本章では流通の誕生と発展を中心に説明する。

第 2 節　交換の誕生と展開

　流通は交換の一種である。交換は，A 者と B 者がお互いのモノを取りかえる行為である。交換は，一度きりの直接的・個別的交換から間接的・社会的交換まで含む。流通はこのうちの間接的・社会的交換を指している[2]。

1.　所有権

　経済を人間の世界に限定せず動物世界にもその範囲を広げれば，動物の世界にも生産と消費が存在する[3]。例えば，ライオンが他の動物を狩る活動を生産として考えれば，獲物を食べることを消費として捉えることができる。牛が草原を求めて移動し，草を舌に巻きつけて引き抜くまでを生産として見なしたら，草を食べて空腹を満たし，体に必要な養分を採ることは消費である。これらの経済活動のなかに，交換（流通）という活動は存在しない。なぜなら，そこには所有権の移転が存在しないからである。

　所有権とは，特定のモノに対して，誰の同意も得る必要がなく，それを好きなように消費，処分することができる権利をいう。一般に，製品の所有権は生産した人や組織にある。現代では，資本家は労働力を購入し，その労働力を通じて製品を生産するシステムが中心である。この場合，労働力によって生産された製品の所有権は，労働力を購入した資本家にある。

　所有権の移転とは，ある特定のモノに対する処分，消費する権利（所有権）をある人から別の人に移すことである。交換は，ある人がもつ特定のモノに対する所有権を他の人のそれと取り換えるための諸活動である。

---

2)　第 2 節は岩永忠康監修，前掲書，4〜5 頁と石川和男『基礎からの商業と流通（第 3 版）』中央経済社，2013 年，19〜20 頁を参照して作成した。
3)　明鏡国語辞典によれば経済とは，「人間の共同生活に必要な物資・財産を生産・分配・消費する活動である」。

2. 自給自足経済

　前述した動物の例のように，人類社会にも交換が存在していなかった時代があった。その時代は自給自足経済と呼ばれ，はるか昔にあった。日本であれば，縄文時代にまでさかのぼる。古代文明が発達していた中国とエジプトはもっと前にまでさかのぼることになる。自給自足経済は地球から完全に消滅したわけではなく，アフリカの奥地やアマゾン川流域の奥深くにある極少数の部族は，いまだに自給自足経済を中心に生活している。

　自給自足経済であった縄文時代では，分業があった。例えば，縄文時代の村のなかの一部の成人男性は狩りに行き，一部の成人男性は漁に行き，そして子供は木の実を拾い，女性は炊事をしていた。その他，石器を作る人や貝を拾う人もいた。彼らは同じ村(コミュニティ)内で生き，それぞれが他人のための狩り，貝拾い，炊事，道具製造などをしていた。言い換えれば，彼らは他人が必要なモノを生産し，他人が生産していたモノを消費していたということになる。この事実を知る人からみれば，縄文時代でも交換があったのではないかという疑問が生じる。

　前述したように，交換とは自分が所有権をもっているモノを他の人のそれと取り換えするための諸活動である。交換が成立するには，以下の4条件を満たす必要がある（図表2-1）。

図表2-1：交換の4条件

第1条件：分業が存在する。
第2条件：欲求とその充足が必要であること。
第3条件：財貨の移転が平和的に行われる保障。
第4条件：相互欲求の両面一致があること。

出所：石川和男『基礎からの商業と流通』中央経済社，2013年，
　　　23頁より作成。

　第1条件の分業とは，自分が他人と異なるモノを生産することである。自給自足経済は，確かに「分業」が存在していた。しかしこの「分業」は，交換するための分業ではない。この「分業」は，自然界で肉体的に一人では生きて

いけない人類が集団になって生きるための「分業」である。この「分業」の特徴は，図表 2-1 で示された第 4 条件の相互欲求の両面一致が存在しない。

　ここでの「分業」は，特定の集団が生きていくための「分業」である。例えば，日本でよくみる家族風景のうち，父親が仕事でサラリーを稼ぎ，母親は家事を，子供は将来社会に出るための勉強をすることはこの「分業」に当てはまる。

　この「分業」には相互欲求の両面一致，すなわちお互いが相手の所有物がほしいという条件に関係なく，生産と「交換」が要求される。なぜなら，集団の誰かが「分業」をやめてしまったら，この集団は生きていけないからである。例えば，ごく普通の家庭の父親がある日突然仕事をやめ，バックパッカーになると言い出したら，おそらくこの家族は金欠になり，崩壊していくだろう。また，母親が「家事にはもうこりごりだ」，「もう家事をしない」と言い出し，長期間家事をしないとしたら，おそらくこの家ではバランスの良い食事が提供されなくなり，安らかな家庭環境が次第に失われ，同じく家族は崩壊してしまう。この家族内の「分業」は，相手の生産物と交換したいかしたくないかに関係なく，続けられていく。なぜなら，この「分業」はこの集団が生きていくための「分業」であり，前述した縄文時代の「分業」と同じである。

　このような「分業」は役割分担という言葉の方がより適切であろう。そしてこうした集団すなわち生活共同体は，経済単位と呼ばれている。経済単位内にある「分業」は，決して交換の第 1 条件が指す分業ではない。交換の第 1 条件の分業は，経済単位間の分業を前提にしている。この分業は，経済単位内の「分業」と異なり，お互いが交換したいときにだけ交換をすればよいのである。

3.　沈黙の交換から対面式交換

　生産技術や制度の進歩によって，人類はより多くの生産物を生産できるようになった。やがて，その生産物は共同体（経済単位）内で消化しきれず，余るようになった。こうした余剰生産物の発生が交換の誕生をもたらした。

　人類最初の交換は，沈黙の交換だといわれている。交換したい相手の共同体は，敵なのか，交換する意思があるのかを知らないこともあって，最初は交換したい

相手の共同体と接する境界線に余剰物を置き，相手の警戒心を解くために，遠く離れていたところで観察していたそうである。相手はその様子をみて，境界線上の余剰物を確認し，その余剰物を自らの共同体に持ち帰ると同時に，自らの余剰物を境界線に置いてから去る。その相手が余剰物を置き，去っていったのをみて，最初に余剰物をもってきた共同体の人がその相手の余剰物を持ち帰る。

　沈黙の交換が何度か成功すると，お互いの共同体は，相手に対する警戒感を少しずつ解き，様子見する時間を縮め，やがては直接コミュニケーションし，交換するようになる。こうした対面式交換では，沈黙の交換よりも交換に要する時間が短縮されるだけではなく，直接コミュニケーションをするため交換の成功率や頻度も高くなる。

第3節　流通の誕生

1.　相互欲求の両面一致

　コミュニティ（経済単位）は余剰物の交換を通じて，自ら生産できない製品を手に入れ，生活を向上させる。例えば，山の資源に頼っている山村と海の資源に頼っている海村が，それぞれ狩りと漁を通じて，獣肉と魚を獲得（生産）している。山村の人は獣肉をもって，海村の人は魚をもって交換すると，彼らは自ら生産できない製品を手に入れ，そしてそれを消費することで，生活を向上させる[4]。

　しかし，この交換は無条件に成立するのではない。例えば，ある日，海村は魚1匹をもって，山村の猪1頭と交換しようとしたら，山村はこの交換を拒否した。山村が拒否した理由は，2つ考えられる。一つは海村の魚が欲しいと思ったが，相手が提示した量が割に合わないと考えたからである。もう一つは，そもそも魚ではなく，他の製品が欲しいから拒否する場合もある。つまり，山村は海村が出した製品の質または量に対して不満をもっていたため，交換が成立しなかったのである。

---

4)　第3節は岩永忠康，前掲書，4～8頁と石川和男，前掲書，20～25頁を参照して作成した。

　このように，経済単位間の分業と自らが生産できない製品に対する欲求があって，そして財貨の平和的移転が保障されていたとしても，交換当事者が交換に出された相手の製品の種類（質）と数量（量）に満足しないと，交換が成り立たないのである。一般に，このようなお互いが相手の交換に出された製品の質と量に満足することを，相互欲求の両面一致と呼ぶ。相互欲求の両面一致の可能性を高めるのが貨幣である。

2.　貨幣の登場

　現代において，貨幣を知らない人はほとんどいない。買物する際に一般に硬貨や紙幣といった貨幣が使われている。古代日本では，稲（米）や麻布という製品を貨幣として使用していた[5]。これらの貨幣は物品貨幣と呼ばれ，製品交換の成功率を高める機能をもっている。

　製品が貨幣として成り立つには，その製品（稲（米）や麻布など）が多くの人に必要とされ，量の細分化ができ，さらに保存性が良い（保存しやすく，保存期間も長い）という 3 つの条件を満たす必要がある。こうした特徴をもつ製品（物品貨幣）は，交換相手がみつかりやすく，そしてすぐに使用しなくても製品が劣化しないため，所有者に安心と便利を与える。こうした安心と便利が，製品交換の可能性を高める。

　前述したように，交換が成立するには相互欲求の両面一致という条件が必要とされる。そのため，交換の成功は極めて偶然的である[6]。しかし貨幣の特徴をもつ製品，すなわち物品貨幣であれば，その交換の成功率は格段に高くなる[7]。なぜなら，貨幣のもつ誰もが欲しいという特徴が質的一致を高め，そして貨幣の量が調整できる特徴が量的一致を高めるからである。

　図表 2-2 で示されているように，A，B，C という生産者がそれぞれ a，b，c という製品を生産している。A は B の b 製品が欲しいのに対し，B は C の c 製品を，C は A の a 製品を欲しがる。もし物々交換を行えば，全員が欲しい

5）　石井寛治『日本流通史』有斐閣，2003 年，14 頁。
6）　岩永忠泰，前掲書，4 頁。
7）　同上書，5 〜 6 頁。

製品を手に入れることができない。しかし，貨幣が介在すると話は変わる。例えば，Aが米という物品貨幣をもっていれば，Aは米をもってBと交換しようとする。Bはいつか食べるであろう米をみて，たとえいま米をもっていても損はしないであろうと考え，b製品を米と交換しようとする。さらにBは交換でAから得た米をもってCのc製品と交換する。CもBと同じような考えであれば，Bと交換する。最後には，CはAのところへ行き，AはBと同じような考えであるため，Cはa製品を手に入れる。A，B，Cがそれぞれ欲しい製品を手に入れられた原因は，米（物品貨幣）は誰にとっても使用する価値があるからである。そのため，生産者A，B，Cはいつか自分も使う，または米と交換する人が多くいることを見込んで自らの生産物と交換させたのである。

図表 2-2：交換の質的不一致を解決する貨幣のメカニズム

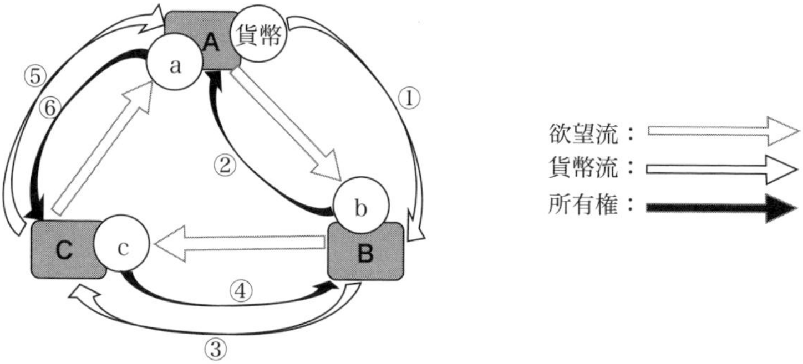

出所：筆者作成。

そして，貨幣の量的調整可能性も交換の成功率を高める。例えば，ある物々交換において交換者同士間の質的一致は達成したが，片方が所持している製品の量が少なく，量的一致が達成できなかったとする。この場合，少量の交換製品しか所持していなかった側が，米などの物品貨幣でその差を補填すれば，交換を成立させることができる。

このように，貨幣は物々交換がもつ交換の偶有性を大きく低下させ，交換の成功率を大きく高めたのである。

3.　間接的・社会的交換

　現代の交換は古代の物々交換のような直接的・個別的交換ではない。現代の交換は貨幣を介した間接的・社会的交換である。この間接的・社会的交換は流通とも呼ばれている。

　物々交換では，自ら使用しようとしている製品をその生産者と直接的に交換し入手する。一方の貨幣を介した交換は，貨幣を通じて自らが欲しい製品を手に入れる。つまり，交換の間に貨幣を介するため，交換が間接的である。

　物々交換は自らが生産した製品と欲しい他者の製品と直接交換するため，交換は一回で済む。一方の貨幣を介した交換は，まず貨幣を入手しなければならない。そのため，自らが生産した製品をまず貨幣と交換させなければならない。つまり貨幣を介した交換には，欲しい製品を入手するまでに最低 2 回の交換が必要だということになる。

　しかし貨幣を介した交換は 2 回の交換を介すれば成り立つという簡単なことではない。なぜなら，自らの欲しい製品を交換（販売）してくれた人に，その交換（販売）のあとに続くための交換（購入）がなければ，その人は貨幣を介して交換をしない。つまり，貨幣を介した交換（売買）は，次の交換（売買）が継続していなければ，成り立たないのである。

　例えば，A は B の b 製品が欲しいが，B は C の c 製品が欲しい，そして C は D の d 製品がほしい。しかし，もし D は欲しい製品がないとしたら，たとえ貨幣があってもこの ABCD 間の交換は成り立たないのである。なぜなら，D は貨幣を通じて交換したい製品がないため，貨幣を入手しても意味がないからである。そのため，D は C と交換しない。C は貨幣があっても自らの欲しい製品 d を手に入れられないことを知り，かつ d の他に欲しい製品もなければ，当然，貨幣を入手するための B との交換をやめてしまうのであろう。B も同じ道理で A との交換をやめるのであろう。

　このように貨幣を介した交換の背後には，壮大に連続した交換が前提とされている。そのため，貨幣を介した交換は社会的な性格をもっている。生産者同士が自らの所有物（製品）を持ち寄って交換するような直接的・個別的交換と

区別するために，貨幣を介した交換は流通と呼ばれるようになった。

第4節　商業の誕生と発展

1．製品から商品へ

　貨幣の登場によって，交換の成功率は高まった。成功率の高まりによって，製品の流通（交換）量は増大し，ますます多くの人が流通を介して自らの欲しい製品を手に入れるようになった。やがて，人は余剰物があったから交換に出すのではなく，必要な製品を手に入れるため，すなわち交換のための生産をするようになった[8]。

　交換のために生産された製品と，余剰物として生産された製品を同じ「製品」という言葉で一括すると，生産された製品の目的を見誤る。交換すなわち販売のために生産された製品は，自分が欲しいかどうかよりも他人がお金を出してまでも欲しいかどうかが重要である。そしてその相手がほしい製品を自分がもっていることを相手に知らせたり，買えるようにするなどの売る工夫が必要である。こうした理由から，交換のために生産された製品を商いの品，すなわち商品と呼ぶようになった。

　一方の製品は，文字の通り，製造された品である。製品には商品のほかに，自分が消費する，または友人にプレゼントするなどの目的をもつものも含まれている。例えば，自らの食事のために作った料理を商品と呼ぶ人はいないが，レストランで出された料理は商品と呼ぶ人はいるのであろう。あるいは子供からもらった手作りのバレンタインデーのチョコレートを商品と呼ぶ人もまずいないのであろう。このように，製品は用途（使用目的）を問われず，人によって造られた品であれば製品と呼ぶ。ただし，今日の社会ではほとんどの製品は交換のために作られているため，製品という言葉よりも商品のほうがより適切である。

---

8)　第4節は岩永忠康，前掲書，39～45頁と石川和男，前掲書，25～34頁，および石井寛治，前掲書，12～27頁を参照して作成した。

2. 市の登場

　貨幣の登場によって，流通する商品の数と種類は大きく増大した。それに伴って取引回数も著しく増加した。取引回数の増加は，取引のための移動距離と時間の増加をもたらした。取引の時間と移動距離の増加を減少させる働きをするのが市である。

　市は取引の日や時間帯，そして場所を予め決めておいて，そこに取引したい人が集まって取引する仕組みである。取引する日時が予め決められていることは，取引の不安定性と無駄な移動を減らすことができる。例えば，市がない取引では，取引相手のところに欲しいものを買いに行くとする。その際に取引相手は，たまたま何かの用事でいない可能性がある。それによって待ったり，または再度，取引のために訪ねたりしないといけないという無駄が生じる。しかし，取引日時が決まっている市であれば，このようなすれ違いはほぼなくなる。

　また，取引する場所が決められていることは，一カ所で一遍にいろんな取引ができるというメリットをもたらす。このメリットは，市のない取引よりも移動距離を大きく節約できる。図表2-3で示されたように，市のない取引では，取引者はほしい商品をすべて入手するために，それぞれの商品を生産している生産者のところを訪ねて購入しなければならない。しかし，取引場所が決まっている市であれば，一カ所ですべての取引ができるため，その分の移動時間と労力を節約できる。

図表 2-3：市の効用

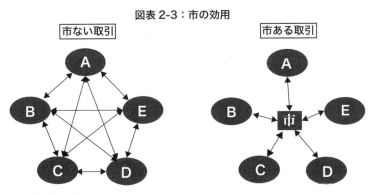

出所：筆者作成。

3. 商人の誕生

　貨幣や市が登場することによって，商品の流通量は大きく拡大した。しかし，それでも取引できる商品の種類には限界があった。なぜなら，販売のために生産者が移動できる距離と購入のために消費者が移動できる距離に限界があるからである。

　この距離は商圏という概念と類似している。商圏はある小売店に対して，消費者が買い物に行ってもよいという範囲のことをいう。例えば，コンビニエンスストアの商圏は一般に徒歩 500 メートル圏内だといわれている。徒歩 500 メートル圏内とは，コンビニエンスストアを中心に半径 500 メートルに書いた円がこのコンビニストアの商圏を意味する[9]。

　商圏という概念を生産者と消費者との直接取引しかなかった時代に当てはめると，消費者が購入できるものはその生産者と消費者が取引のためにどのくらい移動するかの意思，すなわち商圏によって決められる。市が中心の時代に置き換えると，市にアクセスできる生産者は，その市にアクセスできる消費者の購入できる商品の種類と量を決定するのである。

　こうした市にない商品を他の市から集めて，移動させ，販売するのが歴史上最初に誕生した商人だといわれている。この商人は行商人とも呼ばれていた[10]。商人とは，生産と消費をしない，生産者と消費者の代わりに一部の流通を担当する人をいう。この人たちは，生産者ができない商品販売，または消費者ができない購買を代わりにする。そして商品の売買差額から自らの生計を立てる。図表 2-4 で示されているように，行商人がいるおかげで，消費者は自ら通える市にない商品を手に入れられるようになった。

---

9)　商圏は綺麗な円を描くことは極まれである。それは信号や道路などに影響されるからである。特に店舗へのアクセスの中心手段が車である場合，その商圏は円というよりも，道路によって大きく影響される。そのため商圏といっても，店を中心に円形で綺麗にきまることはほとんどない。ただし，店舗へのアクセス手段が徒歩中心の場合は円形に近い形になる。
10)　石井寛治，前掲書，20 頁。

図表 2-4：行商人の効用

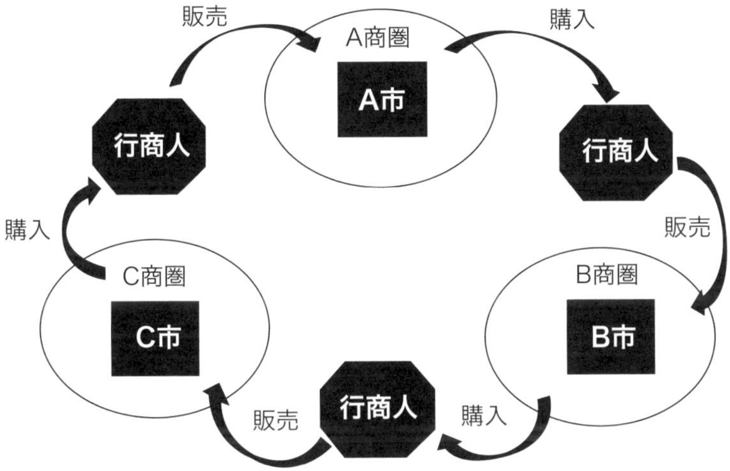

出所：筆者作成。

4.　商業の発展

①定住商人

　交通や生産技術の進歩によって，人はますます多種多様の商品を手に入れられるようになった。こうした商品増加に伴う流通量の増加へ対応するために，商人は組織化し，分業をするようになった。

　これまでの行商人に加え，定住商人も誕生するようになった。定住商人は生産者から商品を仕入れて販売する。これによって販売のために市の開催時間と場所に合わせて来ていた生産者は，販売にかける時間と労力を減少させることができた。消費者にとっても生産者ごとに取引の交渉をしなくて済むことや商業者が商品情報を整理して伝えてくれることなどによって，買物にかける時間と労力も大きく減少されたのである。

②商業者の分業

　定住商人のために商品を調達する卸売商人も現れるようになった。これまで定住商人は消費者に対応すると同時に，様々な生産者から商品調達をしなけれ

ばならない。しかし扱う商品が増加することによって，効率的に商品調達ができなくなった。そこで商業の中にだ段階分化（垂直分業）が起き，商品調達を中心に扱う卸売商業ができるようになった。卸売商業は，定住商人（小売商業）に必要とされる商品を調達し一手に提供することで，流通効率をさらに上げた[11]。

そして小売商業の間でも，商品を一手に扱う萬屋ではなく，商品の属性に従って，米屋や八百屋，魚屋などのような部門分化（水平分業）も行われるようになった。こうした分業も，商品の流通効率を高める。例えば，米のような乾物は魚のような水物と別々に扱わないと，商品が容易に傷んでしまう。そのため萬屋はこれらの商品の輸送や保管を別々に扱う。しかし競争する萬屋が増えると，米や魚の両方を扱うことは非常に非効率になる。それよりも萬屋をやめて，お互いが競争しない米屋や魚屋に特化したほうが，商品流通にかかるコストを規模と学習の経済性によって削減することができる。

商品の扱い属性に合わせた部門分化（水平分業）がある一方で，流通の機能に合わせた機能分化もある。商品を生産者から消費者に流通させるには，商品を運ぶ物的流通や情報を消費者に伝える情報流通という活動が必要である。この活動に特化した「商業者」も現れるようになった。例えば，物流会社や広告会社などである[12]。

---

11) 詳しくは第8章の「商業の存立基盤」を参照。
12) 詳しくは第5章の「物的流通」や第6章の「情報流通」を参照。

第3章　流通機構と流通機関

第1節　4つの懸隔と活動

　流通とは，生産された商品を消費に橋渡しする経済活動である。この経済活動は交換が必要とされた分業の出現に伴って誕生した。本章では，まず分業によって生まれた問題とは何かを検討する。次に，流通の範囲およびその活動主体を概観する。最後に流通機構を把握する仕方および，流通機構と流通経路の相違について説明する。

　本節では，交換を伴う分業は生産と消費の間にどのような問題（懸隔）を生み出したかについて説明し，機能的アプローチからこれらの問題に対応するための流通活動を簡単に紹介する。なお，主な流通活動の詳細については，次章以降で検討する[1]。

1．所有権の懸隔

　流通は，生産や消費のようにどんな時代でも存在していた経済活動ではない。流通は，生産と消費する経済単位が異なる時代にのみ存在する。例えば，自給自足の時代では，流通は存在しない。

　自給自足経済では，生産者は自らの消費のために生産を行う。当然，生産者は製品の交換相手を探したり，製品を消費者のところに運んだりする必要がない。消費者は自らが欲しい製品であるかどうかを確認することや，それを入手するための諸活動も必要としない。

---

[1]　第1節は石川和男『基礎からの商業と流通（第3版）』中央経済社，2013年，37〜40頁と岩永忠康監修『現代流通の基礎』五絃舎，2011年，4〜8頁，および鈴木安昭『新・流通と商業〔第5版〕』有斐閣，2010年，4〜7頁を参考に作成した。

　また，自給自足経済では，製品の所有権についても考える必要がない。しかし生産と消費が分離している，すなわち経済単位間の分業が成立している時代では，所有権が意識されるようになる。民法 206 条では，所有権をもつ「所有者は，法令の制限内において，自由にその所有物の使用，収益及び処分をする権利を有する」と規定している。つまり，物を所有している人は，法律を守っている範囲内であれば，その物を好きなように使用や販売または処分する権利があるのである。

　なぜ分業の時代では，所有権が意識されるようになったのか。自給自足経済のもとでは，製品を生産する人とそれを消費する人が同一人物であるため，製品の所有権を考える必要がなく，好きなように消費することができる。しかし分業の時代では，製品を生産する人とそれを消費する人が異なり，作られたばかりの製品の所有権は生産者にあり，消費者にない。分業によって生じたこのような所有権の隔たりは，流通の世界では所有権の懸隔と呼んでいる。

　所有権の懸隔がある世界では，消費者は消費したい商品の所有権をどう手に入れるか。また生産者は，商品の所有権をどう消費者に移転させていくかを考え，日々活動している。

2. 場所の懸隔

　分業が成立している世界では，上記した所有権の懸隔のみならず，生産と消費の間に場所の懸隔も作り出す。

　自給自足経済において，生産者と消費者が同一人物であるため，製品が生産された場所と消費される場所はそこまで遠く離れていない。しかし，分業が進むと製品が生産される場所と消費される場所は，相対的に遠くなる。

　例えば，現代では分業のメリットによって，私たちは安価かつ良質の商品をたくさん消費することができる。しかし，その多くは，海外で生産されている。もっている文具用品や着ている服，身に付けている飾り物など，日常的に使用する商品であれば日本製比率は 2 割を超えないだろう。言い換えれば，私たちは 8 割以上の外国製商品を使用している。

外国製商品が生産された場所は外国にある一方で，消費される場所は日本にある。分業によって，商品が生産された場所と消費される場所が離れていくことが場所の懸隔と呼ばれている。

3.　時間の懸隔

生産と消費の分離は所有権と場所の懸隔を作り出すと同時に，時間の懸隔も作り出す。時間の懸隔は，単純に場所の懸隔を埋めるための輸配送にかける時間を余分に必要になったから生まれたのではない。場所の懸隔も影響するとはいえ，時間の懸隔を生み出した最大の要因は生産の集中である。

資本主義世界では，企業は常に競争に晒される。生産者がこの競争で生き抜くための方法は，大きく2つある。1つ目は生産の規模を拡大し，規模と学習の経済性，およびサプライヤーへの交渉力を獲得し，競争相手より効率的に商品を作り，生き残る方法である。2つ目は，潜在的需要を掘り起し，新商品を作り続け，競争相手が現れるまでの間に独占利益を享受し生き残る方法である。現実社会では，どちらかの方法を選択するというよりも，ほとんどの企業はこの2つの方法を併用している。

規模の拡大による競争に勝ち抜く方法は，生産の集中をもたらす。商品の生産効率を高めるために生産規模を拡大すると，その分の供給（生産）量が増加する。需要が増加した供給量を吸収できる場合，競争相手と自分はともに生き残る。しかし需要が増加した供給量を吸収しきれない場合，最終的には商品の生産効率がより高い企業だけが生き残る。そして生産は，勝ち残った方に集中する。こうした競争が拡大していく中で，ますます少数の企業に生産の集中が進んでいく[2]。

生産の集中は，効率的な商品生産を前提としている。そのため，メーカーは商品を生産するための設備や労働力などを余ることなく使おうとする。設備や労働力を余ることなく最適に使う方法は，日々の生産量を平準化することである[3]。しかし消費者は，平準化した買物と消費をしない。ここに時間の懸隔が

---

2)　資本主義のもとでなぜ生産が集中していくかのより詳しい説明は橋本勲・阿部真也『現代の流通経済』有斐閣，1978年を参照。

3)　石川氏は「工業製品は，年間を通して意図的に調整をしなければ，生産量はほぼ一定である」（石

生じるのである。

　例えば，チョコレートを作るにはカカオパウダーが必要である。カカオパウダーの消費量はチョコレートの生産量に大きく影響される。一説によれば，チョコレート菓子の年間売上額の 16％はバレンタイン期間によって占められている。このデータが本当であれば，カカオパウダーの生産者が効率的に生産，すなわち平準化した生産をするには，バレンタイン期間で使用されるカカオパウダーを，毎日少しずつ貯めて置かなければならない。

　こうした分業と競争からくる生産と消費の時間的乖離は，時間の懸隔と呼ばれている。

4.　情報の懸隔

　情報の懸隔とは，生産者は消費者が何を欲しがるか，どこで買い物をしているかなどの需要に関する情報に疎い一方，消費者はどのような生産者がどのような商品を作っているか，どこで販売しているかなどの供給に関する情報についてあまり知らないことを指す。

　自給自足経済では，生産者と消費者が同一人物であるため，情報の懸隔はなかった。しかし，生産と消費が分離すると，生産者と消費者が同一人物でなくなるため，上記のような情報の懸隔が生まれた。

　情報の懸隔は，場所と時間の懸隔が大きくなるにつれて著しくなる。交通や輸配送技術が発達していなかった時代では，商品調達の範囲すなわち場所の懸隔は現代と比較して狭かった。生産地と消費地の言葉や消費習慣などの相違も相対的に少なく，情報の懸隔も小さかった。しかし，現在のような地球の裏側から商品を調達する時代では，生産地と消費地の言葉や消費習慣，および商慣行などの相違が大きいため，情報の懸隔も大きい。

　時間の懸隔も情報の懸隔を増大させる。例えば，現在のファッションカラーは，パリに本部がある「インターカラー（国際流行色委員会：International Commission for Color）」という組織によって，2 年前に発信されている。なぜ

川和男，前掲書，39 頁）と主張している。

２年前からファッションカラーを発信しなければならないだろうか。それは原材料や生地メーカーによる生産時間を考慮に入れているからである[4]。インターカラーは過去の流行傾向を綿密に分析し，２年後の流行色を予測し発信している。しかしこれは必ず当たるという保証が全くない。現在の消費者は２年前の消費者と異なる環境に囲まれており，２年前の消費者よりも２年分も多く消費経験を積んでいるため，その需要予測は非常に難しい。

　したがって，アパレルメーカーや生地メーカーは世界各地で新作発表会や展示会を開き，雑誌やテレビを通じてその流行色を少しずつ消費者に刷り込んでいくのである。アパレルメーカーや生地メーカーによるこうしたマーケティング的な取組みは，少しでも情報の懸隔を埋めようとしている。

5．３つの流通活動

　前述したように，生産と消費が分離すると所有権や場所，時間，および情報の懸隔が生じる。流通は，これらの懸隔を埋めていく活動であり，その目的は商品を生産者から消費者に橋渡ししていくことである。

　次章の第４章から第７章までは各流通活動について検討する。具体的には第４章では所有権の移転を促進する商的流通を，第５章では商品を物理的に生産者から消費者に運び，または時間の懸隔を埋める物的流通を，第６章では，生産者と消費者が互いに対する情報不足を解消する情報流通を，そして第７章では，第３者（流通補助業者）を通じた流通金融と危険負担を取り上げる。

第２節　流通機関と商業機関

　生産および消費と比較して，流通という言葉の意味やイメージを掴めている人はそれほど多くはない。本節では，流通の範囲を明らかにし，その活動は一体誰によって担われているのかについて説明する[5]。

---

4)　アパレル・ファッション業界研究 HP（https://apparel-fashion.com/fashion-color/　2019 年 1 月 28 日アクセス）。
5)　第２節は岩永忠康監修，前掲書，4〜8 頁を参考に作成した。

1.　生産と流通の線引き

　流通は生産された商品を消費に繋げる経済活動である。明確的な定義にみえるが，具体的に考えていくと理解しにくい部分もある。特に生産と流通，消費と流通の線引きは簡単ではない。

　生産は使用価値を作り出す経済活動である。使用価値は有形の商品に付与することもあれば，無形の商品 [6)] に付与することもある。

　例えば，学生は授業で使用するペンやノート，教科書などの授業用品と，財布，ティッシュ，鍵，携帯などの生活用品を持参して学校に出向く。これだけ多くの荷物をすべて手だけでもつことは非常に不便である。そのためこれらの荷物をまとめて持ち運ぶカバンが求められる。この形のあるカバンに付与されている使用価値は，荷物をまとめて持ち運ぶ便利である。

　こうした使用価値をもつカバンを生産する者は疑いようもなく立派な生産者である。この生産者はカバンを生産する以外にも，カバンを包装箱に入れる活動や，カバンを販売するための活動も行う。これらの活動はすべて生産活動であろうか。

　答えはノーである。カバンの生産を除いた２つの活動はいずれも生産ではなく，流通の範疇に入る。なぜなら，この２つの活動はともに使用価値を作り出していないが，流通を促進しているからである。一般に，商品を包装箱に入れる活動は，商品の保護や持ち運びを便利にするために実施される。そして販売活動は自社が生産した商品の価値を伝達するためにある。つまり，包装箱を入れる活動と販売活動はいずれもカバンそのもの（使用価値）を作っていないが，カバンの販売（流通）を促進している。

　要するに，生産と流通の線引きは，その活動が何に寄与するかにある。使用価値の生産に寄与していればそれは生産であり，商品流通に寄与するならばそ

---

6)　レストランでの食事は無形商品の良い例である。レストランで食事すれば，食材の購入，調理，および後片付けが要らない。そしてレストランによっては，楽しい非日常的な食事環境も提供される。レストランで食事が提供される一連の便利と効用が，レストランの使用価値である。しかし，この場合，使用価値は何かの形がある商品に付与されているのではなく，形のない商品として提供されている。こうした無形の商品をサービス財とも呼ばれている。

れは流通である。

2.　消費と流通の線引き

　消費とは，人や組織のニーズや欲求を満たすための商品を消費・利用する経済活動である[7]。しかし消費活動のみ実施している消費者はまずいないのであろう。何かを消費しようとする前に，私たちは多かれ少なかれ商品を探したり，買いに行ったり，持ち帰ったりなどの消費と直接関係のない活動を行う。これらの活動は，すべて消費者による流通活動である。

　消費者の流通活動は一体何が含まれるだろうか。商品情報の探索，商品購買の交渉，商品を棚からレジへ持っていき，袋に入れ，自宅に持ち帰ることや，商品を皿に移し替えることなどが含まれる[8]。

　つまり，消費と流通の線引きも，その活動がどの経済領域に寄与するかによってされている。とりわけ注意すべきことは，（利益のためではなく）消費者が自らの消費のために実施した商品調達や物的流通，および情報流通はすべて流通に分類される点である。

3.　流通活動の主体

　流通活動を実施する主体は，大きく生産者，商業者，消費者，流通補助業者の4つに分類することができる。なお，流通補助業者に関しては第7章第1節で詳しく説明しているため，ここでは説明を省略する。

　生産者の主要な活動は，使用価値の生産であるが，生産された商品の販売や取引先への配送などの流通活動も実施したりする。そして消費者が買物をするための移動やインターネットでの商品情報収集，商品を消費地に持ち帰るなどの活動も流通活動に分類される。生産者と消費者にとって，主要な活動が流通活動ではないとはいえ，流通活動の一端も担っている。

　現代における流通活動の多くは，商業者によって担われている。商業者とは，

---

7)　岩永忠康監修，前掲書，4頁。
8)　ここで注意すべきことは，食材を調理することは流通活動に入らない。食材を調理することは料理という使用価値を作り出しているので，これは生産活動に属する。

商品の売買を業にする者である。商業者は，さらに消費者への販売を主要な業務とする小売業者と，企業や小売業者への販売を主要な業務とする卸売業者に分類することができる。そして商業を実施する者が個人か組織によっても分類することができる。一般に，前者は商人と，後者は商業機関と呼ばれている。

生産者のなかで流通を専門的に行う組織，例えば営業部門や物流部門は流通機関と呼ばれている。商業機関と呼ばれない理由は，これらの部門が属する企業の主要な経済活動が生産にあるからである。つまり，企業の主な活動は使用価値の生産であり，商品流通ではないため，流通機関という名称を付けられたのである。また消費者を代表して流通活動を実施する生活者協同組合も同じ論理で流通機関に分類されている。

商業機関の主な活動が流通ということもあって，流通機関に分類されても問題はない。ただし，自らが生産した商品の販売のみ実施する生産者の流通機関と，誰が生産したかに関係なく，売れる商品を選別して流通活動を実施する商業機関と性格が大きく異なるため，流通機関と商業機関を区別して使用すべきだと主張する人もいるが，本書ではそう拘らない。ただし，生産者や消費者の流通組織を商業機関と呼ばない。なぜなら，その流通組織を司る者が商業者ではないからである。

第3節　流通機構と流通経路

流通機構とは，商品が生産者から消費者までに移転していく社会的仕組みである。流通機構の把握の仕方はまず生産から消費までの取引に関わるメンバーを把握し，次にそのメンバー間でどのような流通の役割分担をしているのかを明らかにするという手順で行われるのである[9]。

例えば，日本の青果流通機構は下記の図表3-1で示したように，左側から順に農家, 農協, 中央卸売市場, 消費地卸, 小売業者, 消費者というようなメンバー

---

9)　第3節は鈴木安昭，前掲書，6～11頁と石川和男，前掲書，44～46頁を参考に作成した。

によって構成されている。農家は生産した青果を近くの農協の収集場に持って
いき，農協は収集場に集まった青果を大都市の中央卸売市場（例えば大田市場
など）に持っていく。そして中央卸売市場ではセリや相対取引で青果を消費地
卸に流通させていく。消費地卸は入手した青果を取引先の小売店に販売し，最
後は消費者が小売店に訪れて，青果を購入し，自宅に持ち帰るという役割分担
で日本の青果は生産者から消費者に移転される。

図表 3-1：日本の青果流通機構

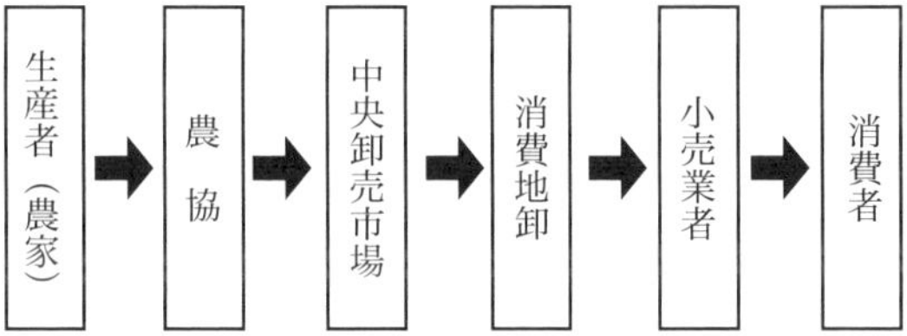

生産者（農家）　→　農協　→　中央卸売市場　→　消費地卸　→　小売業者　→　消費者

出所：筆者作成。

　ただし，流通機構には様々なレベルが存在する。上記のような日本の青果，
あるいは日本の電気製品という国別の商品レベルの流通機構もあれば，国や地
域といった地理を単位にした流通機構もある。日本の流通機構，中四国地域の
流通機構，愛媛県の流通機構というようなものである。この場合は商品の種類
に関係なく，その地域に流通されている商品を一括してその特徴だけを抜き出
して流通機構を語る。
　こうした地理的条件のみに注目する流通機構もあれば，前記の例で示したよ
うな特定地域内の特定製品カテゴリーに注目した流通機構もある。例えば，日
本の電気製品の流通機構，中四国の生鮮魚貝類の流通機構というのがそうであ
る。つまり，ある特定地域に注目した流通機構もあれば，その特定地域の特定
製品カテゴリーに注目した流通機構もある。そのレベルは様々である。
　ここで注意すべきことは，流通機構は様々なレベルで把握することはできる
が，それは国や地域レベル，または地理的条件に商品カテゴリーを加えたレベ
ルまでに限定される。当然，流通機構が描いた以外の商品流通もあるのではな

いかという指摘もある。例えば，上記した青果の流通機構であれば，農家から直接大手小売りチェーンへ流通する場合もある。しかし流通機構は，商品の生産から消費までの社会的仕組み，すなわちマクロ的視点で描かれている。つまり，企業によって異なる流通の経路もあるかもしれないが，流通機構は多くの企業の流通経路をひとまとめして一番多い流通経路だけ抽出して描く。

　ある企業が生産した特定の商品は，具体的にどのような卸売企業や小売企業を経て，消費者に届けられたかの仕組みは「流通機構」と呼ばない。流通経路または流通チャネルと呼ばれている。そのため，製造業のマーケティング戦略のうちの取引メンバーの管理戦略を，経路戦略またはチャネル戦略とも呼ばれている。

第4章　商的流通

第1節　商的流通は必要か

　生産は使用価値を作り出す活動であるのに対し，消費は商品の使用を通じて自らの問題解決や生活を豊かにしていく活動である。そして流通は生産された商品を必要な消費者が消費できるような状態にする活動である。その活動のうち，所有権移転の促進活動が商的流通と呼ばれている[1]。

　多少流通を勉強している人であれば，商品の所有権移転を促進する商的流通と商品を生産者から消費者に移転させる流通の相違に戸惑うのであろう。

　生産と消費が分離している世界では，生産された商品の所有権が消費者に移転し消費されることは非常に大切である。そうでなければ，生産された商品はただの資本を減らす放置物でしかない。また，商品を使用したい人がいても，その商品の所有権を手に入れなければ，それは絵に描いた餅でしかない。そのため生産という活動が有意義になる，または消費という活動が実現されるには，生産された商品の所有権を消費者に移転させることが一番重要である。

　商品の所有権を移転させるためには，生産者は自らの商品が欲しいという消費者に関する情報収集や商品の有効性の伝達を通じて，需要を発見，または作り出す必要がある。しかし需要を発見してもその商品の実物を消費者に届けることができなければ，実際に消費することができない。言い換えれば，消費者の欲しい商品を作り出す，または発見する情報流通活動と，そのほしい商品を消費できる状態にする輸配送，保存などの物的流通活動さえ，適切に実施され

---

[1]　第1節は鈴木安昭『新・流通と商業〔第5版〕』有斐閣，2010年，19頁と石川和男『基礎からの商業と流通（第3版）』中央経済社，2013年，55〜56頁を参照して作成した。

ていれば，商品の所有権移転，すなわち商品売買は自然と達成されるという解釈になる。

　情報流通と物的流通の役割を知っている人であれば，所有権の移転促進をする商的流通という項目をわざわざ作って説明する必要はあるのかという疑問をもつのであろう。人によっては，需要を作り出す情報流通と商品を移動させる物的流通のなかには，商品を購入するためのお金の流れ（金流）がないから商的流通は別で説明されるべきだと考える人もいる。しかし，商品の受渡時にそのお金も一緒に買手から売手に還流させれば，わざわざ金流を取り出す必要がなくなる。つまり，商的流通を取り出して説明する必要がある根拠を金流に求めることは，難しいのである。

　先取で結論をいうと，商的流通は販売者と購入者の商品売買条件に対する認識の齟齬，および一時的な資金不足によって購入・生産ができないことを解決するための流通活動である。そのため，商的流通は情報流通と物的流通と並んで別個で説明する必要がある。

第2節　資金の有限性と認識の齟齬

1.　資金の有限性

　なぜ情報流通によって作り出される需要と物的流通によって作り出される実物の移動，すなわち欲しい商品を実際に手に入れられる状況だけでは，所有権の移転を目的とする流通を説明するには不十分であろうか。その理由は2つある。1つは，資金の有限性にある[2]。

　資金とはお金である。2018年の世界の億万長者番付では，アマゾンの共同創業者のジェフ・ベゾフが1,120億ドルの資産をもち，1位の座を獲得した。マイクロソフトの共同創業者のビル・ゲイツが900億ドルで2位に続いた。そんなお金持ちの彼らでさえ資金は上記した数字の通りで有限である。言い換えれば，彼らが何かの拍子で1,120億ドルや900億ドルを使ってしまったら，

---

2)　第2節は，橋本勲・阿部真也 編『現代の流通経済』有斐閣，1978年，1〜18頁を参照して作成。

彼らも新たに何かの商品を買えなくなる。世界 1，2 位のお金持ちの彼らでも資金は有限であるように，一般人の私たちはなおさらである。

　当然，お金がなくなることは問題ではない。働いてまた稼げばよいと考える人もいる。しかしお金を稼ぐには，時間が必要である。そして資本主義世界において，労働や資金などの投入は必ず資金として帰って来ると約束されているわけではない[3]。そのため，私たちはお金を大事だと思い，大切に使うのである。

　高度な分業が実現されている現代社会において，買物をしないで生活をする人はほとんどいない。誰もが買うか買わないかを迷う経験をしたことがある。なぜ，私たちは迷うだろうか。その理由の一つは資金が有限で，いまもっている資金を使って何かの商品を購入してしまったら，その資金で他の商品を購入することができないからである。そのため，私たちは自らが思った通りの欲しい商品を購入したいのである。

　商品を販売する生産者にも似たような考えがある。一見，商品を販売する生産者は購入される，すなわちお金が入る側だから商品が売れるということに迷う必要はないようにみえるが，それは違う。

　生産者が商品を生産する理由は，貨幣と交換すなわち販売するためにある。しかしこの販売は，損をしない前提である。つまり，生産者は商品にかかった費用以上で商品を販売したい。そして出来るだけ多くの利益を稼ぎたいと考える。商品を販売するということは，その商品を通じて今回の販売よりも多くの利益を獲得するチャンスを手放すということでもある。

　例えば，バブルのころに土地を買ってしばらく置いておくという現象が良くみられた。なぜ土地購入者は購入した土地をしばらく置いておくだろうか。それは購入金額よりも現在の販売金額が低いからなのか。そうではない。それは土地所有者が所有する土地の現在の販売金額よりも，将来の販売金額の方がよ

---

3)　資本主義において，労働力や資材などは商品を生産するもとである。生産された商品は販売を通じて資金へと変換される。しかしこの販売は，無条件に達成できるわけではない。販売を成功させるには，市場で評価される必要がある。言い換えれば，売るために作られた商品が市場で評価されなければ，商品製造のために投入された労働力と資材は無駄になる。だが，誰もこの市場の評価を正確に予測することができない。そのため，多くの人はこの不測の時に備えて貯金する。当然，資金（お金）が大事だと思う。

り高く，そしてより多くの利益を獲得できると予測しているからである。当然，いま取引をしないからといって，次回の取引は今回よりも多くの利益を獲得できる保証がない。しかしそのチャンスが残ることは事実である。このように資金が有限であるため，私たちは売買に対して慎重になり，迷うのである。

2. 認識の齟齬

資金が有限であるため売買に迷う。しかしこれは，売買をしないという意味ではない。商品の生産効率を高める分業があることによって，私たちは多種多様かつ多量の商品を手に入れられるようになった。私たちはこれらの商品を通じて，自らの問題を解決し，生活を豊かにしている。もし人類が分業をやめ，自給自足経済に戻ったら，現在のような生活は確実にできないのであろう。そのため，私たちは売買を前提にした分業を受け入れている[4]。

分業を受け入れ，資金の大切さを知っている誰もが，せめて自分が買いたい，すなわち思った通りの商品を買うと考える。この思った通りの商品を買うという行為は，簡単そうにみえるが，簡単ではない。

例えば，コンビニ好きの筆者はコンビニでよく買物をする。しかし，よく自分が認識した商品価格と異なる商品を買ってしまう。その理由は，コンビニの経営特徴と筆者のずぼらな性格が関係する。一般的に，棚に置いてある商品の価格は商品の置いてある棚先で掲示されている。しかし，コンビニは業態特徴と経営上の理由で店舗が小さい。そのため，同じ棚に時間帯によって売れ行きの異なる商品を置くことで，棚当たりの効率すなわち販売額を上げようとする。こうした経営方式を取るため，いろんな商品の価格札が棚先に掲示されている。本来であれば，腰を曲げて商品名の書かれた値札を確認しなければならないであろう。しかし筆者はずぼらな性格から大体あってそうな価格だけをみて，その商品を手に取る。そしてレジでもちゃんと価格を確認しないで，代金を支払うため，筆者はコンビニでよく思った通りの買物ができていないのである。

このような経験は，誰でもしたことがあるだろう。こうした経験が生じる理

---

4) 第2節2.は石川和男，前掲書，56〜61頁と鈴木安昭，前掲書，21〜27頁を参照して作成した。

由は，人によって情報に対する認識が異なることにある。

　人の情報に対する認識は，その人がこれまで接してきた情報によって異なる。例えば，異なる環境で育った二人が同じ本を読んで，または同じ授業を受けても，その本で感じることや授業で学んだことが異なったりする。

　同じ情報に対する認識の相違は，商品の場合でも起きる。しかも商品に対する理解の相違は資金の大切さを知っている販売者と購買者の間に起きるため厄介である。こうした販売者と購買者の間に生じる商品認識の齟齬を解消するために，商的流通が必要になるもう 1 つの理由である。

　商的流通は，売買契約の確認を通じて購入者と販売者の間に存在する商品認識の齟齬を解消する。商品認識に対する齟齬の解消活動があるからこそ，人々は安心して売買ができるのである。

第 3 節　売買契約

1.　売買契約の主な中身

　多くの人は，ウェブサイドに掲示されている商品写真だけでは，商品を購入する意思決定をしないのであろう。一般に，商品の価格や中身，支払い方法，または配送などの商品およびその取引に関わる諸事項を確認してから購入の意思決定を行う。これらの事項は商品の売買契約に出てくる項目とおおよそ一致する。

　売買契約とは，売る人と買う人との間で交わす約束である。売買契約が必要とされる理由は，前項で述べたとおりである。すなわち，売る人と買う人の情報の齟齬を解消し，お互い納得するような売買をするためにある。契約を交わすと，売る人は商品を契約通りに販売し，買う人は商品を契約通りに購入する法律的義務が発生する。

　例えば，2019 年 1 月 3 日の BBC ニュースでキャセイパシフィック航空がベトナム―アメリカ間の 180 万円もするビジネスクラスの席を間違えて 7 万円で販売してしまったニュースがある[5]。この値段で販売すると，キャセイパ

5)　BBC News HP（https://www.bbc.com/japanese/46743842　2019 年 1 月 24 日アクセス）。

シフィック航空は損失を被ってしまう。しかし価格設定をしたのは航空会社であり，ネットで航空券を買った人がその価格に合意し，代金を支払ったため，売買契約が成立したことを意味する。キャセイパシフィック航空は，たとえ損をしてもその商品を顧客に提供しなくてはならない。なぜなら，売買契約が成立したことで，キャセイパシフィック航空は売買契約通りに契約を履行することが法律的に義務付けられたからである。

売買契約には，書面のある売買契約と書面のない売買契約がある。本項ではまず書面のある売買契約について説明する。売買契約の項目は大きく商品の種類・品質，商品の数量，商品の価格，商品の引渡，代金の決済方法，所有権移転と危険負担，その他の7つに分けられる。

（1）商品の種類・品質

前述したように，写真だけで商品の購入意思決定をする人はほとんどいない。多くの人は購入しようとする商品そのものが自ら欲しいものであるかどうかを確認する。主な確認方法は2つある。1つ目は，購入しようとする商品をみる，あるいは触るといった直接接触行為を通じた現品確認法である。サンプルによる確認もこれに近い確認法である[6]。

2つ目は仕様書・銘柄・規格による確認方法である。ここでは国際的に認められた度量衡や第3者機関に作られた規格（例えば，日本工業規格）などが使用される。これらの規格基準に沿って，その商品を構成する大きさや色彩，材料，客観的機能（例えば，馬力）などを確認する。スーパーに置いてある果物の商品名札に書かれている糖度などが当てはまる。

（2）商品の数量

商品の数量は，個数と度量衡の2つの確認法がある。例えば，商品説明で記載されている個やダース，グロスなどの言葉は，個数確認法を使用している。それに対し，個数では扱えないような商品（例えば，原油，米，水）は，重量や

---

6) ただし，サンプルの場合は購入しようとする商品ではないので，現物と異なる可能性がある。しかし，信用を前提に成熟した市場においては，サンプルと現物が異なることはほとんどないので，サンプルによる確認を現品による確認方法として考えても大きな問題はないのであろう。

リットルなどの度量衡を使用して確認する。

(3) 商品価格

商品の価格は，その商品を購入する際に支出しなければならない貨幣の量である。資本主義のもとで売手が確認しないといけないことは，付けた商品価格は生産や流通コストを反映しているかどうかである。言い換えれば，損になるような金額で売られていないかどうかを確認しないといけない。一方の買手は，自らが認識した商品価格であるかどうかを確認しなければならない。

また，貨幣は必ずしも使い慣れた自国通貨でない場合もあるので，国際取引をする際は，金額のほかに通貨の確認も必要である。そして価格を設定する際に運送料や保険料が売手または買手のだれかが負担するかも確認が必要であろう。例えば，海外貿易でよく使用する FOB（Free On Board）や CIF（Cost, Insurance and Freight）という価格がそうである。FOB は輸出者（売手）国の港での商品引渡価格であり，CIF は輸入者（買手）国の港での商品引渡価格である。CIF には出発港から到着港までの運賃保険料の費用が含まれている。

(4) 商品の引渡

商品の引渡場所と時間にも注意を払う必要がある。売買契約が成立したら，直ちに商品が引き渡されないことも珍しくはない。特に量の多い取引では，売買契約をまず済ませて，その後，商品が引き渡されることが多い。当然，その引渡時間と場所を事前に合意しておく必要がある。

(5) 代金の決済方法

代金の決済方法とその支払い時期も売買契約を結ぶ時点で決めておく必要がある。これは売手と買手の資金流に関わる重要な項目である。決済方法には，掛売や手形，為替手形，分割などがある。決済方法の詳細については，第 7 章の流通補助のところで説明する。

(6) 所有権移転と危険負担

所有権の移転と危険負担も決めておく必要がある。例えば，手形（商品を先にもらって代金を決めた期日に支払うという法律効用のある書面）を通じて販売するときは，手形が不渡り（約束したとおりにお金が支払われないこと）になる時があ

る。その際に，事前に売買契約のなかに手形の回収をもって所有権が移転されると記入していれば，相手に渡した商品を取り戻せることになる。

　また，一般に商品を買手に引渡したときにその後の商品の危険負担（商品が不測の事態によって損害する負担）は買手にある。しかし，大量の商品を取引する際には，その商品の瑕疵を短時間に確認することができない。この場合，事前に売買契約の商品の危険負担の項目に引渡から3日以内に瑕疵をみつけた場合，売手の責任に帰するなどの文言を入れる必要があるのであろう。

(7) その他

　以上の6項目の商品情報に対する齟齬が起きなければ比較的に，買手と売手がともに納得した売買ができる。しかし商品の特性によって，この6項目のほかに，買手と売手の両者が認識しておく項目がある。例えば，加工食品の賞味期限やパソコンのような精密機器の取り扱い方法などがそうである。こうした項目は，商品の特性に合わせて上記の6項目とともに売買契約に記した方がより買手と売手が納得するような売買ができる。

2.　書面のない売買契約

　日々，私たちはスーパーやコンビニで買物をしているが，そこでの売買は（書面での）売買契約をいちいち結ばない。同じ買物なのに，スーパーやコンビニでの買物には売買契約が必要とされないのか。それとも売買契約を必要としない売買も存在しているのかという疑問が芽生える人もいる。実をいうと日常のこのような買物では，書面のない売買契約が結ばれている。

　自分がスーパーやコンビニでの買物過程を思い出してみてほしい。何かを購入しようとコンビニに入った私たちは通常，その商品が置いてある棚へ向かい，そこから商品を取り，レジにもっていき，商品代金を計算してもらってから，その代金を支払い，袋に入れられた商品を持ち帰るというプロセスで買い物をする。この買物プロセスの一連の行為が，前項で示された売買契約の各項目を確認し合意したとみなされる。

　売手が店に商品を置くことは，商品の種類や品質，および販売数量といった売買契約の条件呈示を意味する。買手が商品を取る行為は，呈示された条件を確認することになる。レジで代金を支払う行為は，売手と買手の商品価格に対して合意を達成したことを意味する。また，買手が，売手が提供した支払い方法に従って支払うことは，代金の支払い方法に対する両者の合意とみなすことができる。つまり，私たちは日々の買物では，書面がないとはいえ，売買契約の各項目を確認して，売手と売買契約を交わしているのである。

第4節　流通金融

　資金の有限性から私たちは，購買と販売に対して慎重になる。しかしそれでも買物をしないといけないため，私たちはできれば納得できるような売買をしようとする。売手と買手の両方にとって納得できる売買を実現するために，商品情報に対する両者の認識の相違を明らかにし，一致させることが大切である。これは商的流通の重要な活動の1つである[7]。

　しかし商品情報に対する売手と買手の認識を一致させたからといって，所有権の移転が必ずしも行われるとは限らない。それをもたらした原因の1つは，商品を購入するための資金が不足することである。

　商品の購入・販売意識があるにも関わらず，資金不足が理由で購入・販売できない側に，もう一方の取引の当事者が資金を提供する活動が流通金融である。

1.　売手による流通金融

　買手の資金不足によって商品購入ができない場合，売手が支払いの遅延を承認することによって，買手の商品購入を可能にし，所有権の買手への移転を促進する。この活動は売手による流通金融である。例えば，掛売りと分割払いである。

　掛売りは売手が買手の支払い代金に対して，売買契約に定めた一定期間の支

7)　第4節は鈴木安昭，前掲書，28～29頁を参照して作成した。

払い猶予を設ける流通金融である。例えば，月末締めや翌月 20 日支払である。これは今月に購入した商品の代金は翌月 20 日に支払えばよいということである。買手は使い方によっては，約 2 カ月の支払い猶予になる。

　掛売りは私たちにとって身近なものである。自宅で使用する電気や上下水道という商品はすべて掛売りされている。電気会社や水道局が効率的に代金徴収をするために，一定期間を区切りにして，その代金を徴収する。例えば，多くの人が自宅で使用する水道水の代金は 2 カ月ごとに集金される。具体的に 2 カ月ごとに一度検針され，その翌月の 20 日に口座から代金が引き落とされるシステムになっている。もちろんこの集金システムは，買手の資金不足を緩和するために考案されたというよりも，効率的な集金と水道局のオペレーションコストを考慮して設定されたものである。しかし，購入したものを後から支払うという点からいうと，これも立派な掛売りである。

　そして，分割払いはある商品の代金を何回かに分けて支払ってもらう方法である。分割して支払っている間には商品を使用することができる。例えば車の分割払いである。分割払いも買手に支払い遅延効果をもたらすのである。

2.　買手による流通金融

　買手による流通金融とは，買手が売手のもつまたは生産される商品を入手する前に，商品代金の全額または一部を先に，売手に支払うことである。このような流通金融の前提は，売手の商品が買手にとって高い魅力をもっていることである。

　いまの中国やひと昔前の日本であれば，新築のマンションを購入する際に，マンションがまだ建てられていないにも関わらず，先に代金を支払わないといけない。これはマンションという商品の 2 つの特徴と関係する。マンションという商品は必ず特定の土地で建てられる。そのため立地によってその価値，すなわち希少性が大きく変わる。例えば，同じ規格で銀座と田舎でマンションを建設する。建設されたマンションの値段が何倍も違うのは，立地が異なるからである。もう 1 つの特徴は，マンションを建てるには多くの資金と時間を

必要とすることである。資金が不十分のため，建設会社はマンションという商品が完成する前に，先に購入者から代金の全額または一部をもらうのである。

こうした買手が商品を購入するために，売手に先に一部の代金を支払う流通金融は内金という[8]。内金と似ており，異なる性格をもつ先払いもある。それは手付金と呼ばれる。

手付金は支払いをした買手が後になってから契約を破棄することになれば，手付金を放棄し，売手に渡さないといけない。逆に手付金をもらった売手が契約を破棄する際に，手付金の何倍かの金額を上乗せして買手に返さないといけない。つまり，手付金は契約の履行を促進するためにある。

例えば，マンションを購入するために大金が必要である。その大金を用意するには時間を要する。そのため中古マンションを購入する際の手付金は，その間に販売者が他の人に売るという機会主義的行動を防ぐ効果があると同時に，購入者が支払い期日までの間に他により良い物件をみつけ，契約通りに履行しない機会主義的行動もある程度防げる。

つまり，内金は買手による流通金融としての性格をもつのに対して，手付金は契約履行を促進する性格をもっている。

---

8)　石川和男，前掲書，59 頁。

第5章　物的流通

第1節　物的流通の重要性

　ITが発達した情報社会では，ますます多くの情報と取引はインターネットを通じてやり取りされるようになった。しかし，いくら情報が豊富で，取引が便利にできるようになったとしても，商品を効率的に消費者の手元に届ける活動，すなわち場所と時間の懸隔を埋める物的流通がなければ，インターネットによって提供される買物の便利性は何の意味もない。

　交通や輸配送，および保管技術が発達していなかった時代では，物的流通費用を吸収できる需要の高い商品のみ扱っていたため，物的流通の効率はあまり重要視されなかった。15世紀の大航海時代における貿易では，生産に必要とされる奴隷や，他の部族を支配するための武器，およびアジアの商品を購入するための金・銀が主要な商品であった。18世紀になると，主要な商品はアヘン，お茶，中国の陶器に変化した。これらの商品の共通点は保存が効き，かつ需要が高い点である。それによって，物的流通コストを吸収できる価格設定ができた。そのため当時の物的流通で重要視された要素は，安全に到着し帰港することであった。

　しかし現代では，交通が発達し，輸配送や保存技術も大きく進化したため，安全に商品が輸配送されることが当然のようになった。それに伴って，物的流通への関心は如何に商品を安全に到着させるかから如何に効率的な物的流通を実施するかに変わった。

　こうした時代背景のもとで，中田氏らは物的流通を「生産から消費に至る財の物理的な流れの構造や管理を総称する概念である」[1]と定義しながら，物的

1)　中田信哉・湯浅和夫・橋本雅隆・長峰太郎『現代物流システム論』有斐閣，2003年，13頁。

流通に対する注目点も個別活動の効率化から一連の物流活動の全体最適化へと変わったと指摘している。続いての第2節では5つの物的流通活動，第3節では輸送元から輸送先の相違に基づいた4種類の物的流通，第4節では物的流通の進化を説明していく

第2節　5つの物的流通活動

物的流通の主な活動は包装，荷役，輸配送，保管，流通加工である。これらの物的流通活動は図表5-1で示されたような連関で商品を生産者から消費者までに移動させていく[2]。

図表5-1：物的流通活動

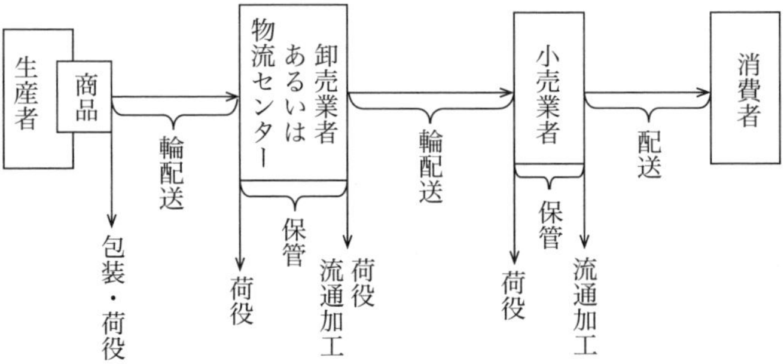

出所：筆者作成。

1. 包　装

包装の目的は，商品が理想な状態で届けられるように衝撃，温度および湿度の変化，害虫などから守ることである。包装は個装，外装，内装に分類されている。

---

2)　第2節は石川和男『基礎からの商業と流通　第3版』中央経済社，2013年，76〜81頁を参考にして作成。

(1) 個　装

個装とは，個々の商品の包装である。個装は商品の保護に加え，情報伝達の役割も担っている。ドラッグストアで薬を購入するときに薬が入って，薬の使用方法や効用が書かれている箱や，コンビニで販売されている飲み物が入っている 500ml のペットボトルが個装である。

ただし，まれに個装自体に価値が付与されている場合がある。例えば，ディズニーランドで販売されているクランチチョコを入れる可愛いケースである。このケースはチョコを入れるという効用があると同時に，ケース自体が何か入れるためのケースとして買われる場合も多いのである。つまり，クランチチョコを入れるケースは，ケースという使用価値として買われているということになる。この場合，ケースを個装として扱ってよいのか微妙である。

(2) 外　装

外装は，個装された商品を物流の段階で扱いやすくするための包装である。スーパーの菓子売り場では，店員が段ボールから商品を取りだして補充する風景をよくみかける。ここの段ボールが外装となる。段ボール（外装）は，運ぶ人や個装を店頭に補充する人の使い勝手を考えて，適切の大きさや形に設計され，バラバラにある個装をひとまとめにするためにある。

(3) 内　装

内装は外装と個装の間にあるクッション材や防湿材などである。例えば，インターネットで注文した商品が届けられた場合，段ボールの中に入っているプチプチが内装となる。

2.　荷　役

荷役は工場で包装過程が終わった商品を倉庫や運輸機器に運んだり，運輸機器から倉庫に運んだりする活動である。荷役は昔，多くの人手を要した活動であったが，近年では機械化が進んでいる。例えば，複数の段ボールや多くの貨物を乗せて運ぶフォークリフト，コンテナを挟み込み船から港に卸すクレーンである。とはいえ，商品の量が少なく，荷役機器への投資が合わない場所に関

しては，依然として人の手によって荷役が実施されている。

3. 輸配送

　輸配送は，輸送と配送を合わせた言葉である。輸送は，大量または大型の商品を異なった地点に運ぶ活動である。一方の配送は，顧客とりわけ消費者（産業消費者も含む）の注文に合わせて，商品を送り届ける活動である。その移動距離も輸送が長いのに対して，配送は小型や中型トラックで届けられるような短い距離である。輸送は，陸上輸送，水上輸送，航空輸送の３つに分けられている。

(1) 陸上輸送

　主な陸上輸送は，鉄道，自動車（トラック），パイプラインが挙げられる。鉄道は一度に大量の貨物を遠くまで運ぶことができる。天候に影響されにくいだけではなく，時間を計算しやすいため，正確性と安全性の高い輸送手段といえる。しかし，鉄道レールが引かれていないところには，貨物を運べないという欠点もある。

　自動車は，鉄道と違って道路さえあれば，輸送することが可能である。言い換えれば，輸送先の自由度が高い。そのため，配送手段としてもよく用いられる。しかし，一回に輸送できる貨物が少ないことや，交通状況によって時間の計算が難しいという欠点がある。

　パイプラインは，ガスや原油などの危険物を中心に安全，低コストで輸送する手段である。ただし，液体や気体に限られた商品しか輸送できない。

(2) 水上輸送

　水上輸送は一般に海上輸送を指している。水上輸送で使用されている輸送機器は船舶である。一度に大量の貨物を遠距離で運べるだけではなく，単位重量当たりの費用が三つの輸送手段において一番安い。ただし，輸送に必要とされる時間が長く，天候に左右されやすいという欠点もある。

(3) 航空輸送

　航空輸送は輸送スピードが速く，輸送中の振動が少ないため，輸送中に商品

が損傷を受けることが少ない輸送手段である。しかし，一回で輸送できる量が少なく，輸送費用が高いという欠点がある。したがって，航空輸送を用いる商品は，商品単価の高い半導体やノートパソコン，あるいは高級食材などに限られている。

(4)　輸配送管理

以上のように，それぞれ輸送手段には異なった特徴がある。企業は，輸送コストと商品の特徴を考慮しながら，複数の輸送手段を組み合わせて，輸送管理を行っている。例えば，海外で生産された家電や日常用品は，大量かつ安価で輸送できる船舶を使用して輸入国の港まで運び，そのあとはトラックを使って各地に運ばれていく。

近年，石油原料を使用するトラックによる環境汚染問題や運転手の人手不足などから配送の面でコストが高まり，消費者に不便をかけることがある。こうした問題を解決するために，ドローンを使用した配送が検討されている。しかし空を利用するため，荷物やドローンごとの落下などの機能的安全性の確認と運用上の法整備が現時点では，まだ十分に行われていない。とはいえ，こうした問題は近い将来に解決できると見込まれている。その際は，これまでの配送システムに大きな影響を及ぼすであろう。

4.　保　管

保管は生産と消費との間の時間の懸隔を解消するための物的流通活動である。保管先は倉庫と呼ばれており，倉庫は必要に応じて商品を貯蔵，放出する[3]。

近年では貯蔵を目的とした倉庫に加え，店舗における仕分けや検品作業を減らすために，倉庫で店舗ごとの荷物を一つのカゴ台車に集めてから共同配送する倉庫が増えている。このような倉庫は，流通倉庫または通過型倉庫と呼ばれている。それに対して，前述した貯蔵を目的とした倉庫は，貯蔵倉庫または在庫型倉庫と呼ばれている。

---

3)　時間の懸隔が生じるメカニズムの詳細は，第 3 章の時間の懸隔を参照されたい。

5. 流通加工

　流通加工とは，使用価値を変えず，次の流通過程または消費過程が使いやすいための加工を意味する。流通加工とよく比較されるのが，製造業の加工である。製造業の加工は素材を加工することで新たな使用価値を作り出す加工である。

　例えば，綿糸は何かを結ぶまたはひとまとめにする使用価値がある。綿糸を加工して綿布に織ったら，テーブルクロスになり，何かを拭いたりする使用価値をもつようになる。あるいは，綿布を設計した形に裁断し，縫製すると衣服となり，着る使用価値が生まれる。こうしたある使用価値を他の使用価値に変化させていく加工が製造業の加工である。

　一方の流通加工は，使用価値を変えない加工である。例えば，小売店で10人前を超える大きな刺身用のマグロの切り身を2，3人分用に切り分ける加工は流通加工に属する。この場合，マグロの刺身という使用価値は変わっていない。この加工は次の消費段階が使用しやすいためにある。消費段階だけではなく，次の流通過程が使いやすいための加工も流通加工の一種である。前述した流通倉庫で小売店の代わりに実施した検品，仕分けなどがその典型である。

　これらの物的流通は生産者から消費者まで一体どのように繋がっているのだろうか。図表5-1で示した通りである。製造された商品を保護するために包装し，包装された商品の荷役を行い，輸送機器で商品を倉庫のあるところに運び，再び荷役を通じて商品を倉庫に入荷させる。そして商品の出荷が要請されたら，倉庫管理者は必要に応じて次の流通過程のための流通加工を行い，荷役を終えたら，輸送者によって商品が小売店へと運ばれ，最終的には消費者のもとに届けられる（図表5-1）。

第3節　4種類の物的流通

　第2節では，形のある商品は具体的にどのような物的流通活動を経て，生産者から消費者へと移動されていくかという視点から物的流通を説明した。本節では取引先および配送先はどこなのかという視点から物的流通（本節では物

流と略す）を4つに分類し，説明する。

　一つ目は，調達物流である。調達物流は調達先から自社までの物流を意味する。例えば，自社が製造企業である場合は，原材料の調達先から自社までの物流を調達物流という。もし自社が小売企業であれば，卸売企業や製造企業から自社までの物流が調達物流となる。

　二つ目は，生産物流である。生産物流は自社内の物流であり，社内物流とも呼ばれる。例えば，製造企業の2つの製造過程が別々の場所にある場合，先行する製造過程から次の製造過程へと半製品を移動させるのは社内物流である。小売企業であれば，自社倉庫から小売店への物流が社内物流に属する。

　三つ目は，販売物流である。販売物流は自社から販売先までの物流である。製造企業であれば，自社の販売先である卸売企業や小売企業までの物流を指す。もし製造企業が直接消費者に販売した場合，消費者までの物流も販売物流に数えられる。

　最後は，回収物流である。回収物流は川下の消費者または産業消費者が使用した商品を川上の供給先への物流である。回収物流は，有限な地球資源を有効に活用するための物流である。回収先は直接の購買先だけではなく，資源回収業者などへの物流も含まれる。

第4節　物的流通の進化

1. 物流管理の時代

　物流は各物流活動を統合する概念として1960年代に日本へ導入された[4]。しかし当時の日本は高度経済成長の真っ最中におり，第一次ベビーブームによって多くの労働力が供給されはじめたにもかかわらず，多くの企業は，人手不足と賃金高騰に苦しんでいた。荷役などのような多くの人手を必要とする物流部門をもつ企業も同じであった。

---

4)　本項は中田信哉・湯浅和夫・橋本雅隆・長峰太郎，前掲書，81〜93頁と石川和男，前掲書，73〜74頁を参照して作成。

こうした背景のもとで，企業は物流を統合的な概念として捉えるのではなく，物流能力を如何に拡大し，その活動をどうすれば効率的に展開できるかというところに関心を寄せていた。つまり，企業にとって物流全体の最適化よりも，まず個別の物流活動における省人化と能力向上が至急の課題であった。個別の物流活動の効率化に注目した時代は物流管理の時代と呼ばれている。

個別の物流活動の効率化を実現するために，企業は最初に，荷役の機械化を推し進めた。荷役機械の代表的なものは，コンベア，フォークリフト，クレーンなどがある。

コンベアは原材料や機械部品，包装された荷物などをベルトに乗せて連続的に運搬する機械である。フォークリフトは，貨物を載せた台（パレット）を通じて，運輸機器への貨物の乗せ降ろし，または倉庫へ運ぶための機械である。クレーンは，重い貨物の荷役に大きな力を発揮する機械である。例えば，人では運べない重いコンテナを挟んで空に吊ってトラック，または貯蔵場所へ移動させる。いずれにしても，荷役機械は省人と荷役の効率化に大きな効果をもたらした。

荷役機械の導入の次に，企業は荷役機械に合わせた器材の規格化を進めた。フォークリフトが運ぶパレット台やクレーンが運ぶコンテナの規格統一を行った。器材の規格統一によって，他社との物流の効率化を実現できた。例えば，もしA企業とB企業が使用しているパレット台の規格が異なれば，運ばれた先のフォークリフトが使えない，または保存スペースに無駄が発生してしまう。しかし，もしA企業とB企業が同じ規格のパレットを使用するとしたら，これらの問題が生じないのである。

器材の規格統一は，荷役機械の調達コストを低減させることもできる。正確的に言うと，規格化されれば，器材に合わせて作る機械の種類が大きく減少し，その分種類ごとの機器に必要とされる開発費および生産費用が減少し，最終的には販売価格の低下，つまり調達コストの低減につながるのである。

物流管理の時代では，荷役の機械化，省人化に企業は多くの努力を費やしてきた。その後，包装の機械化や，商品の品質保持，管理の面でも大きな進歩が

みられた。例えば，温度管理車の導入や自動化の高い流通倉庫の導入などである。

2．ロジスティックス

　中田氏によれば，ロジスティックスはマネジメントの思想・方法である[5]。物流におけるロジスティックスの最大の特徴は，物流を構成する活動を個別的に管理するのではなく，調達物流，社内物流，販売物流を統合的に管理する点にある[6]。

　ロジスティックスという言葉は，もともと軍事用語であり，「兵站（logistics）」を意味する。兵站の重要な仕事の1つは軍事に必要な物資(弾薬,医療品,食料品,および医療サービスなど）を必要なところに届けることである。ビジネス上のロジスティックスは必要な時に望ましい立地で，適正数量で，できる限り費用を節約し，最終在庫品および各種原材料を配達するという意味で使われている。その範囲は，社内物流だけではなく，調達物流や販売物流にも及ぶ。

　物流管理の時代では，包装，荷役，運送，保管，流通加工に関わる個別の物流活動を如何に効率化していくかに焦点を当てていたのに対し，ロジスティックスの時代では，情報を駆使して如何に戦略的に全体最適な物流活動を実施していくかに重点を置いている。

　これまでの企業は販売先がどのくらい販売しているのか，どのくらい在庫を所持しているのかをほとんど知ることができなかった。正確的に言うと，作られた商品がどんどん売れていく時代では，知る必要もなかった。しかし，供給が需要を上回り，商品が売れなくなり，在庫が運転資金を圧迫するようになると，企業は在庫をコントロールするために，より正確な販売情報を知りたいと思うようになった。在庫のコントロールは，自社在庫のみならず，販売先と調達先の在庫も含まれる。そして販売情報に基づいて，無駄の少ない物流システムを構築しようとした。ロジスティックスと物流管理の相違は，図表 5-2 で示した通りである。

---

5)　中田信哉・湯浅和夫・橋本雅隆・長峰太郎，前掲書，103 〜 104 頁。
6)　本項は，同上書，103 〜 118 頁と石川和男，前掲書，82 〜 86 頁を参照して作成。

図表 5-2：物流管理とロジスティックスの相違

	物流管理の時代	ロジスティックスの時代
目　標	個別の物流活動の効率化	物流活動の全体最適化
範　囲	自社の各物流活動	調達物流・社内物流・販売物流
内　容	戦術的 個別活動の効率重視	戦略的 販売・在庫情報重視 全体効率の重視

出所：筆者作成。

3.　サプライチェーン・マネジメント

　中田氏らによれば，「サプライチェーン・マネジメントとは，市場における販売動向に供給活動を適合させることにより在庫の適正化をはかり，ローコストの供給体制を実現することを目的に行われるサプライチェーンを対象としたマネジメントである」[7]。サプライチェーン・マネジメントとロジスティックスの大きな相違は2つある。

　1つ目は，マネジメントの対象が自らと直接取引していない企業にも及んでいる点である。サプライチェーンという名前からうかがえるように，マネジメントの対象は，商品が生産されてから消費までの間の企業が担当する物流をはじめ，商品の材料を供給するサプライヤー，またはサプライヤーに原材料を供給する原材料供給先までも含まれている。

　2つ目は，サプライチェーンの中の利害関係を調整し，マネジメントするリーダーがいることである。ロジスティックスの場合は，取引を通じて取引先と調整するが，サプライチェーン・マネジメントの場合は，直接取引をしていないメンバーもマネジメントの対象になっているため，サプライチェーンの全体最適化を達成するためのリーダーが必要とされる。リーダーの多くは，サプライチェーンのなかで大きな影響力をもつ企業である。

　なぜ直接取引をしていないメンバーもマネジメントしないといけないだろうか。その理由は，情報不足によってサプライチェーン内に生じる無駄な生産と

---

7)　中田信哉・湯浅和夫・橋本雅隆・長峰太郎，前掲書，196頁。

在庫問題をマネジメントしないと最終的に商品の小売価格や物流コストに悪影響を及ぼすからである。

　例えば，ある小売店が売れ行きの良い日で欠品が発生し，もし欠品がなければさらに 5 個が販売できたとしよう。この小売店は似たような日がまた来ると予測し，次こそ機会損失をしたくないため，いつもより 7 個多めに商品を発注した。7 個多めの商品注文を受けた卸売企業は，小売店では実際は 5 個足りなかったという情報をもっていないため，次回も 7 個注文されると考え，機会損失を防ぐためにメーカーに 10 個発注する。そしていつもよりも多めの10 個注文を受けたメーカーは，売れた時に対応するために 13 個くらい生産しようとする。同じ考えで部品を供給するサプライヤーが生産を 16 個，原材料供給先が生産を 20 個増やそうと，必要のない生産と在庫が増えるのである。

　サプライチェーン・マネジメントでは，このような現象をブルウィップ効果と呼ぶ。ムチをもって手元で軽く振るだけでもそのムチの先では大きく振れることに因んで，前述した小売店からの多めの商品発注はサプライチェーンの各段階における過剰在庫をもたらし，結果としてサプライチェーンの全体では大量の過剰在庫を招いた現象を表している（図表 5-3）。

図表 5-3：ブルウィップ効果

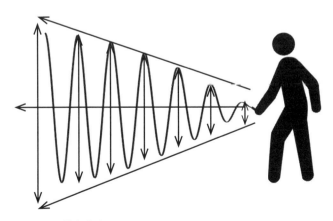

出所：筆者作成。

　このようにサプライチェーン・マネジメントは，原材料の供給元から消費者までの物流を範囲とする。そしてサプライチェーン内における情報の共有不足によって生じるブルウィップ効果をマネジメントする。その際には，サプライチェーン内のもっとも影響力のある企業がメンバー間の利害関係を調整するのは一般的である。

第6章　情報流通

第1節　流通情報

1.　情報の懸隔と情報流通の役割

　商品が生産者から消費者に移転する流通過程のあらゆる局面において，情報が必要とされる。例えば，買手にとって，商品を購入する前に，誰が，どこで，いつ，どのような商品を作っているか，いくらでそれを入手できるかといった供給情報を知らなければならない。また，売手にとって，商品を生産，あるいは取り揃える前に，消費者のニーズや購買行動といった需要情報を事前に把握しなければならない。

　自給自足社会では，生産者と消費者が同一人物，または同じ部族や村のメンバーであり，生産者と消費者が互いのことを熟知している。そのため，生産と消費との間における情報の懸隔がほとんど存在しなかった。しかし，分業が進むにつれて，生産と消費がますます分離し，両者の間における情報の懸隔が生まれた。

　生産と消費との間における情報の懸隔が存在した場合，売手は商品の種類，品質，数量，場所，時間，価格などに関する買手のニーズを事前に理解しなければ，生産した商品や取り揃えた商品が買手に好まれずに売れなかったり，あるいは売れたとしても，過剰在庫や過少在庫に陥ったりする。それに加え，売手は生産した商品や取り揃えた商品などの情報を買手に伝達しなければ，本来販売できた商品が販売し損ねる可能性が高い。他方の買手は，売手が提供している商品や効用，製造情報，販売場所などの情報を調べなければ，適切な売手から商品を購入することができない。

情報流通の役割はこうした生産と消費との間における情報の懸隔を埋めることである。それによって，より効果的・効率的な流通が実現される。

2．流通情報の種類

流通過程において，生産者，商業者，流通補助業者，消費者の間で伝達され蓄積される情報は，取引情報，物流情報，市場情報，プロモーション情報に大別されている[1]。

(1) 取引情報

取引情報とは所有権移転に関する情報であり，さらに次の4つに分類できる。

①交渉情報

特定商品の買手あるいは売手を探し，取引条件について交渉する際に伴う情報である。ただし，交渉は必ずしも買手と売手が話し合うという形で行われるのではない。売手または買手が取引条件を呈示し，相手に受諾か否かを決めさせるのも交渉に含まれる。例えば，スーパーに買い物に行く際に，消費者は棚に陳列された野菜の品質や重量，価格などを確認し，それを購入するかどうかを考えるプロセスも交渉である。そして，購入を決断したことは，スーパーが提示した取引条件に対して消費者が受諾し，取引が成立したことを意味する。

②受発注情報

買手が購入を決定し，売手にその意思を伝達するための発注情報と，売手が発注を受諾したことを示す受注情報である。

③所有権移転情報

売買契約が結ばれ，実行され，所有権が移転したことを確認する情報である。

④代金支払情報

出金（支払）・入金（受領）に関する情報や，金融機関への支払指示情報・金融機関からの入金情報，および売掛金・買掛金に関する情報である。

---

1) 鈴木安昭『新・流通と商業［第5版］』有斐閣，2010年，52〜55頁；石川和男『基礎からの商業と流通 第2版』中央経済社，2007年，92〜94頁。

(2) 物流情報

物流情報は主に在庫情報と輸送情報がある。在庫情報に入庫・出庫情報や現在高（店頭・倉庫）情報が含まれる。輸送情報は発送・着荷に関する情報や輸送業者との間の輸送指示・着荷に関する情報などがある。

これまでの物流情報は消費者にとって身近なものではなかった。しかし，宅配便の発達に伴って，荷物伝票番号がわかれば，電話やパソコンあるいはスマートフォンから荷物の輸送情報を簡単に確認できるようになった。

(3) 市場情報

市場情報は広く捉えると，消費者のニーズをはじめ，競争，技術，法律あるいは政治などに関する様々な情報を含む。商品を滞りなく流通させるには，生産者や商業者は消費者が欲しいだろうと思われる商品を生産し，あるいは取り揃えなければならない。したがって，消費者の需要情報を収集するための市場調査が重要である。

(4) プロモーション情報

プロモーション情報は商品の認知度を高め，その販売を促進するために，生産者や商業者によって提供される供給情報である。消費者が商品の種類や品質，数量，時間，場所，価格などについての情報をもたなければ，商品の存在自体を知らず，購入に至らないのは無論のことである。また，消費者が自らのニーズを明確に意識せず，外部の働きによってはじめて喚起される場合は珍しくはない。したがって，生産者や商業者は生産した商品あるいは取り揃えた商品に関する情報を積極的に消費者に伝達する必要がある[2]。

第2節　市場調査とプロモーション活動

本節では生産者や商業者の視点から，消費者の需要情報を収集する方法としての市場調査と，消費者に供給情報を伝達するプロモーション活動について学ぶ。

2) 北島忠男・小林一『新訂　流通総論』白桃書房，1998 年，152 〜 153 頁。

1. 市場調査

　市場調査とは，「供給者から需要者の掌中に商品ならびにサービスが渡り，使用・消費されるまでの商品の流通過程を調査の対象とし，その質的側面ならびに量的側面に関しての調査研究であり，さらにその変化を研究するものである」[3]と捉えられる。

　市場調査は調査対象の数によって，悉皆調査と標本調査に分かれている。悉皆調査は全数調査とも呼ばれ，調査対象全部を調査するものである。標本調査はサンプル調査とも言い，調査対象の一部を抽出し，その結果から全体の性質を推定する。

　市場調査の方法は主に観察法，質問法，実験法に大別することができる[4]。

(1) 観察法

　調査対象を観察することによって情報を収集する。店舗カメラを通して，店舗内での消費者の購買行動調査はその典型である。観察によって，消費者のありのままの行動を把握することができるが，行動をもたらした背後の原因を直ちにわかるわけではない。そのため，観察した後の消費者への質問，または観察から得た情報の解釈が必要とされる。

(2) 質問法

　調査対象に質問し，回答してもらうことで情報を収集する。質問法には面接調査法，電話調査法，郵送調査法，留置調査法，インターネット調査法などがある。

　①面接調査法

　調査員が調査対象である個人や集団を訪問したり，店内や路上で直接面接したりする方法である。確実な回収が期待できるという長所がある一方，時間と費用がかかり，良質な調査員を集めることが難しいという短所がある。

　②電話調査法

　電話で調査対象に質問し，回答を得る方法である。費用が安く，回答がすぐ

3)　出牛正芳『市場調査入門』同文舘，1990 年，5 頁。
4)　石川和男，前掲書，96 〜 98 頁；田口冬樹『新訂 体系流通論』白桃書房，2005 年，66 〜 69 頁。

に得られることが長所である。しかし，短時間で回答できる簡単な質問しかできず，セールス電話と思われ，調査に協力してもらえないこともある。

③郵送調査法

調査対象に質問票を郵送し，回答を記入して返送してもらう方法である。調査員を必要とせず，比較的に安い費用で広範囲の調査が可能である。しかし，回収率が低く，回収に時間がかかり，回答漏れや回答者が調査対象であるかどうかわからないことがある。

④留置調査法

調査員が調査対象を訪問し，調査趣旨と回答依頼を行い，後日再訪問して，回答済みの質問票を回収する方法である。その場で回答しにくい質問や回答に時間がかかる質問であっても調査が可能であり，回収時点での回答状況を確認することで，品質の高い調査データを収集することができる。しかし，回収するには時間がかかり，費用が高いなどの短所がある。

⑤インターネット調査法

インターネットを通して，調査対象に質問し，回答してもらう方法である。調査が迅速かつ安価であり，実施が簡単であるような長所がある一方，サンプルの代表性や回答の信憑性などにおいて問題点を抱えている。

(3) 実験法

実験で調査対象の反応を観察し，情報を得る方法である。独立変数が従属変数にどのような影響を与えるかを測定できる。例えば，小売店で他の条件を一定として，商品の陳列方法の変化による売上高への影響を調べるような場合である。

2.　プロモーション活動

生産者や商業者がいくら優れた商品を生産し，取り揃えても，その良さを消費者に伝達しないと，消費者の最終的な購入行動に至らない。したがって，自社商品についての情報を伝達するためのプロモーション活動が必要とされる。

プロモーション活動には広告，PR（広報活動），人的販売，狭義の販売促進

がある（図表6-1）[5]。

図表6-1：プロモーション活動の種類と具体的方法

広告 (Advertising)	
テレビ・ラジオ広告（電波媒体）	新聞・雑誌広告（印刷媒体）
折り込み広告	ポスター・看板
屋外広告	交通広告
インターネット広告	ダイレクト・メール（DM）
電話帳広告	POP広告
PR（広報活動）(Public Relations)	
プレス発表，記者会見	年次報告書
展示会，発表会	社内報
学会発表	広報誌
スポーツやコンサートなどの協賛，メセナ活動	セミナー
社会貢献活動	財界活動
人的販売 (Personal Selling)	
販売員や営業担当者による説明や推奨	カウンセリング販売
狭義の販売促進 (Sales Promotion)	
クーポン	プレミアム（おまけ，景品など）
値引き	増量パック
サンプル・試供品提供	低金利ローン
ノベルティ・グッズの配布	デモンストレーション
カタログ，パンフレット，リーフレット	店頭ディスプレー，特別陳列　など

出所：河内俊樹（2014），126頁。

(1) 広　告

　広告は企業などの組織が，お金を払って媒体を購入し，視聴者にメッセージを伝達する活動である。広告業界では，テレビ，ラジオ，新聞，雑誌が「4大媒体」と呼ばれている。これらの媒体が共通しているのは，一度に多くの人に対して，同じ情報を発信することである。こうした媒体は「マスメディア」といい，短時間に認知度を高めるには大きな効果が発揮できる。マスメディアと対照的に，一人ひとりに対して個別に内容が異なる情報を発信するメディアは「パーソナルメディア」といい，後に述べる人的販売がその典型である[6]。

5)　河内俊樹「第10章マーケティング・コミュニケーションとプロモーション戦略」，成田景堯編著『京都に学ぶマーケティング』五絃舎，2014年，126頁。
6)　小川孔輔『マーケティング入門』日本経済新聞出版社，2009年，455～457頁。

図表 6-2：日本の媒体別広告費

媒体＼広告費	2010 年			2015 年			2017 年		
	広告費 (億円)	前年比 (%)	構成比 (%)	広告費 (億円)	前年比 (%)	構成比 (%)	広告費 (億円)	前年比 (%)	構成比 (%)
総広告費	58,427	98.7	100.0	61,710	100.3	100.0	63,907	101.6	100.0
マスコミ4媒体広告費	27,749	98.1	47.5	28,699	97.6	46.5	27,938	97.7	43.7
新聞	6,396	94.9	11.0	5,679	93.8	9.2	5,147	94.8	8.1
雑誌	2,733	90.1	4.7	2,443	97.7	4.0	2,023	91.0	3.2
ラジオ	1,299	94.8	2.2	1,254	98.6	2.0	1,290	100.4	2.0
テレビ	17,321	101.1	29.6	18,088	98.6	29.3	18,178	98.9	28.4
衛星メディア関連広告費	784	110.6	1.3	1,235	101.5	2.0	1,300	101.3	2.0
インターネット広告費	7,747	109.6	13.3	11,594	110.2	18.8	15,094	115.2	23.6
媒体費	6,077	111.5	10.4	9,194	111.5	14.9	12,206	117.6	19.1
広告制作費	1,670	103.0	2.9	2,400	105.5	3.9	2,888	106.1	4.5
プロモーションメディア広告費	22,147	95.6	37.9	21,417	99.1	34.7	20,875	98.5	32.7
屋外	3,095	96.2	5.3	3,188	100.5	5.2	3,208	100.4	5.0
交通	1,922	94.0	3.3	2,044	99.5	3.3	2,002	100.0	3.1
折込	5,279	97.0	9.0	4,687	95.3	7.6	4,170	93.7	6.5
DM	4,075	97.1	7.0	3,829	97.6	6.2	3,701	97.3	5.8
フリーペーパー・フリーマガジン	2,640	91.6	4.5	2,303	99.4	3.7	2,136	94.2	3.4
POP	1,840	100.2	3.2	1,970	100.3	3.2	1,975	101.2	3.1
電話帳	662	86.6	1.1	334	80.1	0.5	294	91.9	0.5
展示・映像ほか	2,634	94.9	4.5	3,062	107.7	5.0	3,389	106.1	5.3

出所：電通『日本の広告費』2010 年，2015 年，2017 年より作成。

　近年，インターネットやスマートフォンの普及に伴って，広告媒体におけるインターネット広告の重要性が高まっている。図表6-2で示されたように，2010 年におけるインターネット広告費は全体の 13.3％のみ占めたのに対して，2015 年には 18.8％，2017 年には 23.6％にまで拡大している。矢野経済研究所によれば，パソコン向け広告に比べ，スマートフォン広告が日本のインターネット広告市場をけん引している。特に動画広告の拡大が顕著である。動画広告が拡大した背景には動画コンテンツの充実に伴って，ユーザーによる動画サイトの利用が進んでいるからである。こうしたユーザーの行動変化を受け，既存の広告主における動画広告の利用が活発化したとともに，大手企業による動画広告の新規利用も増加し，YouTube をはじめとした動画プラットフォー

ムにおける動画広告の配信も拡大している[7]。

（2）PR

　PR（広報活動）は，企業をはじめとする組織が消費者，従業員，株主，取引先，地域社会などのステークホルダーと良好な関係を構築するための情報伝達活動である。

　PRの1つに，「パブリシティ」がある。企業が新商品の発表会にテレビ局や新聞社などに声をかけ，新商品の魅力をニュースや記事で取り上げてもらって，自社の代わりに消費者に情報を伝達する。

　第三者のメディアが情報を発信するため，客観性と信頼性の高い情報として消費者に受け止められる利点がある。ただし，取り上げられるかどうか，どのような形で取り上げられるかはメディア側の判断に委ねられるため，必ずしも企業の意図をそのまま反映できるわけではない。パブリシティは一般に無料であるが，メディアに確実に取り上げてもらうために実際には有料の場合が珍しくはない。

（3）人的販売

　人的販売は，営業担当者や販売員が，販売店または消費者に対して口頭で情報を提供する活動である。販売店や消費者と直接対面し，双方向なコミュニケーションが行われるため，販売店や消費者の反応をみながら，情報の伝達方法や説得の仕方を柔軟に変更することが可能であり，販売を実現する確率が高くなる。

　営業担当者や販売員は供給情報を提供し，購買を刺激するだけではなく，消費者や販売店の要望と不満を聞き，あるいは彼らとの会話から潜在的ニーズを発見するのも重要である[8]。つまり，人的販売は供給情報の伝達だけではなく，需要情報の収集においても大きな役割を果たしている。

---

7)　矢野経済研究所「2017年度のインターネット広告国内市場規模は前年度比111.7％の約1.3兆円，2022年度には約2.4兆円までの拡大を予測」，https://www.yano.co.jp/press-release/show/press_id/1948，2019年1月20日アクセス。

8)　岩永忠康「第7章　プロモーション戦略」，岩永忠康編著『マーケティングの理論と戦略』五絃舎，2015年，137頁。

(4) 狭義の販売促進

　狭義の販売促進は，セールス・プロモーションとも呼ばれ，広告，PR，人的販売に類型化されないプロモーション活動である。広告や PR はどちらかというと，自社商品の認知度を高め，企業活動の内容理解を促し，長期的な視点から企業価値を高め，商品ブランドの価値を向上させるためのプロモーション活動であるのに対して，狭義の販売促進は短期的な売上の増加を狙っている[9]。小売店で行われる値引きや，特別陳列，デモンストレーションをはじめ，メーカーによる消費者へのサンプリング提供やクーポン配布，また，メーカーが流通業者に提供するアローワンスや販売助成などがある。

第3節　情報システムの進展

　市場調査で特定の調査目的のために収集される情報もあれば，日常的な業務処理で発生する情報もある。情報システムの進展によって，日常的な業務処理に伴う膨大な情報が迅速かつ正確に収集され，またはオンラインでの交換も可能になった。これは，業務処理の効率性を高めただけではなく，収集した情報が仕入れや，商品開発，インストア・プロモーションなどにも活用され，業務の有効性も向上させた。本節では情報システムのうち，POS システム，EOS，EDI について検討する。

1. POS システム

(1) POS システムの概要

　POS（Point of Sales）システムは販売時点情報管理システムであり，旧通産省によると，「従来のキーイン方式のレジスターではなく，自動読取方式のレジスターにより，商品単品ごとに収集した販売情報，ならびに仕入，配送などの活動で発生する各種情報をコンピュータに送り，各部門が有効に利用できるよう情報を加工・伝達するシステムで，いわば小売業の総合経営情報システム

9）小川孔輔，前掲書，492 頁。

を意味する」[10]。

　販売時点の情報を収集し活用することはこれまでも行われてきたが，それは部門別での商品管理に止まっていた[11]。POS システムの導入によって，売れた商品の情報を単品ごとに把握することができるようになり，商品管理の精度が従来の部門別管理と比べて高まった。

　単品管理を実現するためには，事前に 1 品 1 品の商品にバーコードや OCR（Optical Character Reader）値札を付ける必要がある。バーコードは，単品を単位として商品を識別するための番号（コード）を黒白の縞模様のような棒状（バー）に図案化したものである。日本の流通業界では日本工業規格で制定されている JAN（Japanese Article Number）バーコードが広く使われている。OCR 値札は数字で表現された商品の種類，メーカー名，価格や商品属性などを，スキャナーが読み取れる文字である OCR 文字で印刷した値札である。一般にバーコードは食品や雑貨に，OCR 値札は衣料品や耐久消費財に用いられている[12]。

　レジで POS ターミナルのスキャナーでバーコードまたは OCR 値札を読み取ると，読み取られた情報は店内に設置されたストア・コントローラーに送られる。そこで情報が処理され，レシートにその商品の価格や商品名などを出力するとともに，その商品の販売数や在庫数などが更新される。それによって，常時に販売数や在庫数などの情報を正確かつ迅速に把握することができる。

(2) POS システムの利用

　POS データは商品管理などに活用されている[13]。単品ベースでの商品の売れ行きがわかるため，売れ筋商品や死に筋商品および在庫数を素早く照会する

---

10) 田口冬樹『新訂 体系流通論』白桃書房，2005 年，69 頁。
11) POS システムの前に，販売時点の商品管理システムとしてキャッシュ・レジスターが使われていた。最初のキャッシュ・レジスターは販売員の出納業務における不正防止を目的として発明されたが，後に部門別の売上高を自動集計する機能が追加され，商品管理にも活用されるようになった（田中正郎「第 8 章　情報ネットワークと流通」，久保村隆祐編『商学通論〔八訂版〕』同文舘，2014 年，189 〜 191 頁）。
12) 同上，191 〜 193 頁。
13) 商品管理のほかに，売場管理や顧客管理，従業員管理などにも活用されている（田口冬樹，前掲書，70 〜 73 頁）。

ことができる。それによって，死に筋商品をいち早く売場から排除し，在庫回転率が高められる。また，適切な在庫をもつことができるようになり，品切れによる機会損失や過剰在庫によるリスクを回避することも可能となる。

　ただし，POS データは自動的に有益な情報になるわけではない。例えば，POS データでは，死に筋商品のようにみえるが，本当は置く場所や見せ方といった販売方法を変えれば，売れ筋商品になる可能性もある。つまり，POS データを有益な情報に転換させるには，売場の担当者がまず仮説をもたなければならない。具体的には，過去の POS データや，地域のイベンド，天気，トレンドなどの情報をもとに，どのような商品をどのような形で販売すればどれぐらいで売れるかという仮説をまず立てる。次に，仮説を実行し，そこから発生した POS データを用いて，その仮説を検証する。さらに，その結果を分析し，新たな仮説立てに生かし，次の実行，検証に移る。このように POS データは仮説・実行・検証サイクルに用いられてはじめて，有益な情報に転換される。

　また，POS システムが収集できる情報は取り扱っている商品に限定されている。取り扱っていない商品がたとえ売れ筋商品であっても，その情報は当然記録されていない。さらに，本当の売れ筋商品が店に置かれず，その代わりに選択された代替的商品が売れ筋商品とみなされることもあり得る。したがって，POS データは売場の担当者が観察や接客をして得た情報や，顧客から寄せられた要望または不満などと組み合わせて利用されることが必要である。

2.　EOS

　EOS（Electronic Ordering System）は電子発注システムであり，最初はチェーンストアの店舗から本部への商品補充発注業務を合理化，効率化するために導入された企業内補充発注システムであった。その後，店舗と本部の間に限定されず，取引先との間でもオンラインで発注データが交換できるように進展した[14]。

　一般に，商品補充発注業務を行う際に，特定の陳列棚を担当する者は，商品の在庫を調べ，在庫量が事前に設定した水準より少なくなった商品の発注情報

14) 同上，74 ～ 75 頁。

を，その場でハンディターミナルに入力する。入力作業が終わってから，発注データは通信回線を介してそのまま本部や取引先に伝達され，発注業務が行われる[15]。

　従来の電話，伝票，FAX による補充発注と比べて，EOS での補充発注は，大量の受発注処理を正確かつ迅速に行うことができる。EOS が求められる背景には，消費者のニーズが多様化し，かつすぐに変化することがある。それに対応するために，多様な商品を少量に品揃えし，ニーズが変化する前に素早く提供しなければならない。したがって，情報の正確な処理や発注・起票作業の迅速化が不可欠となった。

3．EDI

　EDI（Electronic Data Interchange）は商取引のデータ交換に関する標準規約に基づく企業間オンライン・データ交換システムである。前述した EOS では企業間のデータ交換が受発注データを中心としていたが，EDI では，受発注データだけではなく，商品情報，販売条件，出荷，納品，請求，支払い，問い合わせなど取引に関する多様なデータが企業間で交換される。それによって，取引の迅速化，転記ミスの削減，ペーパーレス化などのメリットを享受することができる[16]。

　EDI の登場の背景には，企業間提携や取引の量的増加と迅速化がある。つまり，取引に伴うデータ交換が増大しつつあるなか，これまでのように企業ごとに異なる書式の伝票を利用し，郵便や FAX などでやり取りをすると，コストと手間がかかるだけではなく，正確性や迅速性においても問題を抱える。したがって，データ交換の手順を標準化し，取引に関する多様なデータを低コスト，正確かつ迅速に交換することが求められるようになった[17]。

---

15) 久保村隆祐編，前掲書，197 頁。
16) 青木均・石川和男・尾碕眞・濱満久『新流通論［改訂版］』創成社，2014 年，171 〜 174 頁。
17) 田口冬樹，前掲書，77 頁。

第7章　流通金融と危険負担

第1節　流通補助業者

　商品情報を広告で伝えたり，消費者が消費できる場所まで商品を移動させたり，あるいは商品購入に必要なお金を融資したりするなどの商品を生産者から消費者へ移転させるための活動は，すべて流通活動に含まれる[1]。

　流通活動の最も重要な役割は，生産者が生産した商品の所有権を消費者に移転させることである。すべての流通活動はこの一点のためにあると言っても過言ではない。当然，これらの活動は費用が掛かり，担い手も必要とされる。

　流通の担い手は，生産者，商業者，消費者，および流通補助業者の4つに分類することが出来る。生産者と消費者の主な経済活動は生産と消費であるが，生産者が自ら生産した商品を販売するための活動，あるいは消費者が消費するための購買活動なども流通活動に属する。そして生産者や消費者に代わってより効率的な流通活動を実施するのが，商業者と流通補助業者である。

　商業者と流通補助業者の根本的な違いは，所有権移転の当事者に該当するかどうかである。商業者は商品の所有権を取得するが，流通補助業者は商品の所有権を取得しないのである。

　商業者は，仕入れた商品を再販売することで自らの生活を成り立たせる。そのため商業者にとって重要なことは，商品の売買益である。したがって，売れる商品を仕入れることは重要である。しかしこれだけでは十分ではない。仕入れた商品を売っていくためには，仕入れた商品の情報伝達や買物の便利さなど

---

[1]　本節は，森下二次也『現代商業経済論〔改訂版〕』有斐閣，1983年，71〜111頁と鈴木安昭『新・流通と商業 [第5版]』有斐閣，2010年，79〜83頁を参照して作成した。

も提供する必要がある。こうした商品の仕入れや情報伝達，および買物の便利さなどの提供は費用が掛かる。これらの費用はすべて商品の売買益によって賄われる。つまり，商業者にとって，商品そのものが売れなければ，自らの生存基盤が脅かされるのである。

一方の流通補助業者は，そうではない。流通補助業者は商品の所有権を取得せず，生産者や商業者の代わりに一部の流通活動を実施する。例えば，ネット小売店に頼まれ，商品を配達する佐川急便（輸送会社）や企業の代わりに広告を制作する電通（広告代理店）などである。つまり，流通補助業者は取引先に流通サービスを販売するサービス業者である。そのため，依頼先の商品が最終的に販売されるかどうかに関係なく，自社の流通サービスが販売されるならば，その商品にかけた流通費用を回収することが出来る。

流通補助業者は，流通活動の一部の機能に特化していることが多い。例えば，広告を専門とする広告代理店，運輸を専門とする運輸業，商品の保管を専門とする倉庫業，流通に必要な資金を融資する金融業，流通時に生じるリスクを分散する保険業などが挙げられる。流通補助業者が担う流通活動の範囲は様々である。伊藤忠物流のような運輸，保管，流通倉庫の運営を行う総合物流会社もあれば，限定された地域内の配送のみを実施する配送業者もある。またその規模も東証1部上場企業から個人事業主までと幅広い。

本章では，流通補助業者が実施している流通活動を流通補助活動と呼ぶ。そして第2節では流通金融，第3節では危険負担という主な流通補助活動を説明する。

第2節　流通金融

商品の購入意識があるにもかかわらず，資金不足で購入できない場合がある。こうした資金が足りない側に，信用供与を行う活動が流通金融である。現実社会では，流通金融が取引の当事者ではなく，銀行やリース会社といった第3者によって担われることが多い。本節では，金融機関とリース会社が実施し

ている主な流通金融について説明する[2]。

1. 金融機関による信用供与

　流通金融は資金不足に由来する所有権移転の滞りを解消することができる。流通金融は相手への信用に立脚する。借り手に資金を貸し，一定期間が経ってからそれを返済してもらう。信用は企業間信用と消費者信用の 2 種類に分かれている。企業間信用はさらに取引当事者による信用供与[3]，金融機関による信用供与，および物による信用供与に大別できる。

　金融機関による流通金融のための信用供与は，主に資金融資，当座借越，手形の割引・借入の 3 種類がある。資金融資は金融機関が流通活動に必要な資金を企業に貸すことである。商品を購入するための資金から流通活動に必要な設備（運輸機器や自動化倉庫など）への投資などが含まれる。

　当座借越は，銀行が信用供与する企業に当座口座を作らせ，その企業の当座口座の預金残高を超えて一定限度額まで資金を貸し出す融資である。返済は，当座口座への預け入れから自動的に行われる。

　手形の割引・借入は，企業が取引先からもらった手形を割引して銀行に譲渡または手形を抵当にして資金を融資してもらう方法である。

2. カード会社による消費者への信用供与

　消費者への信用供与は販売先が提供するものと，金融機関が提供するものがある。販売先からの信用供与は，割賦販売が典型である。金融機関からの信用供与はクレジットカードが代表的なものである。

　クレジットカードは，クレジットカード会社による消費者への信用供与をもとに成り立っている。クレジットカード会社は，消費者の収入や資産などを審査し，信用供与できると判断した人にクレジットカードを発行する。消費者は

---

2)　本節は，石川和男『基礎からの商業と流通　第3版』中央経済社，2013 年，109 〜 123 頁を参考に作成した。

3)　取引当事者による信用供与は第4章の商的流通を参照されたい。

クレジットカードを使って，商品を購入する。商品を販売した会社は，クレジットカード会社から代金の支払いを受ける。そしてクレジットカード会社は，支払期日になったら消費者から代金を回収するような仕組みになっている（図表7-1）。代金回収は，一括で回収する方法もあれば，分割して回収する方法もある。クレジットカード会社への分割払いは，リボルビング払いとも呼ばれている。

図表 7-1：クレジットカードの仕組み

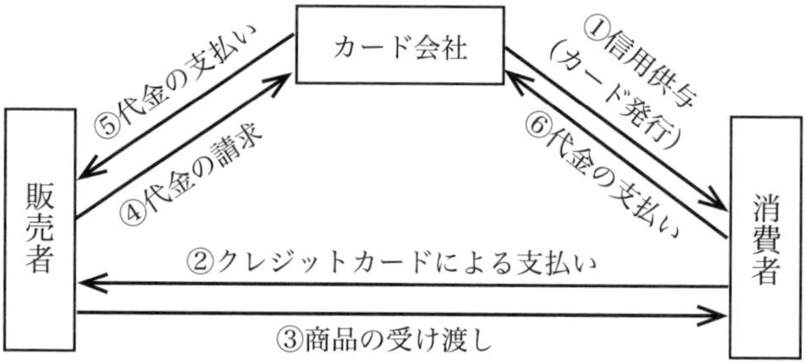

出所：筆者作成。

3. リース会社による信用供与

リース会社は，特定の機械設備を必要とする会社に代わってその機械設備を購入し貸す会社である。こうしたモノを通じた貸し借りは物融とも呼ばれている。

リース会社は，機械設備を貸すことで企業からリース料を徴収する。リース会社が提供している物融はレンタルサービスに類似しているが，貸借期間，ユーザーの数，使用者が購入する前に確定しているかどうかといった点において両者が相違している。

例えば，WiFi ルーターのレンタル会社であれば，WiFi ルーターを短期に利用したい人がいるだろうという予測を立て，WiFi を購入し，その WiFi を必要であると思われる人に宣伝し貸し出そうとする。しかし，WiFi ルーターのレンタル市場が予測通りに存在しない可能性もある。

一方のリース会社は，借手が，ある商品を代わりに購入してほしいという申し込みがあってから商品を購入し貸し出す。つまり，レンタル会社とリース会

社の最大の相違は，前者は市場を見込んでサービス財を販売するのに対し，後
者は借手が欲しい商品を代わりに購入し貸すのである。

　こうしたリースの仕組みは企業間で使用されていることが多いが，現在では
消費者へのリースも行われるようになった。例えば，「わ」ナンバーの付かな
いリースカーなどがそうである。

　またリースの方法はリース契約満了後に物融として用いられた機械をリース
会社が回収する方法と，リース契約満了後にその機械を正式に使用先の所有物
にする方法がある。前者は回収した機械を再販売あるいは再利用するため，総
リース料は当初の購入金額より低くなることがある。一方の後者の総リース料
は，当初の購入金額より高く設定されるが一般的である。

第 3 節　危険負担

　商品の所有権をもつことは，商品が販売される前に，または消費・使用され
る前に，その商品が破損したり，紛失したりする危険を負わなければならない
ことでもある。こうした危険を回避するための方法の 1 つとして，保険が挙
げられている。

　例えば，車を購入した際にほとんどの人が加入する自動車保険である [4]。ま
た，スマートフォンを購入する際に，携帯ショップで勧められる「スマートフォ
ンが壊れた時に半額で修理できるよ」などの保険も，所有権をもつことに由来
する破損紛失リスクを回避するためにある。

　本節では，保険の種類と仕組み，および保険が成り立つ条件について説明する [5]。

---

[4]　自動車保険には，必ず加入しないといけない自賠責保険もあれば，自動車自身の損害や運転者の
　　ケガなどを保障する損害保険もある。前者への加入は法律（自動車損害賠償保障法）で定められて
　　いる保険であり，後者への加入は自由である。

[5]　本節は，大谷孝一 編著『保険論［第 3 版］』成文堂，2012 年，48 〜 52 頁と北島忠男・小林一
　　『新訂 流通総論』白桃書房，1998 年，134 〜 142 頁，および石川和男，前掲書，117 〜 123 頁を
　　参考に作成した。

1. 保険の種類と仕組み

保険は生命保険，損害保険，第三分野保険に大別することができる。

生命保険は，人の生死を基準とする保険である。ある期間を保険期間とし，その間に死亡した際に支払う死亡保険と，満期まで生存したときの生存保険がある。損害保険は，偶然の事故によって生じた損害を補償するための保険である。前述した自動車保険やスマートフォンへの保険が損害保険に属する。最後の第三分野保険は，傷害，疾病，介護などを対象にした保険である。例えば，医療保険や介護保険である。

保険は偶然の事故や予期せぬ出来事によって生じる経済損失を補填するための商品である。保険が成り立つ前提は，偶然の事故などに遭遇する不運の人と，順調に物事を終える幸運の人が存在することである。

物事を終える前に自分が幸運か不運かを知る人はいない。そのため多くの人は不運が降りかかったときの不安を感じる。そして不幸によってもたらされる経済損失を少しでも減少させようとする。例えば，子供をもつ親が生命保険に入ることである。生命保険は家計を支える自分が亡くなったときにせめて子供の経済生活に影響を生じさせないようにするための保険である。

保険は不運と幸運の発生確率を利用した商品である。保険会社が保険商品を作る前に，必ずある事に対して起きる不運の確率と，それによって生じる経済損失を計算する。そしてそこから保険料を算出する。具体的には，経済損失 × 不運の確率＝保険料という公式になる。当然，この中には保険商品を運用するための費用なども含まれている。

2. 大数の法則

不運，すなわち偶然の事故または予期せぬ出来事の確率を計算するには，統計学の1つの大数の法則が必要である。大数の法則では，偶発的な事故も大量に観察すれば，その事故が起きる確率が一定に集約すると主張される。

しかし確率がわかったからと言って，保険商品が成り立つ訳ではない。例えば，6面のサイコロを振って1の面が出る確率は6分の1である。それを10

回だけ振る場合，1 の面が 1 回も出ないかもしれない。または 1 の面が 3 回出る可能性もある。サイコロの 1 の面を不運としたら，1 回も出ないときは保険会社は非常にラッキーで一度も保険金を支払わなくてよいことになる。しかし不運にも 3 回出てしまったら，保険会社は 3 回分の保険金を支払うことになる。だが，サイコロの 10 回ではなく 1,000 回，10,000 回振れば，1 の面が出る確率は 6 分の 1 に近づく。

　保険会社も同じである。被保険者を 10 人しか集められなかったら不運を保障するための保険会社が自らの不運が生じないことを祈らないといけなくなる。そこで保険会社はできるだけ多くの被保険者を集めることに努める。多くの被保険者を集めることができれば，不運が生じる確率は大数の法則で観察した確率に近づいていく。また，多くの被保険者がいれば，保険会社を運営する運営費や不運を顧客の代わりに処理する費用などが大人数で割ることになるので，保険料を下げることもできる。

3.　先物取引によるリスク軽減

　保険を通じた流通リスクの軽減は，海上保険や運送保険，火災保険などが挙げられる。しかしこれらの保険だけでは，軽減できないリスクもある。例えば，原材料の価格変動や取引先の倒産などである。

　農作物を原料や販売物とする企業は，農作物の価格変動によって損失を被りがちである。農作物の生産は時間がかかるため，企業によって，事前に作物の予約買いを行う。予約時点で商品価格を決めるため，実際に商品を入手する際の商品価格が予約時点と比べて大幅に下がってしまうリスクがある。企業はこうしたリスクを避けるために商品取引所の先物取引を利用する。

　先物取引とは，将来に完成する商品を現在で取引する制度である。日本の先物取引は江戸時代に遡ることができる。江戸時代の先物取引には，正米取引と帳合取引の 2 種類の取引がある。正米取引は将来物理的に形ある商品（米）を扱うのに対し，帳合取引は実在しない架空の商品を扱う。

　架空の商品を売買する人たちは，実在する商品が欲しいのではなく，その商

品の売買差益だけがほしい。こうした人たちは，現在と未来の商品市場価格差
で利益を獲得しようとする。そのため実物を伴わない帳簿上だけで売買する。

　例えば，帳合取引を望むAさんとBさんがいる。Aさんは6カ月後の米は
値上がりすると考え，一方のBさんは値下がりすると考えている。この2者
は話し合って売買する数量と将来の再売買期日だけを決めておき，取引する。
そして6カ月を待って，その時の米市場価格によって，誰が誰に差額を支払
うのかを決める。

　現代の先物取引で取引している多くの人は，商品の売買を目的にしていない。
架空取引を通じた売買利益とリスクヘッジを目的にしている。架空取引を通じ
た売買利益を目的にしている人たちは，将来のある時点の商品価格を予測し，
現在より高くなると予測すれば買いオペをし，現在より低いと予測すれば売り
オペを実施する。そして将来のその時点を指定して，逆の買いまたは売りオペ
レーションを設定する。

　リスクヘッジ，すなわち価格変動のリスクを減少させたい人は，売買利益を
得たい人たちの売買を利用して，リスクヘッジができるのである。例えば，あ
る小麦を原材料とする企業が10月1日に農家と契約し，翌年の3月1日に商
品を入手するとしよう。この企業は購入した10月1日時点で商品取引所で売
りオペを実施し，そして3月1日を指定して買いオペをすれば，価格変動の
リスクは回避される。

　当然，保険や先物取引だけでは回避できないリスクもある。例えば，売掛先
の倒産である。こうしたリスクに関しては，日々の情報収集が重要なリスク低
減の方法である。

第8章　商業の存立基盤

第1節　商業の登場

　われわれは普段の生活に必要なモノ，例えば，食料品，衣料品，日用品などの多くが生産者から直接購入するのではなく，百貨店，スーパーマーケット，総合スーパー，コンビニエンスストア，ドラッグストアといった商業者から購入している。

　一般的に商業者が介在することによって，中間マージン（商業者が儲けた分）が発生するため，生産者からの直接購入と比べて，消費者が商品を高く買わなければならないと思われる。また，実際に商業者が商品を単に右から左に横流しするだけで，不当な利益を獲得し，その結果，商品価格を高くしているという批判もよく耳にする。

　しかし，このような考え方や批判が昔からあるにもかかわらず，現実ではほとんどの商品は相変わらず商業者を経由して販売されている。なぜなら，これらの考え方や批判の多くは商業者に対する誤解と偏見に基づいているからである。商品流通において，適切な数の商業者が介在することは，商品価格を不当に高くするどころか，生産者にも消費者にも大きなメリットを与えている。

　本章ではなぜ商業者が介在しているのかを中心に学ぶ。第1節ではまず商業がどのような背景のもとで登場したのかを概観する[1]。

1）本節の残りは，主に小西和彦『現代流通論の基本問題』神戸商科大学経済研究所，1991年，25〜37頁；森下不二也『商業経済論の体系と展開』千倉書房，1993年，3〜24頁；西島博樹「第1章　商業の基礎理論」岩永忠康監修，西島博樹・片山富弘・岩永忠康編著『現代流通の基礎』五絃舎，2011年，28〜34頁；岩永忠康『現代の商業論―日本小売商業の理論・問題・国際化―』五絃舎，2014年，13〜17頁；秦小紅「第1章　農業と流通」安原好一編著『農業経営とマーケティング』五絃舎，2018年，13〜14頁を基に作成した。

商業は歴史上のいついかなる時代にも存在していたのではない。直接的な商品流通の矛盾を緩和するために登場したのである。「直接的な商品流通の矛盾」を説明する前に，まずそれと関連する「物々交換の限界」と「貨幣の出現」を取り上げる。

1．物々交換の限界

大昔，人々は血縁関係などによって結びついた共同体を作って生活していた。生活に必要な生産物のすべては，共同体内のメンバーによって生産，消費された。つまり，共同体内では自給自足の生活を送っていた。

しかし，共同体間の分業が進み，共同体内で消費しきれない生産物が現れ，共同体間での生産物の交換が行われるようになった。例えば，山にある部族と海辺にある部族は，それぞれ獣と魚の狩りをする。山の部族は獣を，海辺の部族は魚をもって，相手と交換した。

交換の原始的形態は物々交換である。物々交換は異なる使用価値（生産物の有用性）をもつ生産物間の偶然な交換である。物々交換において，交換相手が保有する生産物を自らが欲しがっていると同時に，自らが保有する生産物を交換相手が欲しがっているということが不可欠である。山の部族は海辺の部族がもっている魚を欲しいのと同時に，海辺の部族も山の部族がもっている獣を欲しがってはじめて，交換が成立する。また，何をもって交換するかだけではなく，どれぐらいの量で交換するかに関しても，交換当事者の合意が必要である。交換を成立させるには，15匹の魚と1頭の獣と交換するか，それとも20匹の魚と1頭の獣と交換するかについての合意が欠かせない。このような交換する生産物の質と量に対する合意が達成したことは，相互欲求の両面一致と呼ばれている。しかし，交換当事者の相互欲求の両面一致はしばしば満たされないため，交換が阻まれやすい。これが物々交換の限界である。

2．貨幣の出現

分業が進むにつれて，生産物の生産量が急増し，常に余るようになった。そ

図表 8-1：物々交換と商品流通

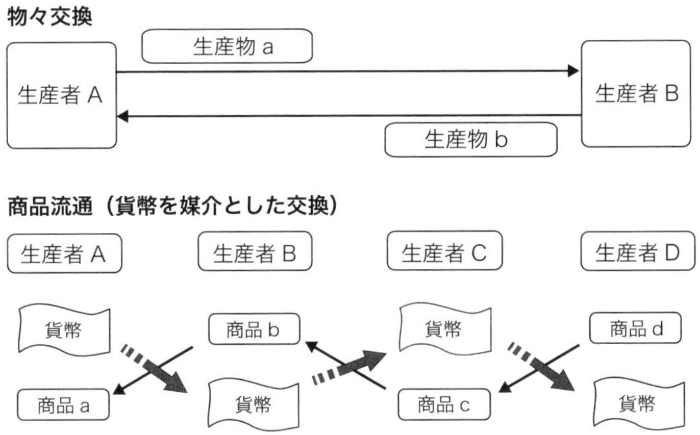

物々交換

| 生産者 A | 生産物 a →
← 生産物 b | 生産者 B |

商品流通（貨幣を媒介とした交換）

| 生産者 A | 生産者 B | 生産者 C | 生産者 D |

貨幣　商品 b　貨幣　商品 d

商品 a　貨幣　商品 c　貨幣

出所：岩永忠康（2014），15 頁の図表 1-1 を調整。

れにともなって，最初から交換を前提とする生産物（商品）の生産が生まれた。商品は使用価値のみならず，一定の値打ちで他の商品と交換するという交換価値ももたなければならない。商品生産が一般化するために，交換成立の可能性を高めるツールが必要とされる。それが貨幣である。

　貨幣を誰もが欲しがっている。商品の生産者は交換相手が所持する貨幣を必ず欲しがっているため，交換相手は生産者の商品が欲しいだけで，交換が成立する可能性がある。ミカン農家がミカンをもって，柿農家の柿と交換したいとする。しかし，柿農家がミカンを欲しくない場合，交換を拒否する。そこでミカン農家はお金で柿農家の柿と交換する。柿農家はそれを拒否しない。なぜなら，お金さえもっていれば，いつでも，どこでも，誰とでも，自分が欲しがる商品と交換することができるからである。また，貨幣が複数の単位に細分化されているので，交換する際の量についての合意も達成しやすくなる。貨幣の登場によって，交換当事者の相互欲求の両面一致が達成しやすくなった。

3. 直接的な商品流通の矛盾

貨幣は物々交換における交換の偶然性を緩和し，交換の可能性を著しく高めた。しかし，形を変えて販売の偶然性という問題が現れた。

貨幣を介在させることで，交換は販売と購買という2つの過程に分かれるようになった。商品生産者は最初に販売で商品を貨幣に交換し，次に購買で貨幣を商品に交換する。物々交換は一つの交換自体が完結しており，他の交換との関係性を一切もっていない。それに対して，貨幣を媒介とした交換は常に他の交換を前提としている。個々の交換は交換の連鎖から離れて存在することができない。このように貨幣と商品の交換が互いに絡み合っている交換過程の総体は商品流通と呼ばれる（図表8-1）。

商品流通が滞りなく流れるために，販売に見合うだけの購買が行われなければならない。しかし，貨幣所有者はいつか貨幣をもって自分にとって有用性のある商品と交換するにしても，その交換を急いで行う必要がない。もし貨幣所有者が商品を購買しないとすれば，それは商品生産者が商品を販売することができないことを意味する。商品生産者は商品の販売を実現できないのならば，貨幣を入手することができず，商品を購買することもできなくなる。

つまり，ある貨幣所有者が購買を行わないことで，その貨幣所有者に商品を販売しようとする商品生産者の販売と購買，さらにはその商品生産者に商品を販売しようとする他の商品生産者の販売と購買をすべて滞らせる。このように商品流通では，商品を販売して得たすべての貨幣をもってその時その場で別の商品を購買しないことは，販売と購買との間に不一致をもたらす。その結果，交換の連鎖が中途で断ち切られ，商品流通が停滞する。これが商品流通の矛盾である。

4. 商業の登場

商業は商品流通の矛盾に対応するために登場したのである[2]。貨幣の出現は

---

2) ただし商業の出現はあくまでも自然発生的なものであり，販売の偶然性に直面した商品生産者が意識的・計画的にそれを作り出したのではない。また商業者は販売の偶然性に対応するために再販売購入に携わっているのではなく，そうすることで利殖の機会を見出そうとするにすぎない（森下不二也『現代商業経済論』有斐閣，1977年，9頁）。

商品を商品生産者から貨幣所有者に販売する際に，商品生産者の使用価値的制約を解放した。しかし，そこでは相変わらず貨幣所有者の使用価値的制約が残されている。なぜなら，貨幣所有者は自らの消費を目的として商品を購買しているため，商品に有用性を感じなければ，決して商品を購買しないからである。

　この限界を打開するために，商品流通に消費を目的としない購買を介在させるしかない。購買した商品を消費しないといっても，それを手元において眺めるわけではない。それをさらに消費を目的とする貨幣所有者（つまり消費者）へと再販売する。このような再販売購入にもっぱら従事して歴史的に登場したのは商業者である。商業者の購買は消費のための購買ではなく，販売のための購買である。商業者の販売は生産したものの販売ではなく，購買したものの販売である[3]。商業者の登場は商業の出現にほかならない。つまり，商業は商品流通のうち，商業者の売買として現れる側面である[4]。

第2節　売買集中の原理

1. 社会的品揃え物の形成

　商業者は多数の生産者から同種・異種の商品を仕入れている。商業者の手元に形成された同種・異種の商品集合が社会的品揃え物と呼ばれる。社会的品揃え物の形成は商業者だけにみられる現象である。

　生産者はもっぱら生産活動に専念している。そのため，商業者のような社会的品揃え物を形成することができない。生産者の手元に形成した商品集合は自分が生産した商品にすぎない。商品集合の種類は商業者のそれと比較して，極めて限定的である。

　他方の消費者はもっぱら消費活動に特化している。したがって，消費者も商業者のような社会的品揃え物を形成することができない。消費者の手元に形成される商品集合は，確かに種類が豊富である。しかし，消費者が保有できる商

---

3) 同上，28頁。
4) 同上，8頁。

品の種類と量は消費できる商品の種類と量に制約されている。しかも，消費者は保有する商品を他者に再販売しないため，消費者の手元にある商品集合の性格は商業者のそれと異なる[5]。

2. 売買集中の原理

　商業者の手元に形成された社会的品揃え物は消費者にとって極めて魅力的である。なぜなら，消費者は商業者のもとを訪ねるだけで，同種商品の比較購買と，異種商品のワンストップ・ショッピングができるからである。それによって，消費者は多数の生産者を探索し，彼らと交渉しなくても，生活に必要とされる多様な商品を入手することが可能になる。

　他方の生産者からみれば，商業者の社会的品揃え物は自社の商品販売を格段に容易にする。生産者が限られた種類の商品を大量に生産する。一方の消費者は多様な商品を少量ずつ消費する。商業者の社会的品揃え物は生産者が生産する商品の量と種類と，消費者が消費する商品の量と種類の相違を調整することで，生産者から消費者へ直接販売より商品販売を容易にしている。

　また，商業者を介在させるだけで，生産者は数多くの消費者と一斉に出会うことができる。これは，自社の商品を必要とする消費者に巡り合う可能性が一段と高まることを意味する。したがって，生産者は一人ひとりの消費者を探索し，彼らと交渉する煩雑さから解放される。

　商業者が形成した社会的品揃え物は，生産者の販売と消費者の購買が商業者のもとへ社会的に集中することを意味する。これが売買集中の原理と呼ばれる。売買集中の原理は，商業の存立基盤としてあげられ，①取引数削減の原理，②情報縮約・整理の原理，③不確実性プールの原理に分けて考えられる[6]。

　①取引数削減の原理

　生産者と消費者がそれぞれ4人と5人がいるとする。生産者と消費者が直接取引する場合，取引総数は4×5＝20となる。もし1人の商業者が介在し，

---

5)　西島博樹，前掲書，35〜36頁。
6)　岩永忠康監修，前掲書，8〜11頁，34〜39頁。

図表 8-2：取引数削減の原理

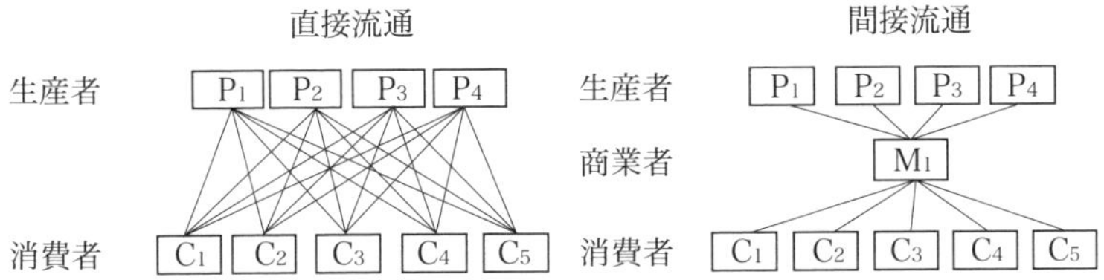

出所：筆者作成。

すべての取引がその商業者を通して行われると，取引総数は 4+5 ＝ 9 となる。直接流通と比較して，商業者が介在した場合，取引総数が削減される。

　これを一般化するために，生産者の数を P，消費者の数を C，商業者の数を M とする。直接流通の場合，取引総数は P×C である。1 人の商業者が介在した場合，取引総数は P+C となり，M 人が介在した場合，取引総数は M（P+C）となる。直接流通と間接流通における取引数の差額は（P×C）- M（P+C）となる（図表 8-2）。

　取引する際に様々な費用が伴う。例えば，適切な取引相手を発見するための探索費用である。探索費用は取引相手を発見するための交通費や通信費，それに費やした時間の機会費用，または取引相手が提供する商品の品質や価格などの取引条件にかかわる情報を収集し，検討する費用を含む。探索費用に加えて，取引を行うには取引条件をめぐる取引相手との交渉費用や，商品を輸送したり保管したりする物流費用なども必要とされる[7]。したがって，商業者の介在は取引総数を削減し，その分の取引費用を節約している。

　ただし，ここで注意しなければならないのは，商業者の数が多ければ多いほど望ましいのではない。前述した直接流通と間接流通における取引数の差額を算出する式から明らかになるように，生産者と消費者の数が増大するほど，商業者が介在するメリットが大きくなる。一方で，商業者の数が多くなるほど，そのメリットが少なくなる。さらには，商業者の過剰介在によってかえって取

7)　田村正紀『流通原理』千倉書房，2001 年，80 〜 86 頁。

引総数を増やし，取引費用の上昇を招くことも示唆している。つまり，商業介在の根拠は一定の条件の下でしか成り立たないのである。

②情報縮約・整理の原理

商業者は多数の消費者への商品の再販売を前提に，品揃えを形成している。したがって，商業者の品揃えは商品の品質，価格，種類などに対する多数の消費者の需要を反映したものであり，品揃えの形成で需要情報が集中的に分析・整理されている。それと同時に，商業者の品揃えは多数の生産者の供給情報も反映しており，品揃えの形成で供給情報も集中的に分析・整理されている[8]。

需要情報と供給情報が商業者によって集中的に分析・整理されることで，消費者にとって多数の生産者を探索し，それぞれと交渉する費用を節約することができる。同じように生産者にとっても多数の消費者を探索し，それぞれと交渉する費用を節約することができる。

③不確実性プールの原理

不確実性プールの原理は，集中貯蔵の原理とも呼ばれている。消費者の需要を正確に把握することは極めて難しい。需要の不確実性に対応するために在庫を保持する必要がある。それぞれの生産者が需要変動に備えて在庫をもつよりも，商業者が生産者に代わって在庫の一部を集中的にもったほうが，社会全体の在庫高の削減につながる。それによって，在庫費用が節約される。

以上のように，商業介在による売買集中の原理によって，取引総数が削減され，取引に必要とされる探索費用，交渉費用，物流費用や無駄な在庫も節減され，社会全体で必要とされる流通費用が節約されているのである[9]。

第3節　商業の分化

生産者と消費者との間に商業者を介在させることで，生産者にも消費者にも

---

8)　岩永忠康，前掲書，36頁。
9)　ただし，商業の存立基盤は，無条件に作動するわけではないことに注意しなければならない。生産，消費，または技術の特徴およびその変化によって，商業の介在がもたらすメリットは変化する（田村正紀，前掲書，96〜112頁）

大きなメリットを与えることは前述したとおりである。売買集中の原理に基づけば，間接流通する商品を一つの巨大規模の商業者に集中させたほうが最も効率的になる。しかし，現実では大規模の商業者だけではなく，中小零細な商業者も含め，多様な商業者が存在する。本節では「商業の段階分化」と「商業の部門分化」を理解することで，なぜ多様な商業者が存在しているのか，それによってどのようなメリットをもたらすのかについて学ぶ。

1.　商業の段階分化

　近年，インターネット通信販売の普及で，消費者が自宅を出ずに，全国あるいは海外の商品を購入することができるようになった。インターネット通信販売が成長しているとはいえ，消費者は小売店に出かけて商品を購入するのは相変わらず主流である。

　消費者は店舗まで出かけるには交通費や時間などの費用がかかる。そのため，買物でそれほど遠いところまで出かけることができない。日常的に飛行機や新幹線を利用して，買物に行く人はほとんどいないであろう。このように消費者は全国に分散しており，しかも日常で買物に行ける範囲が極めて限られている。

　これに加えて，消費者は一人ひとりの需要が千差万別である。例えば，料理の味付けの嗜好に関して，関西の人と関東の人が異なるし，同じ関西あるいは関東に住んでいても，地区や家庭によって好みが様々である。さらには，消費者は少量ずつ買物するという特徴ももっている。例えば，食料品を買う場合，当日の分，たとえまとめ買いをするとしても，せいぜい 2，3 日間の分や 1 週間の分しか購入しない。

　このように消費者の消費は分散性，個別性，小規模性という特性を有しているのに対して，生産者の生産は種類の限られた商品を大量に生産するという特性を有している[10]。商業者は生産者と消費者との間に介在しているため，生産者の生産特性と消費者の消費特性に同時に対応しなければならないのは当然のことである。

---

10)　岩永忠康，前掲書，40 頁。

したがって，商業は生産者の生産特性に対応するための卸売業と，消費者の消費特性に対応するための小売業に段階的に分化したのである。卸売業は生産者から大量の商品を購入するのに対して，小売業は消費者の身近なところで，多種多様な商品を小分けにして販売する。

商業の段階分化によって，商業が生産者と消費者のそれぞれの特性に同時に対応できるようになっただけではない。生産者により広域の消費者に商品を販売する機会を，消費者により広域の生産者から商品を購入する機会をも提供した[11]。

生産者にとって直接取引可能な消費者は，ある一定の空間内に限定される。しかし，生産者は複数の小売業と取引することで，小売業のもとで束ねた商圏内の多数の消費者にアクセスすることができる。また，生産者と小売業の間で，卸売業を介在させることで，生産者はさらなる広域の消費者にアクセスすることができる。つまり，生産者は複数の卸売業と取引することで，卸売業のもとで束ねた広域空間に散在する多数の小売業，さらにその多数の小売業のもとの消費者に間接的に到達することが可能になる。

一方の消費者からみれば，商業者のもとに広域空間に散在する多数の生産者の商品が取り揃えられている。1人の商業者と取引することで，広域にわたる生産者の商品を購入することができる。例えば，スーパーマーケットに行けば，日本全国にある生産者の商品を購入できる。それによって，消費者の空間的に限定されていた行動範囲が間接的に拡大される。

2. 商業の部門分化

商業者は取り扱う商品の種類を基に分業している。例えば，魚屋，肉屋，八百屋，菓子屋，酒屋のようにである。これを商業の部門分化と呼ぶ。部門分化の理由は商品によって販売のために必要となる技術的操作が異なるからである。

例えば，食料品や日用品が代表となる最寄品を販売するための技術と，電気製品やファッション性の高い衣料品が代表となる買回品を販売するための技術

---

11) 西島博樹『現代流通の構造と競争』同友館，2011年，20〜28頁。

が異なる。また，同じ最寄品であっても，食料品と日用品に必要とされる販売技術が異なる。さらには，たとえ全く同じ商品であっても，国内市場向けと海外市場向けの場合，異なる販売技術が求められる。

　商品販売の技術的操作には，商品に関する知識や取り扱い技能，需要情報の収集能力，商品販売のための施設や設備などが含まれる。販売の技術的操作が全く同じような商品は存在しないが，比較的に類似する商品群が存在する。商業者は類似する商品群をまとめて取り扱うことの利益は大きいが，それ以外の商品まで同時に取り扱うことになれば，かえって不利益をもたらすのである[12]。

　商業の部門分化によって，消費者が効率よく商品を探索することができる。商業者は多種多様な商品を取り扱うことで，消費者のワンストップ・ショッピングや比較購買を可能にし，消費者に便利を与えるのが確かである。しかし，もしあらゆる商品を店舗に並べると，かえって消費者に不便をもたらす可能性が高い。なぜなら，消費者が目的の商品をみつけにくいからである。したがって，商業者が限定した商品種類を取り扱うことは消費者の商品探索を手助けする。

　ただし，ここで注意しなければならないのは，商業の部門分化が無限に進むのではない。商業の存立基盤は売買集中の原理にある以上，商業の部門分化も売買集中の利益を否定しない程度までにおいてのみ認められる[13]。

---

12) 石原武政『商業組織の内部編成』千倉書房，2000 年，118 ～ 119 頁。
13) 森下不二也，前掲書，1977 年，149 頁。

第9章　小売業の機能と諸形態

第1節　小売業の概念

　企業の販売活動は，小売と卸売に分けることができる。一般的に小売と卸売は買い手によって区別される。買い手には3種類がある。1つ目は，個人的使用や世帯の維持のために商品を購入する最終消費者（以降は消費者と略す）である。2つ目は，生産活動のために商品を購入する産業用使用者[1]であり，3つ目は再販売のために商品を購入する再販売業者（商業者）である[2]。

　消費者に販売することは小売といい，産業用使用者や再販売業者に販売することは卸売と呼ばれる。この区別基準から明らかなように，同じ商品であっても，買い手によって，その販売が小売となったり，卸売となったりする。

　例えば，学生がワードでレポートを作成するために，家電量販店でパソコンを買ったとする。この場合，学生は自らの使用のためにパソコンを購入したため，学生へのパソコンの販売は小売である。それに対して，企業は業務の効率性を高めるために，最新のパソコンを購入した場合，企業へのパソコンの販売は卸売となる。

　小売業とは消費者に直接商品を販売する事業である[3]。小売業を主たる事業とする企業は，小売業者，小売企業，小売商などと呼ばれる。「主たる事業」は「メ

---

1)　産業用使用者は建設業，製造業，運輸業，飲食業，宿泊業，病院，学校，官公庁などを意味する。

2)　青木均・石川和男・尾碕章・濱満久『新流通論［改訂版］』創成社，2014年，71～72頁。

3)　小売業は消費財のうち，有形財の取り扱いを中心としている。無形財のサービスに関する取り扱いは販売される商品に関連した場合（配達，包装，修理など）に限定されている。ただし，最近では小売業においてサービスを取り扱うウエイトが高まってきている。また，アメリカでは有形財に限らず，無形財のサービスの販売も小売の固有のカテゴリーに含めて考えようとしている（田口冬樹『新訂 体系流通論』白桃書房，2005年，123頁）。

インの原則」で判断されており[4]，ここでは売上高の50％以上が消費者への直接販売によって作り出されることを意味する。また，小売業を営むために設けられる事業所は小売店舗という。ただし，小売業といった場合，事業，企業，店舗を区別せずに総称することがある[5]。

　注意しなければならないのは，小売が小売業者に専有の行為ではない。生産者と卸売業者が直接消費者に商品を販売する場合，小売を行うことになる。しかし，生産者と卸売業者は小売業を主たる事業としていないため，小売を行っていても小売業者とは呼ばれない。

第2節　小売業の役割と機能

1.　小売業の社会的役割

　小売業は流通の中間段階に位置しており，川下にある消費者や，川上にある生産者と卸売業者，さらには地域社会に対して，大きな役割を果たしている。

（1）消費者に対する役割

　消費者は買物をする際に，商品の代価の支払いに加えて，様々な買物費用が発生する。例えば，小売店舗までのバス代や電車代，もし自家用車を利用した場合，ガソリン代や駐車料金などの交通費が必要とされる。また，小売店舗を往復する移動時間や，店舗内における商品の探索時間も負担する。移動と探索に使われる時間の分で休憩や娯楽，あるいは仕事などに使える時間がなくなる。さらには，移動，探索または商品の持ち帰りなどにともなう肉体的疲労や，外出そのものや商品探索などによって引き起こされる心理的疲労も負担しなければならない[6]。

　消費者の買物費用を全部解消することができない。しかし，小売業は買物費用を客観的に軽減し，あるいは消費者に負担を感じさせないことが可能である。

　買物費用の客観的な軽減方法として，消費者の近隣に立地し，長時間営業す

---

4)　同上，124頁。
5)　青木均・石川和男・尾碕眞・濱満久，前掲書，72頁。
6)　鈴木安昭『新・流通と商業［第5版］』有斐閣，2010年，138頁。

ることがその典型である。それによって，消費者が交通費および時間を節約することができる。また，消費者が商品を探しやすいように，売場のレイアウトを工夫したり，専門知識の豊富な販売員が消費者に必要とされる情報を提供したりすることも考えられる。さらには，消費者の肉体的疲労を軽減するために，配達サービスを提供するのも施策の1つである。

　一方，消費者に買物費用の負担を感じさせない方法として，活気のある売場の演出，消費者の知的好奇心を満たすための知識の提供，あるいは疲れが取れる憩いの場の作りなどが挙げられる。これらの方法は，消費者の買物を楽しくすることが可能である。消費者は買物自体に楽しさを感じられるのならば，買物費用を当然の支出と理解し，負担とは感じなくなる。

　消費者に対する小売業の役割は下記の諸側面から整理することができる[7]。

①アクセス　立地と営業時間が含まれる。消費者にとって便利な場所に店舗を構え，望まれる時間に営業を行う。

②品揃え　消費者の満足が高まるような商品を取り揃える。ニーズに合わせて，商品の種類や量などを調整する必要がある。

③価格　消費者にとって妥当な価格を設定する。

④コミュニケーション活動　商品選択あるいは商品購入にあたって，消費者にとって役立つ情報を提供する。

⑤買物環境　安全かつ快適に買物ができる物的施設と，これらの物的施設とともに販売員や陳列などによって作り出される雰囲気のことである[8]。

⑥付帯サービス　消費者の買い物をより円滑化させるために，有料または無料に提供されるサービスのことである。代金の支払い，包装，配達，直し，返品，保守・修理などがある。

（2）生産者と卸売業者に対する役割

　小売業者は流通経路の末端に位置しており，消費者のニーズに関する情報を最も入手しやすい立場にある。実際に，POS データ，日頃の接客や観察，意

---

7)　同上，138 ～ 139 頁。
8)　清水滋『21 世紀版 小売業のマーケティング』ビジネス社，1992 年，211 ～ 219 頁。

見箱の設置などによって，小売業者の手元に消費者が欲しがる商品の品質，価格，時期，量などの需要情報は集まっている。こうした需要情報を生産者と卸売業者に伝達することは，小売業の重要な役割である。それによって，生産者と卸売業者は市場調査に莫大な資金をかけずに，適切な商品政策または品揃え政策を立てることが可能になる。

　また，小売業は前述した消費者に対する様々な役割を果たしたことで，生産者が生産した商品の販売を促進している。販売の専門家である小売業に商品を効率的に販売してもらうことによって，生産者は商品開発や生産活動に専念することができる[9]。

(3) 地域社会に対する役割

　小売業は地域密着産業である。地域住民に必要な商品を必要なときに必要な場所と必要な量で提供することで，人々の生活を支えている。したがって，小売業は交通，行政，医療，教育，文化，娯楽などと同様に地域住民の生活に欠かせないライフインフラである。

　近年，急激な少子高齢化に伴って，駅前や商店街の小売店が相次ぎ閉店されている。その結果，地域住民，特に 65 歳以上の高齢者を中心に食料品や日用品などの購入に困難を感じている消費者が増えている。いわゆる「買い物難民」あるいは「買い物弱者」問題が都市と地方を問わずに深刻化している[10]。この問題はライフインフラとして小売業の重要性を示すと同時に，小売業に課題も提示している。つまり，地域社会に対する役割を果たしつづけるには，社会経済環境の大きな変化に対応するためのさらなる創意工夫が小売業に要求されている。

　小売業は労働集約型産業でもある。小売業者は地域で事業を営み，地域に雇用の場を提供し，地域経済の振興に貢献している。平成 26 年の『商業統計』によれば，平成 26 年における小売業の従業者数は 768 万 5,778 人である。

---

9)　岩永忠康『現代の商業論―日本小売商業の理論・問題・国際化―』五絃舎，2014 年，54 〜 55 頁。
10)　農林水産省／全 65 歳以上人口の 24.6％，825 万人が買い物難民に（https://www.ryutsuu.biz/government/k062541.html）；食料品アクセス（買い物弱者・買い物難民等）問題ポータルサイト（http://www.maff.go.jp/j/shokusan/eat/syoku_akusesu.html），2018 年 8 月 8 日アクセス。

同年日本全国の従業者数は 6,178 万 9,000 人であるため[11]，小売業は全体の
1 割以上の雇用も創出している。

2.　小売業の流通機能

　小売業は流通活動の主な担い手であり，商的流通、物的流通，情報流通といっ
た流通活動を通して，生産と消費との間における様々な懸隔を架橋している。

(1)　商的流通

　①質的調整

　消費者は生活していくうえで多種多様な商品を使用する。それに対して，生
産者は限られた種類の商品しか生産しない。小売業者は消費者のニーズに基づ
いて，複数の生産者または卸売業者から商品を仕入れ，手元に同種・異種の商
品集合（社会的品揃え物）を形成している。

　小売業者は品揃えの形成によって，生産者が生産する商品の種類と消費者が
消費する商品の種類とのギャップを調整し，生産者の販売と消費者の購買を容
易にしている。つまり，生産者から消費者への商品の所有権の移転が促進される。

　②量的調整

　消費者は商品を少量ずつ購入するのに対して，生産者は大量生産を行う。商
品を流通させる際に，一定の量をまとめて流通させたほうが規模の経済性が発
揮し，効率性が高くなる。小売業は卸売段階でまとまった量で取引される商品
を消費者が買いやすい小口にして，販売する。それによって，生産者が生産す
る商品の量と消費者が消費する商品の量のギャップが調整され，生産者の販売
と消費者の購買が容易になる。

　③販売価格の決定

　消費者にとって，販売価格は商品購入の意思決定を行う際の重要な影響要素
である。なぜなら，一般的に消費者が自由に使えるお金が限られているからで
ある。一方，販売価格は小売業者にとって命綱である。なぜなら，販売価格で

---

11)『平成 26 年経済センサス—基礎調査（確報）』(http://www.stat.go.jp/data/e-census/2014/pdf/
　kaku_gaiyo.pdf)，2018 年 8 月 8 日アクセス。

仕入原価や諸経費をカバーし，適切な利益を生み出さなければならないから
である。したがって，小売業者は消費者の視点と企業の視点の両方を踏まえ，
販売価格を設定しなければならない[12]。さらに，小売業の競争が激しいため，
販売価格を設定する際に，競争相手の販売価格も考慮に入れる必要がある[13]。

販売価格が一旦設定されると，変更がないのではない。小売業者は顧客の来
店と購買を促進し，または需要の変動と諸経費の上昇に対応するために，割引，
値下げ，値上げを通じて，販売価格の調整も行う[14]。

④信用供与と危険負担

消費者が商品を買おうとしても，お金が足りなければ，購入を諦めざるを得
ない。その結果，消費者への所有権の移転が阻まれる。小売業者は割賦販売や
クレジットカードでの支払いなどを通じて，消費者に信用供与を提供している。
それによって，商品を購入するための資金不足問題が緩和され，消費者の商品
購入が促進される。

供与された信用の返済が消費者の預金口座からの振替えによって回収する方
法が普及したとはいえ，小売業者による消費者への信用供与活動が拡大すれば
するほど，信用供与に伴う危険が増大する[15]。また，小売業者は仕入活動を
通じて，商品の所有権を取得し，商品の破損，紛失，品質劣化，売れ残りなど
の危険も負担する。

(2) 物的流通

①輸配送

商品の所有権を取得したとしても，商品が手元になければ，消費者は商品を
使用することができない。小売業者は消費者が購買した商品を，要求された時
間と場所に消費者に配送する。また，近年，大規模小売業者は物流センターを
建設し，物流センターまでの輸送を生産者や卸売業者に担当してもらい，物流
センターから各店舗までの輸送を自ら担う傾向にある。

---

12) 清水滋，前掲書，105 〜 110 頁。
13) 青木均『小売マーケティング・ハンドブック』同文舘，2012 年，149 頁。
14) 同上，151 〜 155 頁。
15) 北島忠男・小林一『新訂 流通総論』白桃書房，1998 年，34 頁。

②保　管

小売業者は仕入れた商品を，消費者が購買する前までに，倉庫や物流センターに保管し，また，店頭に陳列して保管する。

(3) 情報流通

①需要情報の収集・伝達

小売業者は POS システム，日頃の接客や観察，意見箱の設置などによって，各種の商品に対する消費者の需要情報を収集する。収集した需要情報を仕入活動などを通じて，生産者や卸売業者に伝達する。それによって，生産者の商品開発と生産計画，または卸売業者の品揃え計画を手助けする。

②供給情報の収集・伝達

小売業者は仕入先の訪問，新しい仕入先の開拓，見本市や展示会の参加などで，生産者や卸売業者から供給情報を収集する。そして，陳列，人的販売，POP 広告，チラシなどの販売活動を通じて，消費者に供給情報を伝達する。

第３節　小売業の諸形態

小売業は様々な視点から分類することができる。本節では，業種と業態，経営形態，そして商業集積について学ぶ。

1.　業種と業態

(1) 業　種

業種は営業種目の略語であり，小売業者を「なにを売るのか」という視点から分類している[16]。例えば，魚屋，肉屋，八百屋，時計屋，呉服屋のようである。商品を販売するために，必要とされる商品知識，取り扱い技能，需要情報の収集能力，または施設や設備といった技術的操作が異なるため，小売業者の品揃えの幅に制約をもたらしたのである[17]。

16) 鳥羽達郎「第 3 章 小売商業」岩永忠康監修，西島博樹・片山富弘・岩永忠康編著『現代流通の基礎』
　　五絃舎，2011 年，70 頁。
17) 石原武政『商業組織の内部編成』千倉書房，2000 年，118 ～ 119 頁。

(2) 業　態

　業態は営業形態の略語であり，小売業者を「いかに売るのか」という視点から分類している。この分類は，店舗の立地と営業時間をはじめ，品揃え，価格，プロモーションあるいはコミュニケーション活動，買物環境，付帯サービスといった小売ミックスの一定のパターンに基づいている。例えば，食品スーパーとコンビニエンスストアでは，同じ食料品や飲料品を販売しているが，その販売方法が明らかに異なる。前者は「豊富な品揃え」，「商品の新鮮さ」，「低価格」を，後者は「便利な品揃え」，「便利な営業時間」，「便利な立地」を訴求する[18]。

(3) 代表的な業態

　業態は店舗の有無によって，無店舗販売と有店舗販売に大別することができる。無店舗販売には①販売員による訪問販売，②新聞，雑誌，テレビ，郵便，インターネットなどの通信媒体を利用する通信販売，③自動販売機による自動販売の3つの主な形態がある[19]。有店舗販売においては，小売業の革新によって様々な形態が生み出されてきた。一般的に業態が言及された時に，有店舗販売を指す場合が多い。ここでは代表的な有店舗販売の形態をみていく[20]。

　①百貨店

　都市の中心部あるいは交通の要衝など，人通りが多い場所に立地し，買回品と専門品を中心とした衣食住にわたる様々な商品を幅広く揃える。品揃えに幅があるだけではなく，深さもあり，消費者のワンストップショッピングと比較購買を可能にする。販売においては，対面販売を採用しており，販売員による丁寧な接客を重視し，そして，無料の配達や包装，返品などのサービスも充実している。売場は顧客に豪華さと快適さを感じさせるように設計されている。このように商品のグレードが高いことに加えて，立派な設備の維持や販売員の教育などに多くの費用が必要なため，販売価格が高い傾向にある。

　また，経営効率を向上させるために，多種多様な商品を婦人服，紳士服，貴

---

18) 鳥羽達郎，前掲書，70〜71頁。

19) 大野勝也・岡本喜裕『流通要論』白桃書房，1998年，97頁〜102頁。

20) 久保村隆祐編『商学通論 八訂版』同文舘，2014年，42〜57頁；大野勝也・岡本喜裕，前掲書，104〜125頁；青木均，前掲書，22〜23頁。

金属のように商品別で部門化し，各部門は商品の仕入と販売，さらに損益計算までも独自に行うのである。

②スーパーマーケット

食料品を中心に，日常生活上の必需品を幅広く揃えている。低マージンと，セルフサービス販売方式に基づいた低い営業経費によって低価格を実現し，大量販売を行っている。食料品や日用品といった最寄品を取り扱うため，売場は消費者が効率的に買物できるように設計されている。また，売場の清潔さと衛生感を打ち出すために，照明を通じて店内を明るくしている。一般的に，郊外の道路沿いに比較的規模の大きい店舗を設営し，顧客が自家用車を利用して来店できるように，広い駐車場を用意する例が多い。近年，高齢化や人口の都心回帰に対応するために，都心への小型店舗の出店が加速化している。

③総合スーパー

いわゆる，ゼネラル・マーチャンダイズ・ストア（GMS）であり，百貨店と同様に衣食住にわたる商品を豊富に揃えている。ただし，百貨店の品揃えが広くて深いのに対して，総合スーパーのそれは広くて浅いのである。また，百貨店はトレンドをリードするような商品に重点を置いているのに対して，総合スーパーはベーシックな商品を中心に扱う。取り扱う商品の特徴と関連し，総合スーパーはセルフサービス販売方式を採用している。セルフサービス販売方式による人件費の節約に加え，大量仕入と大量販売をもとに，低価格販売を実現している。

④ディスカウントストア

家電製品や衣料品，スポーツ用品，家具などの耐久消費財を中心に扱う。すべての商品をあらゆる顧客に対して，恒常的に定価以下の価格で販売するのは最大の特徴である。低価格販売を実現するために，低コスト経営を導入している。まずは地価の安い郊外に立地し，質素かつ頑丈な店舗作りで，建設費と維持費を最小限にとどめている。そして，販売においては，セルフサービスを徹底し，大量の商品を段ボールのままパレットや倉庫用の棚に積み上げた倉庫的な商品陳列と物流管理も採用している。その他には，現金払い，配達などサービスの有料化を原則としている。特定商品分野に絞り込んだディスカウントス

トアは「カテゴリー・キラー」と呼ばれる。

⑤コンビニエンスストア

買物の便利，特に場所と時間および品揃えの便利さを強調する業態である。したがって，消費者が買い物しやすいように，住宅地をはじめ，学校，病院，オフィス，駅，高速道路のインターチェンジなどの近くに立地し，年中無休・長時間営業を行う。小型の店舗において，食料品を中心に，日常生活上の必需品を3,000品目程度揃え，セルフサービスによって販売する。同じ商品の販売価格はスーパーマーケットなどと比べてやや高い。現在，郵便，宅配，ネット通販商品の受け取り，ATM，各種チケットの購入・発券，公共料金の支払いなどサービス提供の拠点としても利用されている。

⑥専門店

買回品や専門品を中心に取り扱い，幅が狭くて深い品揃えを形成している。豊富な商品知識や専門技術をもつ販売員が，顧客の相談に応じて適切なアドバイスをしながら販売を行う。内外装や照明，商品の陳列などを通じて，しゃれた店舗の雰囲気を醸し出す。包装，直し，保守などのサービスも充実している。商品の販売価格が高くて，一般的に繁華な商店街や百貨店内に出店する[21]。

⑦ドラッグ・ストア

医薬品や化粧品を中心に，日用雑貨品なども取り扱う。セルフサービス販売方式を採用し，低価格・大量販売を実現している。売場の面積が様々であり，小型店は中心市街地や駅ビルに立地し，大型店は街はずれや郊外に立地する。近年では，異業態間競争の激化に伴って，食料品の取り扱いにも力を入れるようになった。

---

21) もともとは，個性的商品の一部に専門化する小売店を専門店と呼ぶが，近年では，非個性的商品でも狭く深い品揃えをしているのも専門店と呼ばれるようになった。個性的商品は消費者が購買するとき，個人の考えや嗜好がかなり働くもので，一般に奢侈性，流行性の高い商品である。非個性的商品は消費者が購買するとき，個人の考えや嗜好があまり働かないもので，一般に必需性が強く，流行性の低い商品である。また，ユニクロ，しまむらのように標準化された専門店チェーンが郊外やロードサイドにも出店し，専門店の立地は多様化している（久保村隆祐編，前掲書，45 ～ 46 頁）。

⑧ホームセンター

住宅の維持・補修・改善に必要とされる様々な材料を中心に，園芸用品，家具，家電製品，日用雑貨用品などの住関連用品を多岐にわたって取り扱う。セルフサービス販売方式を採用しているが，専門的知識をもつ販売員を配置し，顧客の相談にも応じている。郊外の国道沿いなどに立地し，通常，広い駐車場を備えている。

2.　経営形態

経営形態は他企業との組織化の有無，店舗展開の数，組織内における権限の配分，協業のあり方といった経営方法によって小売業を分類する[22]。まずは，他企業との組織化の有無によって，独立小売業と組織化小売業に識別される。次に，独立小売業は，店舗展開の数によって，単一店舗経営と複数店舗経営に区別される。複数店舗経営は，組織内における権限の配分に基づいて，さらに本・支店経営とチェーン・ストア経営に大別することができる。そして，組織化小売業は協業のあり方によって，ボランタリー・チェーンとフランチャイズ・チェーンに分類されている。

(1) 独立小売業

独立小売業は，他企業との共同活動をせずに単独で営業する小売業である。1 つの店舗のみ経営する場合，単一店舗経営と呼ばれ，中小零細小売業者のほとんどはこのカテゴリーに分類される。

2 つ以上の店舗を経営する場合，複数店舗経営と呼ばれる。複数店舗経営は組織内における権限の配分によって分けられ，本店あるいは本部の中央統制が徹底していない場合が本・支店経営，している場合がチェーン・ストア経営となる。

本・支店経営では，本店による各支店への統制が緩やかである。各支店は商品の仕入と販売をはじめとする経営活動を独自に行う。しかし，各支店が標準

---

22) 田口冬樹，前掲書，149 〜 159 頁；久保村隆祐編，前掲書，66 〜 72 頁；青木均，前掲書，24 〜 26 頁。

化されずに行動するため，しばしば効率が悪い。

一方のチェーン・ストア経営では，本部の中央統制が徹底している。本部は仕入と経営管理を集中して行い，各店舗は本部の経営方針に従って販売に専念する。本部集中仕入と標準化した店舗運営によって規模の経済性を享受し，コストを削減することができる。しかし，その反面，品揃えと販売方法を標準化することで，地域における異なる消費者ニーズや競争状態に対応しにくいという短所がある。そこで，地域の状況に柔軟に対応するために，各店舗に一定の裁量を与える動きが出てきている。

独立小売業者が展開するチェーン・ストアは一般的にコーポレート・チェーンと呼ばれるが，日本ではレギュラー・チェーンと呼ばれることもある。また，チェーン・ストアという言葉だけ使われた場合，通常コーポレート・チェーンを意味する。

(2) 組織化小売業

組織化小売業では，資本的に独立した複数の企業同士が契約を通して協業組織を設立し，その協業組織によって小売業を経営する。組織化小売業には，ボランタリー・チェーンとフランチャイズ・チェーンの二種類がある。

ボランタリー・チェーンは，複数の企業同士が所有上の独立性を維持しながら，仕入，販売促進，物流，人材育成，情報処理などの経営活動を共同化し，規模の経済性を享受しようとする経営形態である。本部が誰であるかによって，ボランタリー・チェーンは小売業者主宰のコーペラティブ・チェーンと，卸売業者主宰のボランタリー・チェーンに大別することができる。

歴史的にはボランタリー・チェーンは，チェーン・ストアの成長に危機感を覚えた卸売業者や中小規模の小売業者が，チェーン・ストアに対抗するために編み出したものである。それによって，中小規模の小売業者でも，規模の経済性を享受し，商品の販売価格などにおいて大手小売業者との差を縮めることができる。ただし，本部の統制が緩やかなため，加盟店の営業方針を統一することが難しく，チェーンとしての力が弱いという課題がある。

フランチャイズ・チェーンは，本部であるフランチャイザーが，加盟店であるフランチャイジーとの間の契約を通じて，自己の商号や商標などを使用させ

図表 9-1：各チェーンの主要な相違点

	チェーン・ストア	ボランタリー・チェーン	フランチャイズ・チェーン
資本	単一資本	本部と加盟店は別資本	本部と加盟店は別資本
店舗経営者	本部から任命	本部から独立	本部から独立
商品供給	本部経由またはその指示による	本部仕入が原則	本部経由またはその指示による
経営指導	本部指示	本部からの指導	本部からの強力な指導

出所：青木均（2012），26 頁の図表 2-2 を調整。

て，同一のイメージのもとに事業を行う権利を与えるとともに，継続的な商品の供給や経営指導も行い，これらの見返りとして，フランチャイジーから加入金，保証金，ロイヤリティを徴収する経営形態である。

　フランチャイズ・チェーンによって，本部は限られた資金と人材で，短期間で広範囲に多店舗を展開することができる。また，加盟店側は事業の知名度や優れたノウハウを利用でき，比較的に少額の資金で，事業経験がなくても十分に事業を行うことができる。

　フランチャイズ・チェーンの本部と加盟店はボランタリー・チェーンと同様に資本的に独立しているが，ボランタリー・チェーンと比べて，本部から加盟店への統制がより厳格に行われる。厳格な統制によって品揃えや販売などの標準化を徹底し，規模の経済性を享受できる反面，加盟店が本部の決定に参加する機会が少なく，加盟店の自主性が制限されている。

　以上のようにチェーン・ストア，ボランタリー・チェーン，フランチャイズ・チェーンはともにチェーン・オペレーションを採用し，相互に類似しているが，相違点もある。その主要な相違点を整理すると，図表 9-1 の通りになる。

3.　商業集積

　小売店舗は単独で立地することもあるが，多くの場合他の店舗と近接しあって立地している。小売店舗が一定の建物や地域に集まっている状態を，一般的に商業集積と呼ぶ。商業集積は通常，同種・異種の商品を取り扱う多数の小売店舗によって構成されるため，消費者の比較購買とワンストップショッピング

を可能にする。商業集積には様々な形態が存在するが，代表的なのは商店街とショッピングセンターである[23]。

(1) 商店街

商店街は一定の地域内で歴史的に自然発生した商業集積である。一般的に都市の中心部や駅前，または居住地の近隣など人の往来が多いところに形成されている。商店街は商圏の規模によって近隣型商店街，地域型商店街，広域型商店街，超広域型商店街に分類することができる[24]。

近隣型商店街はその商圏の規模が最も狭く，食料品や日用品などの最寄品を扱う小売店舗を中心に構成される。住宅地の近くに立地し，地元住民が徒歩または自転車などで買い物する商店街である。

地域型商店街は近隣型商店街より広い商圏を持ち，最寄品中心の店舗が多いが，衣料品などの買回品を販売する店舗や，飲食店，理・美容店，銀行などのサービス店も増える。中小都市の中心部に立地し，バスや鉄道などによって週単位での買い物をする商店街である。

広域型商店街は買回品を扱う店舗を中心としている。地方の拠点都市の中心に立地し，百貨店または総合スーパーを核店舗とし，県内や周辺の中小都市や町村からも消費者を吸引することができる。鉄道や地下鉄などで月単位での買い物をする商店街である。

超広域型商店街は東京や大阪などの巨大都市の中心部に立地し，複数の大規模な百貨店や総合スーパーをはじめ，様々な専門店や各種のサービス店とレジャー施設も集積しているため，商圏が日本全国まで広がる。

商店街は消費者に買物の場を提供しているだけではなく，都市ににぎわいをもたらし，地域社会の活力の源でもある。しかし，商店街を取り巻く内外環境の変化に伴って，多くの商店街は衰退傾向に陥っている。外的環境には人口の郊外流出，車による買物の普及，大型店の郊外展開，商圏人口の減少などの変

---

23) その他に，日用品小売市場，寄合百貨店，寄合スーパーなどもある（大野勝也・岡本喜裕，前掲書，168頁）。
24) 同上，169頁；青木均，前掲書，27～28頁；石川和男『基礎からの商業と流通 第2版』中央経済社，2007年，152頁。

化が挙げられる。内的環境には，経営者の高齢化，後継者難，商店街内からの大型店の撤退などの課題を抱えている。商店街の衰退に対応するために，国や地方公共団体は様々な施策を打ち出しているが，顕著な効果がみられなかった。また，商店街の従来のにぎわいを取り戻そうとする気持ちにも，商店街の小売店主の態度に温度差がある[25]。

(2) ショッピングセンター

ショッピングセンターは開発企業としてのディベロッパーによって，計画的に建設される商業集積である。計画に基づき各種の商品を取り扱う小売店舗とともに，理・美容室，クリーニング，レストラン，映画館，ゲームセンターなどのサービス店も入居し，それによって，消費者が一日中時間を楽しめることが可能である。

ショッピングセンターにおいては，ディベロッパーの役割が極めて重要であり，その存在が自然発生的な商店街と区別するポイントとなっている[26]。ディベロッパーの主な業務は，立地場所の選定，建物やレクリエーション施設，駐車場，遊歩道などの建設，そして，入居店舗と施設の誘致・選定・管理である。

開店前に特に，ショッピングセンターの顧客吸引力を大きく左右する核店舗の誘致や，顧客のワンストップショッピングと比較購買を最大限に実現させるためのテナント・ミックスの計画が重要である。また，開店後に，各店舗と施設にコンサルティング・サービスを提供し，集客効果と収益の向上に継続的に努めなければならない。ディベロッパーは自ら直接の販売活動を行わないが，各店舗と施設の選定や調整を行うため，商業活動をしない小売業者とも呼ばれている。

商店街と同様に，ショッピングセンターは商圏の規模によって，4つの類型に分類することができる[27]。

近隣型ショッピングセンターは日常生活に必要とされる最寄品を中心に販売する小型のショッピングセンターである。一般的に，スーパーマーケットが核

---

25) 田口冬樹，前掲書，140〜141頁；石川和男，前掲書，153〜154頁；原田英生・向山雅夫・渡辺達朗『ベーシック流通と商業　新版』有斐閣，2010年，270〜288頁。

26) 田口冬樹，前掲書，141〜146頁。

27) 大野勝也・岡本喜裕，前掲書，172頁；青木均，前掲書，28〜29頁。

店舗である。その他に食品店や薬局，クリーニング，理・美容室などの小売店舗とサービス店も入居する。住宅地の近くに立地し，商圏が狭い。

地域型ショッピングセンターは最寄品を中心とする小売店舗やサービス店に加え，衣料品や家具などの買回品を取り扱う店舗も入居する。小型百貨店または総合スーパーを核店舗としている。都市郊外に立地し，商圏は近隣型ショッピングセンターより広い。

広域型ショッピングセンターは百貨店，総合スーパーなど複数の核店舗を有し，最寄品も販売するが，衣料品，家具などの買回品の販売に重点を置いている。その他に，クリニック，郵便局，銀行，各種の娯楽施設や文化施設も入居し，消費者の様々な欲求を満たすことができる。県庁所在地クラスの大都市郊外に立地することが多く，商圏は広い。

超広域型ショッピングセンターは複数の百貨店と総合スーパーを核店舗としている。広域型ショッピングセンターと比較して，買回品を取り扱う店舗や各種サービス店はより充実している。政令指定都市や県庁所在地クラスの大都市郊外に立地することが多く，商圏が非常に広い。

.

第 10 章　小売業の構造と変化

第 1 節　小売業の規模構造と変化

　一国の小売業がどのような特徴をもっているかは，小売業の規模，業種，業態およびその空間的な立地分布によって考察することができる[1]。これらの側面から考察した小売業の全体的な態様は小売業の構造として捉えられる。本章は経済産業省が実施してきた商業統計調査をもとに，小売業の構造およびその変化を概観し，変化をもたらした理由についても分析する[2]。第 1 節ではまず小売業の規模構造を観察する。

1.　小売業の店舗数，販売額の減少傾向

　小売業の規模構造は従業者数，店舗数，販売額，売場面積，資本金などの指標から観察することができる[3]。ここでは，まず店舗数と販売額の推移から日本小売業の規模構造の変化の全体傾向を概観する。

---

1)　田口冬樹『新訂 体系流通論』白桃書房，2005 年，219 頁。
2)　商業統計調査は 1952 年に調査を開始して以来，1976 年までは 2 年ごと，1979 年から 1997 年までは 3 年ごとに実施されてきたが，1997 年から 2007 年までは 5 年ごとに本調査を実施するようになり，本調査の 2 年後には簡易調査を行うようになった。2009 年に経済センサスの創設に伴って，商業統計の簡易調査が廃止され，本調査の実施周期が経済センサス－活動調査の実施の 2 年後に行うことに変更された（http://www.meti.go.jp/statistics/tyo/syougyo/gaiyo.html，2018 年 10 月 4 日アクセス）。本章のデータは各年次の本調査に基づいている。
3)　商業統計調査は店舗としての事業所を集計単位としているため，ここでいう店舗数は企業レベルではなく，店舗レベルを意味する。多くの小売企業は一つの店舗だけ経営しているが，複数の店舗を経営する小売企業も増加している。また，企業によって，異なる業態の店舗を別法人として設立し，企業グループを形成している。さらには近年，同一企業系列に属しない企業でも企業間の連携を深めている。つまり，小売業の構造は店舗レベル，企業レベル，企業グループレベル，企業間組織レベルといった様々なレベルから考察することができる（鈴木安昭『新・流通と商業［第 5 版］』有斐閣，2010 年，149 ～ 150 頁）。

　日本の小売業は他の欧米先進諸国と比較して，店舗数の過多性という特徴がある。例えば，2009 年における人口 1 万人当たりの店舗数は日本が 74 であるのに対して，アメリカは 29，イギリスは 47，そして，ドイツは 38 である[4]。欧米先進諸国と比べて，日本の店舗密度は相変わらず高いとはいえ，昔より店舗数は大きく減少している。

　商業統計調査を開始した 1952 年に，日本小売業の店舗数は 1,079,728 店であり，その後増加を続けてきたが，1982 年の 1,721,465 店をピークとして減少に転じた。直近の商業統計調査によれば，2014 年の店舗数は 775,196 店であり，ピーク時と比べて，おおよそ半減している。

　一方の販売額は 1950 年代から半世紀にわたり増加を続けてきたが，1997年に 1,477,431 億円のピークを迎え，減少に転じた。2014 年における年間販売額は 1,221,767 億円であり，ピーク時と比べて 2 割近く減少している。

2.　小売業の大規模化

　日本の小売業は他の欧米先進諸国と比較して，店舗数の過多性に加えて規模の零細性という特徴もある。2014 年の従業者数規模別の店舗数をみると，小売業全体において，10 人以下の店舗数は 81.4％を占めている（図表 10-1）。中小企業基本法によれば，従業員が 50 人以下の小売業は中小小売業とみなされる[5]。この定義に従えば，小売業の約 98.3％ は中小小売業となっている。

　図表 10-1 で示されたように 1994 年から 2014 年までの 20 年間にわたって，小売業全体に占める中小小売業の割合が 98％超を維持している。とはいえ，傾向としては中小小売業の割合が低減し，特に従業員数 4 人以下の小売店が大幅に減少している。その数は 1994 年の 113.6 万店から 2014 年の 48.5 万店へと，実に 半分以上の 65.1 万店も減少した。また，2014 年における従業員数 4 人以下の小売店舗数構成比は 62.6％でありながら，年間販売額構成比はわずか 12.2％に過ぎず，しかも低減し続けている（図表 10-2）。

---

4)　野村総合研究所『平成 27 年度商取引適正化・製品安全に係る事業　流通業の生産性向上等に関する調査報告書』，2014 年，10 頁。
5)　中小企業庁『中小企業白書 2018』，2018 年，xi頁。

図表 10-1：従業者規模別店舗数構成比

従業者数規模	店舗数（店）					
	構成比（%）					増減率（%）
	1994 年	1997 年	2002 年	2007 年	2014 年	2014/1994
計	1,499,948 (100.0)	1,419,696 (100.0)	1,300,057 (100.0)	1,137,859 (100.0)	775,196 (100.0)	▲ 48.3
2 人以下	51.0	49.9	46.4	44.3	40.8	▲ 58.6
3 ～ 4 人	24.7	24.7	22.9	22.2	21.8	▲ 54.5
5 ～ 9 人	14.8	15.0	16.8	17.7	18.8	▲ 34.4
10 ～ 19 人	6.0	6.6	8.8	10.1	11.4	▲ 1.8
20 ～ 29 人	1.8	1.9	2.5	2.8	3.5	3.8
30 ～ 49 人	1.0	1.1	1.4	1.5	1.9	▲ 4.2
50 ～ 99 人	0.5	0.6	0.8	1.0	1.2	32.5
100 人以上	0.2	0.2	0.3	0.4	0.5	43.3

出所：経済産業省「商業統計表」より作成。

図表 10-2：従業者規模別年間販売額構成比

従業者数規模	年間販売額（10 億円）					
	構成比（%）					増減率（%）
	1994 年	1997 年	2002 年	2007 年	2014 年	2014/1994
計	143,325 (100.0)	147,743 (100.0)	135,109 (100.0)	134,705 (100.0)	122,177 (100.0)	▲ 14.8
2 人以下	9.3	8.5	6.5	5.4	4.6	▲ 58.2
3 ～ 4 人	14.0	13.2	10.0	8.8	7.6	▲ 53.6
5 ～ 9 人	20.2	19.3	18.1	17.8	17.1	▲ 28.1
10 ～ 19 人	16.6	17.6	19.6	20.4	20.9	7.1
20 ～ 29 人	8.5	8.8	9.3	9.5	10.5	5.0
30 ～ 49 人	8.2	8.2	8.6	9.0	9.6	0.3
50 ～ 99 人	7.0	7.5	9.7	10.9	12.1	47.8
100 人以上	16.2	16.8	18.2	18.2	17.7	▲ 6.9

出所：経済産業省「商業統計表」より作成。

　中小小売業の店舗数と年間販売額構成比はともに減少しているのに対して，従業者数 50 人以上の大規模小売店は，2007 年までには店舗数と年間販売額構成比をともに増加させてきた。そして，2007 年から 2014 年までの間，日本小売業全体の店舗数が大幅に減少した中，大規模小売店の店舗数の減少は 1,907 店に食い止め，年間販売額構成比が相変わらず増加した。また，大規模

小売店の店舗数構成比が2%未満にとどまっているにもかかわらず，年間販売額構成比は年々増大し，2014年には29.8％まで拡大した。つまり，日本の小売業が大規模化している。

3．規模構造を変化させた要因

日本小売業の販売額は高度経済成長に伴う所得水準の上昇や旺盛な消費などによって年々増加してきた。しかし，この販売額は1997年をピークとして減少しはじめた。その背後には，バブル経済の崩壊による消費不況，社会経済の成熟化に伴うサービスへの消費支出の増加とモノへの消費支出の減少，そして，2005年に突入した人口減少社会とその後の少子高齢化の加速化が考えられる。

日本の小売業は店舗数の過多性と規模の零細性という特徴があると指摘されてきた。このような特徴をもたらした要因として，消費者の購買行動，小売店の経営，メーカーの流通系列化，政府の流通政策が挙げられる。近年では過多性と零細性を支えてきた条件が崩れつつあるため，前述したように日本の小売業は店舗数の減少と大規模化に向かっている[6]。

（1）消費者の購買行動

日本人の消費者の買物特徴は生鮮食品の購買でよくみられる多頻度小口購買である。これは日本の食文化と関係している。日本の食文化は野菜や魚を中心としており，しかも日本人は鮮度に対する要求が強いため，買いおきをする習慣があまりない。それに加えて，家が手狭なことや冷蔵庫が小型であることで保管スペースにも制約があるため，主婦はほぼ毎日のように少量で買い物をするのが一般的である。このような消費者の購買行動は，できるだけ近隣に食料品店が存在することを必要とする。これらの食料品店は数が多いだけではなく，そのほとんどは規模が小さいのである。

しかし，郊外生活や働く主婦の増加，車での買い物の定着，大型冷凍・冷蔵庫の利用，冷凍食品・加工食品への嗜好の高まりなどを背景に，日本人の購買行動は従来の多頻度小口購買から，頻度の低減とまとめ買いの増加へと変化し

---

6) 田口冬樹，前掲書，223〜226頁；久保村隆祐編『商学通論 八訂版』同文舘，2014年，36〜37頁。

つつある。

（2）小売店の経営

　従業者数 4 人以下の零細小売店の数は日本小売業の全体に占める割合が最も高いのである。このような零細小売店は，わずかな資金で開業できることや商業未経験者でも容易に参入できること，家族の低賃金と長時間労働に高く依存していること，および兼業・副業による商業外収入などが存在していることによって，これまでは経営を維持することができた[7]。

　しかし，零細小売店を取り巻く内外環境の変化によって，その数は減少し続けている。外部環境の変化とは，スーパーやコンビニエンス・ストアなど新しい業態の急成長や中・大型店の増加によって，競争が激化したことである。その結果，多くの零細小売店は売り上げが伸び悩み，あるいは減少し，経営難に陥った。そして，経営難は経営者が高齢化していても，後継者がいないという内部環境の変化に影響し，零細小売店の廃業を加速させた[8]。

（3）メーカーの流通系列化

　第二次世界大戦後，家電，自動車，化粧品などに代表される産業において，大規模メーカーは自社商品の強力な販売および再販売価格維持を促進するために，多数の中小小売業を系列化してきた。協力度に応じて，大規模メーカーから提供された販売店援助やリベートなどは中小小売業の安定的な経営に貢献した。

　しかし，このような大規模メーカーの流通系列化は様々な問題や課題に直面し，それを維持することが難しくなっている。例えば，消費者の比較購買への選好の高まり，価格主導権の大規模小売企業への移転，独占禁止法の運営強化の影響，参入障壁として機能する流通系列化に対する海外からの批判，さらにはメーカーにとって流通系列化を維持するための負担増加などが挙げられる[9]。

（4）政府の流通政策

　日本政府は戦前から戦後にわたって，小売業に関する一連の流通政策を施行してきた。各時期における政策の特徴が異なり，小売業に与えた影響も様々で

---

7)　馬場雅昭『日本の零細小売商業問題』同文舘，2006 年，8 〜 16 頁。
8)　同上，47 頁。
9)　田口冬樹，前掲書，226 頁；坂本秀夫『現代流通の諸相』同友館，2016 年，220 〜 227 頁。

ある[10]。

戦前の 1937 年に制定された百貨店法（第 1 次百貨店法）や，戦後の 1956 年に再制定された百貨店法（第 2 次百貨店法）に代表される流通政策は，中小小売業を相対的に過剰人口のプールとして温存し，その保護を図っていた。

1960 年代に入ると，中小小売業を保護する従来の流通政策は，流通革命論の高まりを背景に，小売業の大規模化を志向する，つまり，近代化を図る政策へと転換していった。しかし，スーパーの急成長に伴って，中小小売業の経営が圧迫されるようになり，スーパー反対運動が全国的に展開された。こうした中小小売業の動きを受け，政府は大規模小売業と中小小売業の対立と摩擦を緩和するために，大規模小売業の活動を規制する大規模小売店舗法（大店法）を 1973 年に制定し，1974 年に施行した。大店法は従来の百貨店法のように中小小売業の保護に重点を置く政策ではないとはいえ，結果的に大型店からの競争を制限する役割を果たし，中小小売業を温存する基盤になった。

しかし，1980 年代に入ると，大店法をはじめとする各種流通規制に対して，国内外からの批判が高まり，流通規制緩和が進められるようになった。流通規制緩和は大型店による郊外への過度の出店や大規模商業集積開発の増加をもたらしたと同時に，中小小売業の数を大幅に減少させ，中小小売業によって構成される中心市街地・商店街の衰退を加速させた。

中心市街地・商店街の衰退は地域の衰退を意味している。そのため，1990 年代後半になると，流通政策は街づくりや環境の視点を重視するようになった。その結果，1998 年に中心市街地活性法，改正都市計画法，2000 年に大規模小売店舗立地法（大店立地法），いわゆる「街づくり 3 法」が施行された。大店立地法の施行に伴って，1973 年に制定され，その後 20 年以上もの間大型店の出店などを規制してきた大店法は廃止された。「街づくり 3 法」が施行されたとはいえ，流通市場における競争原理を優先する流通政策の方向性に変わりがなかった。今後も中小小売業，特に従業員 4 人以下の零細小売店の数が減少し続けることが予想される。

---

10) 加藤義忠・佐々木保幸・真部和義『小売商業政策の展開』同文舘，2006 年，12 ～ 22 頁。

第 2 節　小売業の業種構造と変化

1.　飲食料品小売店の多さとその減少傾向

　第 9 章で述べたように業種は営業種目の略語であり，小売業者を「なにを売るのか」という視点から分類している。業種は取扱い商品の類似性によって分類されているが，商業統計調査では日本標準産業分類に基づいている。

　日本における小売業の業種構造の特徴は「飲食料品小売業」の多さである。その店舗数および年間販売額の構成比は日本小売業全体において大きな割合を占めている（図表 10-3）。しかし，1994 年から 2014 年に至る 20 年の間に，「飲食料品小売業」の構成比が低下し続けている。その店舗数構成比は 1994 年の 38.0% から 2014 年の 30.5% へと減少し，年間販売額構成比は 1994 年の 30.0% から 2014 年の 26.4% へと減少している。このような傾向は，所得水準の上昇に伴い，家計消費支出の中で食費への支出が減少し，雑費やサービス関連への支出が増加することと関連している[11]。

　「飲食料品小売業」の減少傾向と対照的に，「その他の小売業」は構成比を拡大させてきた。特に年間販売額の構成比は 1994 年と比較して，2014 年は約 5% も増加した。「その他の小売業」の年間販売額構成比の拡大に大きく貢献したのは，「その他の小売業」に含まれる「医薬品・化粧品小売業」である。各業種の年間販売額が減少傾向にある中，2014 年における「医薬品・化粧品小売業」の年間販売額は 99,503 億円であり，1994 年の 44,189 億円の 2 倍以上までに増大した。「医薬品・化粧品小売業」の年間販売額の増加は，後で触れる医薬品と化粧品を同時に販売するドラッグストアという業態の成長と関連している[12]。

　また，2014 年に「平成 24 年経済センサス－活動調査」で適用した日本標準産業分類に対応するため，商業統計調査では「無店舗小売業」が新設された[13]。

---

11) 田口冬樹，前掲書，228 頁。
12) 石川和男『基礎からの商業と流通 第 2 版』中央経済社，2007 年，191 頁。
13) 経済産業省，http://www.meti.go.jp/statistics/tyo/syoudou/minaoshi.html，2018 年 10 月 13 日アクセス。

図表 10-3：小売業の業種別の店舗数と年間販売額構成比

業種	店舗数（店）					年間販売額（10 億円）				
	構成比（％）					構成比（％）				
	1994 年	1997 年	2002 年	2007 年	2014 年	1994 年	1997 年	2002 年	2007 年	2014 年
計	1,499,948 (100.0)	1,419,696 (100.0)	1,300,057 (100.0)	1,137,859 (100.0)	775,196 (100.0)	143,325 (100.0)	147,743 (100.0)	135,109 (100.0)	134,705 (100.0)	122,177 (100.0)
各種商品小売業	0.3	0.4	0.4	0.4	0.5	14.2	14.2	12.8	11.6	9.4
織物・衣服・身の回り品小売業	15.0	14.8	14.3	14.7	14.3	10.0	9.0	8.1	7.9	6.9
飲食料品小売業	38.0	37.1	35.9	34.3	30.5	30.0	29.0	30.5	30.3	26.4
自動車・自転車小売業 2	6.0	6.2	6.9	7.3	8.5	12.2	13.3	12.0	11.7	12.0
家具・じゅう器・家庭用機械器具小売業	9.6	9.5	9.3	8.7	8.1	8.1	8.5	8.8	8.5	7.8
その他の小売業	31.1	32.1	33.3	34.7	34.4	25.5	26.0	27.7	30.0	31.3
無店舗小売業 1					3.7					6.3

1：2007 年と比較して，2014 年の小売業の産業分類細分類別について下記の大きな変更が行われた。
　①「無店舗小売業」が新設された。
　②「自動車・自転車小売業」と「家具・じゅう器・家庭用機械器具小売業」が，新設した「機械器具小売業」と「その他の小売業」に分割された。新設した「機械器具小売業」は従来の「自動車・自転車小売業」と，「家具・じゅう器・家庭用機械器具小売業」のうちの「機械器具小売業」によって構成される。従来の「家具・じゅう器・家庭用機械器具小売業」のうちの「家具・じゅう器小売業」が「その他の小売業」に移設された。
2：2014 年の「自動車・自転車小売業」と「家具・じゅう器・家庭用機器具小売業」に関する数値は従来の分類に従って算出した数値である。
出所：経済産業省「商業統計表」より作成。

この背景には，情報通信技術の発達やスマートフォンなどの移動端末の普及に伴い，インターネット販売が増加し続けているからと考えられる。

　図表 10-4 は日本における消費者向け電子商取引（BtoC-EC）の市場規模を示したものである。それは年々拡大しており，2017 年の市場規模は 2016 年より 9.1％増加し，16 兆 5,054 億円に達した。その内訳をみると，物販系は 8 兆 6,008 億円，サービス系は 5 兆 9,568 億円，デジタル系は 1 兆 9,478 億円であった。また，BtoC の商取引市場規模に対する BtoC-EC の市場規模（物販系を対象）の割合を示す EC 化率も増加傾向にあり，2017 年は 2016 年比で 7.5％増加し，5.79％に達した。

　BtoC-EC の市場規模拡大の大きな要因としてはスマートフォンの普及である。それによって，消費者はいつでもどこでも簡単にインターネットで買い物がで

図表 10-4：BtoC-EC の市場規模および EC 化率の経年推移

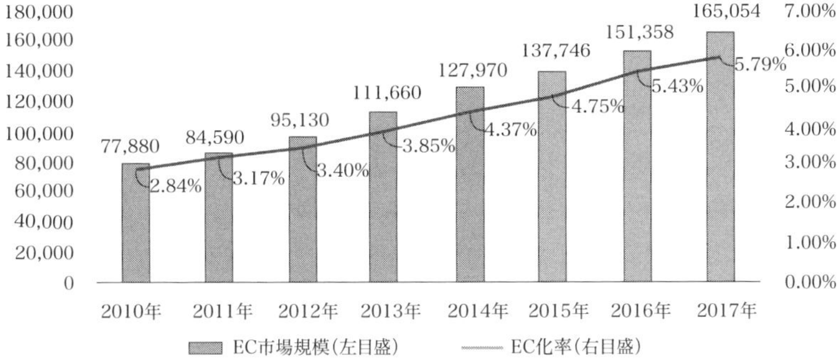

出所：経済産業省『平成 29 年度我が国におけるデータ駆動型社会に係る基盤整備
（電子商取引に関する市場調査）』。

図表 10-5：スマートフォン経由の BtoC-EC（物販系）市場規模の推移

出所：経済産業省『平成 29 年度我が国におけるデータ駆動型社会に係る基盤整備
（電子商取引に関する市場調査）』。

きるようになったからである。図表 10-5 はスマートフォン経由の BtoC-EC（物販系）の市場規模とスマートフォン比率に関する直近 3 年間の推移を示している。2017 年における物販系の BtoC-EC の取引額の 35.0％はスマートフォン経由で行われた。また，2016 年と比較して，2017 年のスマートフォン経由の BtoC-EC（物販系）の市場規模は 4,531 億円増加した。つまり，2017 年の物販系全体の BtoC-EC の市場規模は前年より 5,964 億円増加のうち，約 76.0％がスマートフォン経由の増加分で占めていることになる。

2. フォード効果

　業種別の販売額増加はその業種の商品を販売する店舗数が増加する場合と，店舗数は増えないが，1店舗当たりの販売額が増加する場合がある。買回品のような奢侈性の高い業種は店舗数の増加による販売額の増加という傾向がみられ，食料品のような必需性の高い業種は1店舗当たりの販売額の増加による販売額の増加という傾向がみられている。特に国民の所得水準が上昇すると必需品を販売する店舗が減少し，奢侈品を販売する店舗数が増加する傾向がある。

　このような動きはフォード効果と呼ばれ，イギリスのフォード（P.Ford）によって，20世紀はじめのイギリスで観察された経験法則である。日本ではイギリスのように食品（必需品）店舗密度だけではなく，非食品（奢侈品）店舗密度も急速に低下するなど一部の例外を含みながらも同じような傾向が読み取れる[14]。

第3節　小売業の業態構造と変化

1. 業種から業態へ

　第9章で述べたように業態は営業形態の略語であり，小売業者を「いかに売るのか」という視点から分類している。昔，業種区分で日本の小売業を捉えるのが一般的であった。なぜなら，日本の小売業は特定商品を中心に扱う業種店によって構成されていたからである。しかし，戦後，食料品の総合的な品揃えを提供する食料品スーパーや，食料品だけではなく，衣料品，住居用品も取り扱う総合スーパーなどの登場と発展に伴い，小売業の構造を分析する際に，業種区分よりも業態区分が重視されるようになった。

　商業統計調査では，1982年から百貨店，総合スーパー，専門スーパー，コンビニエンスストア，その他のスーパー，専門店，中心店，その他の小売業のように業態区分で小売業の動向を把握するようになった。2002年からは，ホームセンターとドラッグストアを，2014年からは家電大型専門店と無店舗販売を新設し，その時期における最も勢いのある業態を追加している。

---

14) 石川和男，前掲書，193～194頁。

2.　業態構造の変化

　戦前の日本小売業では，業態として捉えられるのは百貨店ぐらいしかなかった。1950 年代後半に入ると，高度経済成長とともに，日本は本格的な大衆消費社会に突入した。こうした大衆消費市場の形成に適応し，セルフサービス，低価格での大量販売を特徴とする食料品スーパーや，総合スーパーが登場し，1960 年代で急成長を遂げた。そして，1972 年に新興総合スーパーのダイエー（現イオングループの一員）が老舗百貨店の三越を抜き，小売業売上高ランキングで首位を獲得した[15]。

　1960 年代半ばになると，ショッピングセンターや駅ビルの開発に伴って，テナントとして入居する専門店が本格的に成長しはじめた。そして，1970 年代に入ると，若者単身世代や深夜での買物の増加，近所付き合いの希薄化，大型店の出店規制の強化などを背景に，コンビニエンスストアが登場し，大きく躍進した。また，同じく 1970 年代の半ばから，週休二日制の定着や，住環境への関心の増大などによって，ホームセンターの成長が目立つようになった[16]。

　そして，バブル崩壊に伴う長期不況や社会経済の成熟化によって，消費者の低価格志向とニーズの多様化および個性化が進行した。こうした消費者ニーズの変化に十分対応してこなかった百貨店や総合スーパーの衰退傾向が顕著となった一方，低価格訴求のディスカウントストアや量販型専門店，便利性を提供するコンビニエンスストア，ヘルスケアを売りにするドラッグストアなどが増加してきた。

　このように戦後の日本では新しい業態が相次ぎ登場し，異なる時代における消費者ニーズの変化や取り巻く競争環境の変化などに対応できるかどうかによって，ある業態が成長し，ある業態が衰退した。しかし，2000 年代に入ると，図表 10-6 と図表 10-7 で示されたように，ほぼすべての業態における店舗数

---

15) 日本流通新聞編『流通現代史　日本型経済風土と企業家精神』日本経済新聞社，1993 年，20 〜26 頁。

16) 同上，26 〜 32 頁；原田英生・向山雅夫・渡辺達朗『ベーシック流通と商業　現実から学ぶ理論と仕組み 新版』有斐閣，2010 年，165 〜 166 頁。

図表10-6：小売業の業態別店舗数と構成比

業態別	店舗数						
				構成比（%）			増減率（%）
	2002	2007	2014	2002	2007	2014	2014/2002
計	1,300,057	1,137,859	775,196	100.0	100.0	100.0	▲40.4
百貨店	362	271	195	0.0	0.0	0.0	▲46.1
大型百貨店	323	247	185	0.0	0.0	0.0	▲42.7
その他の百貨店	39	24	10	0.0	0.0	0.0	▲74.4
総合スーパー	1,668	1,585	1,413	0.1	0.1	0.2	▲15.3
大型総合スーパー	1,499	1,380	1,165	0.1	0.1	0.2	▲22.3
中型総合スーパー	169	205	248	0.0	0.0	0.0	46.7
専門スーパー	37,035	35,512	32,074	2.8	3.1	4.1	▲13.4
衣料品スーパー	6,324	7,153	8,594	0.5	0.6	1.1	35.9
食料品スーパー	17,691	17,865	14,768	1.4	1.6	1.9	▲16.5
住関連スーパー	13,020	10,494	8,712	1.0	0.9	1.1	▲33.1
うちホームセンター	4,358	4,045	4,235	0.3	0.4	0.5	▲2.8
コンビニエンス・ストア	41,770	43,684	35,096	3.2	3.8	4.5	▲16.0
うち終日営業店	32,431	36,808	30,244	2.5	3.2	3.9	▲6.7
広義ドラッグストア	—	—	14,554	0.0	—	1.9	—
うちドラッグストア	14,664	12,701	13,092	1.1	1.1	1.7	▲10.7
その他のスーパー	65,011	55,615	45,154	5.0	4.9	5.8	▲30.5
うち各種商品取扱店	782	1,015	599	0.1	0.1	0.1	▲23.4
専門店	775,847	694,578	430,158	59.7	61.0	55.5	▲44.6
衣料品専門店	106,134	94,954	53,979	8.2	8.3	7.0	▲49.1
食料品専門店	204,171	176,575	93,017	15.7	15.5	12.0	▲54.4
住関連専門店	465,542	423,049	283,162	35.8	37.2	36.5	▲39.2
家電大型専門店	—	—	2,382	0.0	—	0.3	—
中心店	361,470	292,072	190,773	27.8	25.7	24.6	▲47.2
衣料品中心店	65,579	58,866	41,775	5.0	5.2	5.4	▲36.3
食料品中心店	140,172	98,998	58,933	10.8	8.7	7.6	▲58.0
住関連中心店	155,719	134,208	90,065	12.0	11.8	11.6	▲42.2
その他の小売店	2,230	1,841	1,049	0.2	0.2	0.1	▲53.0
うち各種商品取扱店	2,086	1,760	959	0.2	0.2	0.1	▲54.0
無店舗販売	—	—	22,348	0.0	—	2.9	—
うち通信・カタログ販売,インターネット販売	—	—	5,846	0.0	—	0.8	—

出所：経済産業省「商業統計表」より作成。

図表 10-7：小売業の業態別年間販売額と構成比

業態別	年間販売額（10 億円）			構成比（%）			増減率（%）
	2002	2007	2014	2002	2007	2014	2014/2002
計	135,109	134,705	122,176	100.0	100.0	100.0	▲9.6
百貨店	8,427	7,708	4,922	6.2	5.7	4.0	▲41.6
大型百貨店	8,055	7,323	4,864	6.0	5.4	4.0	▲39.6
その他の百貨店	371	384	58	0.3	0.3	0.0	▲84.3
総合スーパー	8,515	7,446	6,013	6.3	5.5	4.9	▲29.4
大型総合スーパー	8,062	6,947	5,434	6.0	5.2	4.4	▲32.6
中型総合スーパー	453	499	579	0.3	0.4	0.5	27.8
専門スーパー	23,630	23,796	22,368	17.5	17.7	18.3	▲5.3
衣料品スーパー	1,583	1,680	2,189	1.2	1.2	1.8	38.3
食料品スーパー	15,904	17,106	15,375	11.8	12.7	12.6	▲3.3
住関連スーパー	6,143	5,009	4,803	4.5	3.7	3.9	▲21.8
うちホームセンター	3,076	3,045	3,147	2.3	2.3	2.6	2.3
コンビニエンス・ストア	6,714	7,006	6,480	5.0	5.2	5.3	▲3.5
うち終日営業店	5,719	6,246	5,855	4.2	4.6	4.8	2.4
広義ドラッグストア	—	—	4,300	0.0	—	3.5	—
うちドラッグストア	2,495	3,012	3,645	1.8	2.2	3.0	46.1
その他のスーパー	6,492	5,949	4,537	4.8	4.4	3.7	▲30.1
うち各種商品取扱店	191	341	246	0.1	0.3	0.2	28.8
専門店	52,415	53,929	43,157	38.8	40.0	35.3	▲17.7
衣料品専門店	4,412	4,074	2,482	3.3	3.0	2.0	▲43.7
食料品専門店	7,410	7,218	3,519	5.5	5.4	2.9	▲52.5
住関連専門店	40,592	42,636	37,155	30.0	31.7	30.4	▲8.5
家電大型専門店	—	—	4,458	0.0	—	3.6	—
中心店	26,192	25,702	19,299	19.4	19.1	15.8	▲26.3
衣料品中心店	4,229	4,440	3,246	3.1	3.3	2.7	▲23.2
食料品中心店	6,777	5,388	3,870	5.0	4.0	3.2	▲42.9
住関連中心店	15,186	15,872	12,182	11.2	11.8	10.0	▲19.8
その他の小売店	230	153	203	0.2	0.1	0.2	▲11.5
うち各種商品取扱店	174	141	170	0.1	0.1	0.1	▲2.3
無店舗販売	—	—	6,434	—	—	5.3	—
うち通信・カタログ販売, インターネット販売	—	—	3,916	—	—	3.2	—

出所：経済産業省「商業統計表」より作成。

と年間販売額が減少に転じた。特に，2007年から2014年の間の店舗数の減少が著しかった。この間に約362,663店舗が減少した。つまり，ピーク時の1982年から2014年までの32年の間に店舗数の減少分のうち，約4割がこの7年の間で起きたのである。それに対して，年間販売額も減少したものの，ピーク時の1997年から2014年までの間の減少分のうち，この7年間の減少分が約5％しか占めていない。

　店舗数と年間販売額の減少理由について第1節ですでに言及した。ここではなぜ2007年から2014年の間に業態を問わずに販売額が減少し，店舗数が急減したかに注目する。この背景には消費者がモノの豊かさよりも心の豊かさを重視するというニーズの変化と，モノであればインターネットで購入するという購買行動の変化がある。

　日本の消費者がモノの豊かさよりも心の豊かさを重視する傾向は早くも1970年代後半に現れ，その後，年々顕著となってきた。内閣府が実施する「国民生活に関する世論調査」によれば，2006年以降，心の豊かさに重みを置くと回答した人は常に6割を超えているようである[17]。心の豊かさを重視することは，サービスへの消費支出の増加とモノへの消費支出の減少をもたらし，小売業の販売額の低減につながっている。

　こうした消費者ニーズの変化に加えて，2007年以降の業態構造変化に大きな影響を与えたのはインターネット販売の急増である（図表10-4と図表10-5）。つまり，モノへの需要が減少しただけではなく，モノであれば，実店舗ではなくインターネットを経由して購買するようになった。そのため，実店舗をもつほとんどの業態が大きな打撃を受け，店舗数を急速に減少させた。2014年に商業統計調査では「無店舗販売」を新設したのもインターネット販売の急増傾向を反映している。

　実店舗をもつ業態はインターネット販売からの競争を乗り越えるために，心の豊かさを求めている消費者のニーズに適応し，実店舗ならではの便益を提供

17）内閣府「平成30年度国民生活に関する世論調査」，https://survey.gov-online.go.jp/h30/h30-life/zh/z21-2.html，2018年10月19日アクセス。

しなければならない。その一つの手法としては楽しい買い物体験，つまり「コト消費」を重視する売場作りである。例えば，消費者の知的好奇心を満たすための知識や情報の提供，非日常性を感じさせるための売場の演出，消費者に自ら商品の製造過程に参加してもらい，楽しんでもらうことや，疲れが取れる憩いの場の作りなどが挙げられる。このような工夫を通じて，消費者に来店してもらい，売上高を高める [18]。

3.　業態の発展をめぐる諸仮説

　小売業に多様な業態が存在しており，時代とともに，新しく登場し，発展する業態もあれば，やがて成熟し，衰退する業態もある。本項ではこうした業態の盛衰の背後にある論理を解明するための代表的な理論仮説を検討する [19]。

　第 1 はマックネア（M. P. McNair）によって提唱された「小売の輪」の仮説である。新業態は低コスト経営をもとに，既存業態よりさらに低価格を訴求する形で登場し，価格競争で既存業態から顧客を奪い，競争上の優位を獲得する。やがて，追随者が現れ，新業態を採用する小売業者同士間の競争が激しくなり，低価格は競争の武器にならなくなる。そこで，立地や品揃え，店舗環境，サービスなどの格上げが行われ，競争は価格競争から非価格競争に移行する。その結果，次の低価格，低マージンの新しい業態の参入が許されることになる。

　「小売の輪」の仮説は，アメリカにおける百貨店，スーパーマーケット，ディスカウントストアなどの一部の業態の登場と展開を説明することができるが，すべての業態に当てはまることはできない。例えば，コンビニエンスストアのように高マージン，高価格で参入する業態も存在する。

　第 2 はニールセン（O. Nielsen）が提唱した「真空地帯論」である。既存の小売店が提供する価格およびサービスと，それに対する消費者の選好分布との

---

18) 成田景堯・山本和孝「成都イトーヨーカ堂に学ぶ小売業のマーケティング②楽しい売場作りへの模索〜コト消費を中心に〜」『流通ネットワーキング』日本工業出版，2016 年 5・6 月，295 号，47 〜 52 頁。
19) 田口冬樹，前掲書，208 〜 219 頁；青木均『小売マーケティング・ハンドブック』同文舘，2012 年，41 〜 54 頁。

関係から新業態の出現を説明しようとするものである。

「真空地帯論」は既存の小売店が消費者の最も評価する価格帯とサービス水準に接近すると考える。消費者の最も評価する価格帯とサービス水準より高価格・高サービスの小売店は，低価格・低サービスへと移行し，逆に，低価格・低サービスの小売店は，高価格・高サービスへと移行する。こうした移行によって，高価格・高サービス，低価格・低サービスを提供する小売店がなくなり，ニーズが満たされない消費者層，つまり「真空地帯」が生まれる。この「真空地帯」が新しい業態を維持できるほどの需要規模をもっていれば，これを狙う業態が登場する。

「真空地帯論」は，「小売の輪」の仮説で提唱された低価格・低サービス側だけではなく，高価格・高サービス側からの新業態の登場も説明している点は評価できる。しかし，この仮説に対して，消費者の選好分布を事前に予測するのが難しいことや，新規に参入する小売業が必ずしも新業態ではないという批判もある。

第3はアコーディオン説であり，総合的品揃えの業態と専門的品揃えの業態が交互に出現すると考える。品揃えを広げていく過程はアコーディオンが広がる様子に，狭めていく過程はアコーディオンが閉じる様子に似ていることで，このように命名された。

例えば，アメリカでは，南北戦争以前に広範囲の商品を取り扱うよろず屋があった。南北戦争後，特定の商品分野に限定した小売店が登場し，その後，品揃えの幅と深さを同時に備える百貨店が台頭した。そして，第二次世界大戦後，特定の市場セグメントを対象とする専門店の成長が目立つようになり，その後は再び，広範囲な品揃えをもつ小売業の進出がみられるように，品揃えの総合化―専門化―総合化を繰り返してきた。

第4は業態ライフサイクル説である。製品ライフサイクルの考え方を業態に応用したものである。新しい業態が登場してから衰退するまでのプロセスを5つの段階に分け，各段階では異なるマーケティング戦略が必要とされる[20]。

導入期では，新業態はそれほど知られていないため，競争がほとんど存在せ

20）久保村隆祐編『商学通論　八訂版』同文舘，2014年，63〜65頁。

ず，売上高が急速に成長する。しかし，消費者に認知してもらうために，プロモーション費用が多く求められ，利益がマイナスあるいは低い水準にとどまる。

　成長期では，新業態は急速に消費者に受け入れられ，既存業態からの競争や新業態における後発企業の参入が現れ始めた。ただし，市場が拡大しているため，新業態の売上高が急増するとともに，利益も最高水準に達する。

　競争期と成熟期に入ると，新業態は消費者にほとんど認知されるようになり，異業態からの競争と新業態同士間の競争が次第に激しくなる。競争に対応するためのプロモーション費用などによって，利益が低下するようになる。売上高も横ばいか低下傾向に陥る。また，新業態同士間の競争の激化に伴い，差別化するための格上げあるいは格下げが行われるようになる。

　衰退期では消費者の購買行動の変化や，他の新業態の出現に伴って，売上高が急速に減少し，利益もほとんど消える。

第 4 節　小売業の空間構造と変化

　小売業は店舗を単位としてみると，地域的に分布しており，その分布の状態は空間構造として捉えられる。小売店舗の分布の在り方は地域の人口，購買力，競争，法規制，交通機関などのインフラストラクチャーの整備程度，小売業者の立地戦略などに影響される。そのため，地域によって数多くの小売店舗が集積しているところもあれば，わずかな集積しかないところもある。また，同じ地域であっても，人口の増減や再開発，交通結節点または大型店の新設・移転などによって，小売業の空間構造が変化する[21]。

　小売店舗が一定の建物や地域に集まっている状態を一般に商業集積と呼ぶ。日本における商業集積の形成パターンは 3 つに大別することができる[22]。第 1 に，旧街道沿いや城下・寺社門前，住宅地を拠点に自然発生的に形成した伝統的な商店街である。第 2 に，鉄道沿線のターミナル駅前に形成された新た

---

21) 小宮一高「商業地における空間的変化と空間構造」『香川大学経済論叢』第 74 巻第 4 号，2000 年，309 ～ 330 頁。
22) 田口冬樹，前掲書，237 ～ 239 頁。

な繁華街である。通常，鉄道の駅は従来の都市の中心ではなく，市街地の外延部に設置されているため，そこに繁華街が形成されたことは，伝統的な商店街の人通りの減少につながる。第3に，人口の郊外への移転に伴う郊外の幹線道路沿いや低地価の未利用地で開発した商業集積である。人口の郊外化とそれに伴う新たな商業集積の開発が都心にある従来の小売中心地の衰退をもたらした一因となっている。

このように時代とともに日本の小売業を取り巻く環境が大きく変わってきた。こうした環境変化に対応するために，小売業の規模，業種，業態およびその空間的な立地分布もダイナミックに変動してきたのである。

第11章　卸売業の機能と諸形態

第1節　卸売業の概念

　第9章の小売業のところですでに学んだように，小売と卸売は買い手によって区別される。小売とは消費者に販売することであるのに対して，卸売とは産業用使用者や再販売業者に販売することである。卸売で取引される商品は衣服・身の回り品，農畜産物，水産物，食料・飲料，家具・建具・じゅう器，医薬品・化粧品などの消費財だけではなく，石油・鉱物，建築材料，化学製品，機械器具などの産業財も含まれている。これらの取引にかかわる活動を主とし，かつ継続的な業として営む主体は卸売業者と呼ばれる。

　卸売は卸売業者だけが担当するとは限らない。消費者への直接販売を除いた生産者と小売業者の販売も卸売として捉えられる。例えば，生産者が卸売業者あるいは小売業者に商品を販売する場合である。また，ディスカウント・ストアのような業態を展開している大型店が零細小売店の仕入先として利用された場合，その際に大型店による零細小売店への販売も卸売となる。卸売業者は卸売業を主たる事業としているため，売上高の50％以上が卸売によって作り出される必要がある[1]。

　卸売は異なる企業の間で行われるだけではなく，同じ企業の本店と支店，または支店同士の間でも行われる。図表11-1は2014年における卸売業の単独事業所と本支店別事業所の数と年間販売額を示したものである[2]。支店をもたない単独事業所の数は全体の55.9％を占めているが，年間販売額に占める割

1)　田口冬樹『新訂 体系流通論』白桃書房，2005年，244頁。
2)　商業統計調査では企業ではなく，事業所を基本的な調査単位として卸売業を集計している。また，工場や鉱山などの生産の現場である事業所を除いて，販売するための製造業の事業所（支店や営業

図表 11-1：卸売業の単独，本支店別事業所数と年間販売額（2014 年）

	事業所数	構成比 （%）	年間販売額 （10 億円）	構成比 （%）
卸売業計	263,883	100.0	356,651	100.0
単独事業所	147,522	55.9	44,053	12.4
本店	27,371	10.4	150,252	42.1
支店計	88,990	33.7	162,345	45.5
本店は商業	66,399	25.2	125,570	35.2
本店は製造業	19,198	7.3	32,858	9.2
本店は他産業	3,393	1.3	3,916	1.1

出所：経済産業省「商業統計表」より作成。

図表 11-2：卸売業（法人）の仕入先・販売先別年間販売額と構成比（2014 年）

仕入先			販売先		
	年間販売額 （10 億円）	構成比 （%）		年間販売額 （10 億円）	構成比 （%）
計	355,312	100.0	計	355,312	100.0
本支店間移動	97,299	27.4	本支店間移動	15,366	4.3
自店内製造	230	0.1	卸売業者	127,504	35.8
生産業者（親会社）	11,169	3.1	小売業者	80,966	22.8
生産業者（その他の生産業者）	95,462	26.9	産業用使用者・その他	111,758	31.5
卸売業者・その他	121,153	34.1	国外（直接輸出）	17,323	4.9
国外（直接輸入）	29,996	8.4	小売（消費者）	2,392	0.7

出所：経済産業省「商業統計表」より作成。

合が 12.4% にとどまっている。それに対して，本店と支店の事業所数は全体の 5 割に及ばないが，年間販売額が全体の 9 割近く占めている。つまり，卸売の多くは本支店をもつ比較的に規模の大きい企業によって行われることが読み取れる。そのうち，本支店間の取引も多く含まれている。図表 11-2 で示されたように卸売業の法人事業所では，本支店からの仕入れは 27.4% に達している。販売先としても本支店間移動が 4.3% を占めている。

所など）も卸売業に分類されている（鈴木安昭『新・流通と商業［第 5 版］』有斐閣，2010 年，191 頁）。

第 2 節　卸売業の役割と機能

1.　卸売業の起源と展開

　日本の卸売業のルーツは鎌倉時代から室町時代の荘園制と関連している。荘園制のもとでは，各荘園領地で収穫された年貢物を荘園領主が居住していた京都，奈良，鎌倉などへと輸送する必要があった[3]。

　年貢物の陸揚げ，積み換え，輸送などを担当したのは荘園領主に所属していた荘民であった。この荘民は「問職」あるいは「問丸」と呼ばれ，当初は荘園領主の支配下役人であり，年貢物の輸送・保管に従事していた。やがて荘園領主から独立し，年貢物以外の一般商品も取り扱うようになった。さらに，輸送・保管といった物的流通活動だけではなく，販売といった商的流通活動にも携わるようになった。つまり，問丸は荘民から商人に転換したのである。

　当時の問丸は輸送・保管・販売を未分化のまま行っていたが，中世末期から近世初期にかけて，機能別で分化し，その過程で問丸は「問屋」と呼ばれるようになった。江戸時代になると，問屋という言葉が広く普及した。

　そして，江戸時代における商品流通の発達によって，問屋は積荷問屋・荷受問屋・廻船[4]問屋のような機能別での分化に加え，米問屋・油問屋・炭問屋のように商品別の専門問屋も発展させた。さらに，肥前問屋，松前問屋，土佐問屋のように荷受地域別でも分化した。これらの国問屋は専門問屋と対照的に，各藩（国）からの商品を一手に取り扱う総合問屋であった。また，問屋は幕府の庇護のもとで株仲間を形成し，大阪と江戸の間の物資の取り扱いを独占し，流通支配権を握っていた。

　流通における問屋あるいは卸売業者の支配構造は明治，大正期まで長く続い

---

3)　本項は，宮下正房『現代の卸売業』日本経済新聞社，1992 年，51 〜 70 頁；宮下正房『卸売業復権への条件　卸危機の実像とリテールサポート戦略への挑戦』商業界，2010 年，46 〜 59 頁；田口冬樹，前掲書，244 〜 246 頁をもとに作成した。

4)　当時の遠隔地輸送の中心は水上であり，水上を定期的に行商して回った船を廻船と呼ばれた（宮下正房，前掲書，2010 年，48 頁）。

た。明治，大正期では日本の産業化は急速に進展したものの，原材料の調達や商品流通においては，メーカーは依然として卸売業者に依存しなければならなかった。しかし，第一次世界大戦後，生産設備が近代化され，生産量の増加に伴って，メーカーは自社商品の販売を促進するために，有力卸売業者を特約店や代理店として組織化するようになった。メーカーが自社商品の流通のコントロールに踏み出したことで，流通における卸売業者の支配が次第に弱体化していった。

そして，第二次世界大戦後になると，大規模メーカーは自社商品の強力な販売および再販売価格維持を促進するために，卸売業者の系列化を一層強化した。また，チェーン・ストア経営を採用したスーパーの急成長に伴って，卸売業者を経由せず，大規模小売企業と大規模メーカーとの直接取引が可能となり，「問屋無用論」が提起されるようになった。これらの動きを受け，流通における卸売業者の立場がかつてと比べて大きく変化した。

2. 卸売業の社会的役割

大規模メーカーと大規模小売企業の成長などによって，卸売業を取り巻く環境が大きく変化した。それに伴って，卸売業者を介在させない，あるいは介在する段階数を少なくする流通が増えている。とはいえ，卸売業は依然として商品流通において重要な役割を果たしている。

図表11-3で示されたように，2014年における小売業の法人事業所の仕入先は，66.6％が卸売業者・その他によって占められている。法人内の移動を除くと，その比率は8割を超えるようになる。また，もし小売業の個人事業所を考慮に入れた場合，卸売業者から仕入れる割合がさらに高くなることが推定できる。

日本では1960年代から「問屋無用論」が叫ばれてきた。それにもかかわらず，卸売業者が存続し続けている。その理由は，卸売業が重要な社会的役割を果たしているからである。

図表 11-3：小売業（法人）の仕入先別年間販売額と構成比（2014 年）

	年間販売額 （10 億円）	構成比 （％）
計	115,183	100.0
本支店間移動	17,255	15.0
自店内製造	7,276	6.3
生産業者（親会社）	2,829	2.5
生産業者（その他の生産業者）	9,527	8.3
卸売業者・その他	76,813	66.6
国外（直接輸入）	1,480	1.3

出所：経済産業省「商業統計表」より作成。

(1) 需給結合

　卸売業の基本的な役割は生産（需要）と消費（供給）を結びつけることである。需要側の小売業者・産業用使用者と，供給側の生産者がともに小規模で，情報，能力，資金が不足し，さらに双方の間に距離が存在する場合が典型的である[5]。その際に，卸売業者は自らもっている需要情報をもとに，生産者に対してどのような商品をどれぐらいの量でいつ生産するかについてアドバイスを与える。他方，生産段階をあまり理解していない小売業者や産業使用者に対して，商品情報をはじめとする多様な供給情報を提供する。こうした活動を通じて，卸売業者は需要と供給の結合を促進する。

(2) 社会的品揃え物の形成

　第 8 章ですでに学んだように，商業の存在基盤は社会的品揃え物の形成にある[6]。つまり，卸売業者は社会的品揃えの形成を通じて，生産され，流通過程に投入された，同種・異種商品の組み合わせを，需要側にとってより意味のある組み合わせに転換させる。農産物を例にいうと，卸売業者は各地に散在する数多くの農家から農産物を「収集」し，規格や等級によって農産物を「選別」し，さらに同一の規格や等級の農産物の「集積」を作る。そして，集積された

---

5)　鈴木安昭，前掲書，192 頁。
6)　岩永忠康監修，西島博樹・片山富弘・岩永忠康編著『現代流通の基礎』五絃舎，2011 年，8 ～ 11 頁，34 ～ 39 頁。

農産物を小口に分けて，つまり「分荷」を行い，需要側のニーズに適した量と種類で「品揃え」を形成する。卸売業者のこうした活動によって，小売業者などの需要側が品揃えをしやすくなる[7]。

(3) 流通費用の節約

商業者は手元に社会的品揃え物を形成することで，生産者の販売と消費者の購買を自身のところに社会的に集中させ，それによって生産者と消費者が直接取引するときと比べて，社会全体で必要とされる流通費用を節約している。つまり，卸売業者は生産者と小売業者または産業用使用者の間に介在することで増えた費用もあるが，それよりも節約した流通費用のほうが多いのである。

3. 卸売業の流通機能

卸売業は小売業とともに流通活動の主な担い手であり，商的流通，物的流通，情報流通といった流通活動を通して，生産と消費との間における様々な懸隔を架橋している。

(1) 商的流通

①質的調整

生産者は限られた種類の商品しか生産しない。それに対して消費者のニーズを代弁する小売業者は多種多様な商品を取り揃える必要がある。卸売業者は複数の生産者から同種・異種の商品を仕入れて，小売業者に販売することで，小売業者の品揃え活動を容易にし，最終的に所有権の生産者から消費者への移転を促進する。

②量的調整

生産者は大量生産を行うのに対して，多くの小売業者は小口で商品を仕入れる。卸売業者は生産者から大口で仕入れて，小売業者のニーズに合わせてより小口で分散していく。それによって，生産者が生産する商品の量と小売業者が仕入れる商品の量のギャップが調整され，所有権の生産者から消費者への移転

---

7) 鈴木安昭，前掲書，193頁；石川和男『基礎からの商業と流通 第2版』中央経済社，2007年，165〜166頁。

が容易になる。

　③価格形成

　所有権の移転を促進するために，最も重要なのは商品価格の形成である[8]。例えば，生鮮食料品の価格形成において，卸売業者が大きな役割を果たしている。青果卸売市場では，入荷した野菜と果実はセリや相対を通じて，適切な価格が形成される[9]。適切な価格の形成によって，野菜と果実がスムーズに取引され，八百屋や果物屋，スーパーなどを経由し，最終的に消費者に販売される。

　④信用供与と危険負担

　生産者は生産資金が不足し，または小売業者は商品を仕入れる資金が不十分であれば，商品流通が滞ってしまう。卸売業者は生産者に対して商品代金の前払い・即時払いを，小売業者に対して商品の掛売や割賦販売を与えることで，それぞれに信用を供与する。この場合，卸売業者は流通金融機能を果たしている。

　卸売業者は商品を買い取り，再販売を行う。商品を所有することは危険を負担することを意味する。卸売業者は自身が仕入れた商品の破損，紛失，品質劣化，売れ残りなどの危険を負担するだけではなく，小売業者からの返品を認めることで，小売業者の売れ残りの危険もカバーしている。また。上記の信用供与に伴う貸倒れの危険も負担している。

　(2) 物的流通

　①輸送と保管

　卸売業者は商品の輸送と保管を通じて，生産と消費の場所的・時間的懸隔を埋めている。前述した卸売業の起源で明らかになるように，歴史的に日本の卸売業は物流と密接な関連をもっている。また，卸売業者が集中的に在庫を保有することによって，生産者と小売業者の在庫数が減らされ，社会全体の在庫コストの削減につながる。さらに，今日では多くの卸売業者は多品種小口高頻度の配送体制を構築し，小売業者のニーズ変動に迅速に対応している。多品種小口高頻度の配

---

8)　北島忠男・小林一『新訂　流通総論』白桃書房，1998 年，112 頁。

9)　青果卸売市場の卸売業者が仲卸業者や売買参加者に青果物を販売する方法は，多数の買い手を相手にセリで価格を決める方法と，1 対 1 の交渉で価格などを決める相対という方法がある（藤島廣二・安部新一・安部和幸・岩崎邦彦『新版　食料・農産物流通論』筑波書房，2012 年，68 ～ 69 頁）。

送体制によって，卸売業者は集中的に在庫を保有することで社会全体の在庫コストを削減すると同時に，小売業者の機会損失を防ぐことも可能になる。

②流通加工

近年では流通センターで流通加工を行ってから商品を出荷することが一般的になっている。卸売業者が行う流通加工は，卸売段階で商品に付加される加工機能である[10]。例えば，ラベル貼り，値札付け，袋詰めなどである。

(3) 情報流通

生産者は流通経路のなかで消費者から最も離れた位置にいる。そのため，消費者の需要情報を十分に把握することができない。そして，広い地域で分散し，個別性と多様性をもつ消費者のニーズを生産者が自ら調べることは難しい。しかし，こうした消費者の需要情報を小売業者から入手することも困難である。なぜなら，小売業者は消費者に一番近接しているとはいえ，特定の地域における特定の顧客層，あるいは来店している顧客の情報しかもっていないからである。個々の小売業者がもっている情報は，広い地域での販売を目指す生産者にとってその有用性が限られている[11]。

それに対して，卸売業者はセールスマンを全国に派遣し，様々な小売業者と取引している。そのため，卸売業者の手元に広い地域にまたがる需要情報が蓄積されている。卸売業者は生産者にこうした需要情報を伝達することで，生産者は商品開発や生産・販売計画をより市場ニーズに適合させることが可能となる。

また逆に，卸売業者は広い範囲で数多くの同種・異種の生産者と取引しているため，小売業者に対して多様な供給情報を提供することができる。それによって，小売業者が顧客ニーズを満たす新商品を効率的に導入することが可能と考えられる。

---

10) 石川和男，前掲書，168 頁。

11) 石原武政・池尾恭一・佐藤善信『商業学〔新版〕』有斐閣，2000 年，199 〜 200 頁。

第 3 節　卸売業の諸形態

　卸売業は様々な基準から分類することができる。本節では，取扱い商品，立地，商圏，流通段階での位置，遂行する機能の範囲，所有権，経営主体・運営形態という 7 つの基準を取り上げる[12]。

1．取扱い商品による分類

　取扱い商品の分類はさらに「取扱い商品の業種による分類」と「取扱い商品の幅による分類」に分かれている。

　取扱い商品の業種による分類では，繊維品卸売業，建築材料卸売業，化学製品卸売業，衣服卸売業，飲食料品卸売業，医薬品・化粧品卸売業などに分類される。商業統計調査の分類はこの基準に従っている。

　取扱い商品の幅による分類では，卸売業を下記の 3 つに区別されている。

　①総合卸売業：関連性のない多種多様な商品を取り扱う。例えば，衣料品，食料品，金物，薬品，機械類などを同時に扱う卸売業者である。

　②限定卸売業：特定種類に属する商品を幅広く取り扱う。例えば，食料品だけを扱う卸売業者である。

　③専門卸売業：限定卸売業よりもさらに狭い部分の商品を取扱う。例えば，食料品のうち，冷凍食品だけを扱う卸売業者である。

2．立地による分類

　流通過程でどの段階に立地するかによって，卸売業を産地卸売業，集散地卸売業，消費地卸売業に分類することができる。

　①産地卸売業：収集卸売業または集荷卸売業とも呼ばれる。農水産物などの

---

12) 本節は鈴木孝「第 3 章　卸売機構」，宮澤永光・宮原義友・望月光男編著『現代商業学』同文舘，1992 年，88 ～ 102 頁；雲英道夫『新講　商学総論』多賀出版，1997 年，143 ～ 152 頁；大野勝也・岡本喜裕『流通要論』白桃書房，1998 年，186 ～ 194 頁；田口冬樹，前掲書，250 ～ 267 頁；石川和男，前掲書，169 ～ 182 頁をもとに作成した。

生産地に立地する卸売業者である。主な機能は生産者から商品を収集し，集散地卸売業や消費地卸売業などへの出荷を行う。産地卸売業には産地仲買人や産地問屋などが存在する。しかし，これらの卸売業者は生産者が組織する協同組合，例えば，農業協同組合（農協）や漁業協同組合（漁協）の共同出荷の発展に伴って，その介在が排除されるようになった。

　②集散地卸売業：中継卸売業とも呼ばれる。交通の要所や商業の中心に立地し，商品の収集と分散の両方を担当する。中央卸売市場での荷受機関としての卸売業者がその典型である。

　③消費地卸売業：分散卸売業または分荷卸売業とも呼ばれる。消費地に立地し，消費地の地域的に分散した小売業者や産業用使用者などに販売する。中央卸売市場での仲卸業者がその典型である。

３．商圏による分類

　商圏の範囲から卸売業を地方卸売業，地域卸売業，全国卸売業に分類される。

　①地方卸売業：一つの県内，あるいは単一の大都市またはその周辺を含めた地域を販売地域とする卸売業者である。一般的に得意先の小売店に対して迅速な配送やリテールサポートを行う。

　②地域卸売業：全国的な市場を対象としないが複数の都道府県をまたがって販売している卸売業者である。

　③全国卸売業：販売地域が全国に広がっている。一般的に大都市に本社を構え，地方都市に支店・営業所・流通センターを展開している。

４．流通段階での位置による分類

　商業統計調査では，流通段階において，どこから仕入れ，どこに販売しているかを基準に，卸売業者を直取引卸，元卸，中間卸，最終卸に分類している。また，直取引卸と元卸が１次卸，中間卸が２次卸，そして最終卸[13]は３次卸とも呼ばれている（図表11-4）。

---

13) 商業統計調査では中間卸と最終卸を合わせて第２次卸としている。

図表 11-4：流通段階での位置による卸売業者の分類

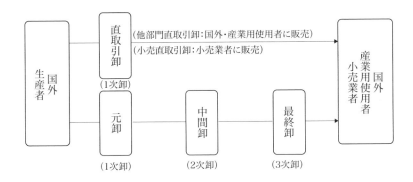

出所：経済産業省「商業統計表：流通経路別統計」より作成。

　①直取引卸：国外や生産者から商品を仕入れ，小売業者や産業用使用者または国外に販売する卸売業者である。直取引卸は販売先によって，さらに小売直取引卸と他部門直取引卸に区別されている。

　②元卸：国外や生産者から商品を仕入れ，卸売業者に販売している卸売業者である。

　③中間卸：卸売業者から商品を仕入れ，卸売業者に販売している卸売業者である。

　④最終卸：卸売業者から商品を仕入れ，小売業者や産業用使用者または国外に販売している卸売業者である。

　日本の卸売業は多段階性という特徴がある。それは流通経路における元卸，中間卸，最終卸の店舗数や販売額のウェイトが高いことに由来する。2014 年の法人組織の卸売事務所（代理商と仲立業に格付けされた事務所のうち年間商品販売額のない事業所を除く）を対象にした商業統計調査によれば，全体における元卸，中間卸，最終卸の店舗数と販売額の割合はそれぞれ 58.9%，40.4％を占めているようである。

図表 11-5：問屋・代理商・仲立人についての商法上の定義

問　屋	第 551 条	自己の名をもって，他人の為に物品の販売または買入を為すを業とする者
代理商	第 46 条	使用人に非ずして一定の商人の為に平常その営業の部類に属する取引の代理又は媒介を為す者
仲立人	第 543 条	他人間の商行為の媒介を為すを業とする者

注：原文はカタカナ。

出所：雲英道夫（1997），149 頁。

5.　所有権による分類

　商品に対する法的所有権を取得するかどうかによる分類であり，所有権を取得する卸売業と取得しない卸売業に区別されている。所有権をもつ場合，単に卸売業と呼ばれることが多い。また，自己の利益計算に基づいて危険を負担しているため差益商人とも呼ばれる。所有権をもたない場合，他人の計算で取引に従事し，あるいは取引の媒介を行い，報酬としての手数料を得る。そのため，手数料商人とも呼ばれる。手数料商人はさらに問屋，仲立人，代理商に大別され，商法上の定義は図表 11-5 のとおりである。

　①問屋：生産者または商業者の委託を受けて，その委託人のために自己の名義で商品の販売や購買を行い，委託者から手数料を受け取る。所有権をもっていないため，売買取引の結果で生じた損益は委託者に属する。

　ただし，これは法律上の問屋であり，社会的に通称されている問屋と異なる。社会的に通称されている問屋は委託売買活動に加えて，自ら商品を買い取り，再販売を行っている。つまり差益商人の卸売業である。

　②代理商：生産者または商業者の委託を受け，その委託人のために委託者の名義で商品の販売や購買を行い，委託者から手数料を受け取る。問屋と同じように商品の所有権をもっていないが，委託者の名義で取引にあたる点が問屋と異なる。

　③仲立人：問屋と代理商と異なり，商品の物理的取扱いをせずに，あくまで売買の斡旋を行う。また，特定の生産者や商業者に限定せず様々な売手と買手のために，それぞれの売買相手を探索し，両者間に取引を成立させる役割を果

たす。そして，報酬として取引当事者の一方または双方から手数料を受け取る。

6.　遂行する機能の範囲による分類

　卸売業者が遂行する機能の範囲によって全機能卸売業と限定機能卸売業に大別することができる。全機能卸売業は商的流通，物的流通，情報流通といった卸売業が担う流通機能のすべて，あるいはそのほとんどを遂行する卸売業である。それに対して，限定機能卸売業は卸売業が担う流通機能のうち，自己の得意とするものを選び，その機能を遂行する卸売業である。つまり，スペシャリティー型の卸売業である。主な限定機能卸売業として，下記のような種類がある。

　①現金持ち帰り卸売業：小売業者などの顧客は現金で商品を購入し，自ら持ち帰るのが特徴である。小売業者に対して信用販売と配送を行わないため，その分の費用を節約し，卸売価格を低く抑えられる。日本の現金問屋はこれに該当する。

　②直送卸売業：小売業者などの顧客からの注文に基づいて生産者に発注するが，商品は生産者から顧客に直送される。つまり，商品に対する保管機能や輸送機能をもたない。しかし，商品の所有権を取得しているため，代理商や仲立人と異なり，一部の危険負担を行い，流通金融機能も遂行する。一般的に石炭や木材，金属製品，建設資材といった物流経費の高い分野で直送卸売業が発達している。

　③通信販売卸売業：カタログ，インターネット，マスメディアなどで広告を行い，電話や郵便，または電子メールやインターネットで小売業者などの顧客から注文を受け，商品を送付する。店舗をもたずにカタログなどの媒体によって販売することが特徴である。

　④車積販売卸売業：トラックに商品を積み込み，小売業者などの顧客を定期的に巡回し，販売，配送および代金回収業務を同時に行う。トラックに積み込む量に制約があるため，品揃えの幅と深さが限られている。

　⑤ラック・ジョッバー：食品スーパーの非食品部門の商品について，その仕入・価格設定・陳列・販売・在庫管理などを委託され行う卸売業である。つまり，小

売業者が不得意な分野の仕入活動と販売活動をすべて代行するのである[14]。ラック・ジョッバーは日本の百貨店や総合スーパーで採用している売場委託と類似している。ただし，そこでの卸売業者は売場委託という形態を常に専門としているのではない[15]。

7. 経営主体・運営形態による分類

経営主体・運営形態による分類は，卸売業を営む経営主体が独立か，メーカーなどからの経営支配を受けているか，共同的な組織であるかによる分類である。

①独立卸売業：経営の主体が独立した経営体の卸売業者である。

②兼業卸売業：小売業または製造業を兼営している卸売業者である。

③製造卸売機関：メーカーの販売子会社や販売支店または販売営業所であり，メーカーの組織の一部となっている。

日本では，メーカーの流通系列化政策の一環として，卸売業者はメーカーの代理店や特約店になるのはよくみられる。代理店と特約店はメーカーの組織の一部ではないが，販売活動などにおいてメーカーの統制を受けている。

また，メーカーは卸売段階に自社専属の販売会社を設置してきた。販売会社はメーカーが全額出資で作られる場合もあれば，卸売業者との共同出資で設置される場合もある。前者はメーカーの販売子会社に該当する。後者はメーカーによる出資をはじめ，人員派遣も行われるため，実質的には，メーカーの販売子会社に近い。

④生産者・消費者協同組合：生産者または消費者が共同出資で設立される協同組合であり，卸売活動も行う。例えば，農協は小規模で分散的な農畜産物を収集し，一定の量にまとめてから卸売業者や小売業者などに販売する。

⑤小売業者の共同仕入機関：ボランタリー・チェーン，コーペラティブ・チェーン，そしてフランチャイズ・チェーンの本部での仕入機関をいう。加盟した小売店の仕入の共同化により，大量仕入を実現し，仕入コストを低く抑えること

---

14) ラック・ジョッバーはすべての流通機能を果たしているため，全機能卸売業として捉えられる論者もいる（宮澤永光・宮原義友・望月光男，前掲書，92頁，94頁，104頁）
15) 田口冬樹，前掲書，260頁。

ができる。

　⑥総合商社：他国ではあまりみられない形態である。国内取引よりも貿易取引の占める割合が高い。取り扱う商品が「ラーメンからミサイルまで」と非常に広い。販売，金融，情報，開発，オルガナイザー的役割など幅広い範囲で活動している。

第4節　卸売市場

　第3節では様々な卸売業を説明してきた。本節では卸売にかかわる取引を公正かつ円滑に推進させるための施設である卸売市場について概観する。

　野菜・果実・鮮魚・食肉などの生鮮食料品の多くは，卸売市場を経由し流通されている（図表11-6）。その理由は需要と供給における生鮮食料品の特徴と関連している[16]。

　生鮮食料品は生活に不可欠な必需品である。そのため，消費者は価格や数量，品質，品揃えなどにおいて安定かつ迅速な供給を求める。しかし，実際には生鮮食料品の生産は天候などの自然条件に影響されやすく，均一的な品質や大きさなどを期待することが難しい。また，生鮮食料品の生産者と，消費者にこれを販売する小売業者の多くは小規模で全国各地に分散しているという特徴もある。それに加え，時間が経つにつれて，生鮮食料品の品質が著しく低下する一方，都市近郊農地の住宅地への転換や近海漁業資源の減少などによって，生産地と消費地の遠隔化が進んでいる。

　こうした需要側と供給側の特徴によって，多種多様な生鮮食料品を集荷し，これを評価して公正妥当な価格を形成し，さらには迅速に分荷していくことが必要とされる。この役割を果たすのは卸売市場である。

　卸売市場は1923年に制定された中央卸売市場法に基づき整備されたものである。1971年に中央卸売市場法は，地方卸売市場も含めた卸売市場法に改正された。その後も時代の状況に合わせた改正が行われ，直近の2018年に改正

16) 雲英道夫『新講　商学総論』多賀出版，1997年，161 ～ 162頁。

図表 11-6：生鮮食料品の主な流通経路

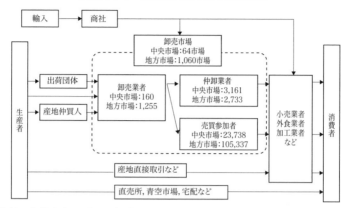

出所：農林水産省（2018）「卸売市場をめぐる情勢について」より作成。

された卸売市場法は 2020 年 6 月 21 日に施行される予定である[17]。

　卸売市場には中央卸売市場と地方卸売市場の 2 つの種類がある。現行法では中央卸売市場は都道府県と人口 20 万人以上の地方自治体に開設されるものである。開設するには農林水産大臣の認可が必要であり，開設者が地方公共団体となる。地方卸売市場は中央卸売市場以外のものであり，都道府県知事の許可が必要とされ，民営であることが多い。

　それに対して，2020 年に施行される改正法案では，中央卸売市場と地方卸売市場の開設について，従来の国の認可と都道府県知事の許可から，国と都道府県知事の認定へと改正された。また，中央卸売市場の開設について，改正法案では開設者を地方公共団体に限定せず，施設の規模が一定の規模以上で，農林水産省令で定める基準に適合した卸売市場も中央卸売市場として認定するとされた。それによって，卸売市場の整備や運営に対する国や地方自治体の関与の必要性が縮小し，また民間企業による中央卸売市場の開設も可能になることが予想される[18]。

---

17) 農林水産省 http://www.maff.go.jp/j/shokusan/sijyo/info/#kaisei, 2018 年 11 月 29 日アクセス。
18)「卸売市場法「改正」で今後どうなる」http://www.nouminren.ne.jp/newspaper.php?fname =dat/201804/2018043007.htm, 2018 年 11 月 29 日アクセス。

　農林水産省の統計によれば，2017 年度末における中央卸売市場の数は 64 であり，2016 年度末における地方卸売市場の数は 1,060 である。図表 11-6 で示されたように両市場は基本的に，卸売業者（荷受会社），仲卸業者（仲買人），売買参加者（買参人）の 3 者によって構成される。

　①卸売業者（荷受会社）：各地に散在する生産者や，農協・漁協などの出荷団体および産地仲買人から集荷し，これを評価し，仲卸業者や売買参加者に分荷する中継卸売業である。出荷元から原則として販売を委託される形で集荷し，受託手数料を受け取る。販売先に原則としてセリまたは入札の方法で販売する。仲卸業者がセリ落とした価格が，その後の生鮮食料品の価格決定の基軸を形成する。

　しかし，近年出荷団体などによる大量共同出荷の増大と，売買参加者である大規模小売業者や外食業者，加工業者などの大量仕入の増加によって，セリ中心の取引方式に問題が発生した。つまり，大量共同出荷によって価格が低落する一方，大量仕入による需要増大で価格が高騰する。こうした矛盾を避けるために相対取引が認められるようになった。しかし，相対取引の導入によって，単なる委託販売業者である卸売業者のままでは，交渉において大規模小売業者などと対抗するのは難しい。そのため，卸売業者が出荷元から商品を買取ることも認められるようになった[19]。

　②仲卸業者（仲買人）：市場開設者の許可を受けて営業し，卸売業者からセリ落とした商品を市場内に設けられた自己の店舗に仕分け・陳列し，買い出しに来場した小売業者や外食業者，加工業者などの大口需要者に相対取引で分荷販売する分散卸売業である。選別・評価機能，品揃え機能，分荷機能に加え，販売先に対して 10 日から 1 カ月前後の支払猶予を認めることから金融機能も果たしている[20]。また，商品の所有権を取得しているため，差益商人である。

　③売買参加者（買参人）：市場外で営業している小売業者や，外食業者，加工業者などのうち，市場開設者の許可を受けて，市場内の仲卸業者とともに卸売業者が行うセリや入札に参加できるものである。

---

19) 宮下正房『商業入門』中央経済社，2002 年，136 ～ 137 頁。
20) 雲英道夫，前掲書，164 頁。

図表 11-7：卸売市場経由の変遷

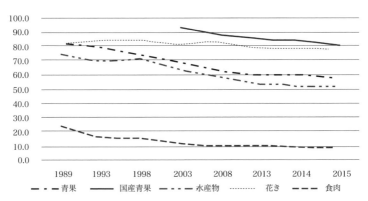

出所：農林水産省（2018）「卸売市場をめぐる情勢について」より作成。

　卸売市場で取引されるのは主に生鮮食料品（その他，花きも取引される）であるが，生鮮食料品のすべてが卸売市場で取引されるのではない。図表11-7で示されたように，過去30年の間における生鮮食料品および花きの卸売市場経由率が低下し，市場外流通が増加している。市場外流通では，生産者と大規模小売業者や外食業者，加工業者などの大口需要者との直接取引や，直売所，青空市場または宅配などで生産者と消費者との直接取引など様々な形で取引されている。

　市場外流通が増加する背景には，産地での大量出荷体制の整備や大規模小売業者による仕入合理化，情報網や交通網といったインフラの整備，生産技術および冷凍・冷蔵技術の進歩による食料品の規格化と長期保管の進展，輸入生鮮食料品の増加などが挙げられる。

　とはいえ，前述した生鮮食料品の需要側と供給側の特徴によって，卸売市場が果たしている集荷・分荷機能，価格形成機能が生鮮食料品を円滑に流通させるうえで相変わらず重要である。実際に市場外流通の取引価格が卸売市場で形成された価格を参照している。また，卸売市場に多種多様な商品が集まっていることも高く評価されている。したがって，卸売市場の存在が否定されない。ただし，卸売市場を取り巻く環境が大きく変わった以上，2020年に施行される改正法案が示唆するようにその有り様が大きく変わっていくことが考えられる。

第12章　卸売業の構造変化

第1節　卸売業の研究課題

　卸売業については，これまでも多くの調査や研究が行われ，議論も重ねられてきた。しかし，マーケティングや小売業の研究と比べると著しく不十分であり今も不活発である。現状分析や未来予測の基礎になりうる体系的な理論が存在しないのである。そもそも卸売業は今なぜ存在するのか，これからも存在することが可能なのか，といった根本的な問題についてさえ明確な回答が得られないのが実情である。　流通研究の教科書に出てくる卸売業の存立根拠についての説明は，今も，M・ホールの「取引総数極小化の原理」や「不確実性プールの原理」[1]，W・オルダーソンの「品揃え物齟齬の架橋の理論」[2]，田村正紀氏の「情報縮約・整合の理論」[3]どまりである。これらはいずれも現実の流通業が遂行している機能の1つだけを取り上げ，それによる経済性を理由に，「卸売業は存在する」とか，環境が変化して，それら機能の意義が低下すると，「これからは卸売業の存立は難しい」など，悲観的な見通しを主張する基礎に利用されるのである。いずれも卸売業の本質ではなく機能を重視した，それも卸売業だけでなく流通業の全体にも共通する機能であるので，ここからは，なかなか，体系的な卸売業論の形成に至らない。現実の卸売業が考察される場合も，関係する諸要因の位置づけが不明確である。そのためか，いずれも要因が羅列的に取り上げられ分析されていくので，ここからも，なかなか体系的な理論の

1)　M. Hall,*Distributive Trading*,1948.（片岡一郎訳『流通の経済理論』東洋経済新報社，1957年）。
2)　W.Alderson,*Dynamic Marketing Behavior*,Richard D.Irwin.Inc.1965.（田村正紀・堀田一善・小島憲司・池尾恭　訳『動態的マーケティング行動』千倉書房，1981年）。
3)　鈴木安昭・田村正紀『商業論』有斐閣，1980年。

形成に行き着かない。

このように，現在，卸売業の研究の遅れは否めないが，加えて，わが国では，卸売業の研究の対象である現実の卸売業が，欧米とはかなり異なった特殊日本的な形態で展開してきた。それがわが国での卸売業の研究をいっそう困難にしているのである。

「流通革命」の議論が華やかであった頃の 1960 年代が過ぎて，1970 年代を経過し，1980 年代に入ってからも，日本の卸売業は，「流通革命」論の人々が予想したような方向へとは進んでいかなかった。『商業統計』で示された卸売業の統計（事業者数や従業者数，年間販売額など）は，毎回，何年にも亘って，増加し続けたのである。

ようやく，1990 年代に入って，それらが減少傾向を見せ始めた。激減したといえるほどの減少ぶりである。また，大規模小売業の出店数も増加した。それらと生産者との直接取引も増大した。先の「流通革命」論が 30 年の遅れでようやく実現したかのような状況である。加えて，1990 年代の後半頃から，インターネット・ビジネスに代表される IT 関連技術を利用した新型の小売業が現われて，それが消費者と生産者の直接取引を可能にした。そのため，卸売業も今後ますます不要化されていくのではないか，近代化が遅れた卸売業は時代の変化についていけるだろうか，今度こそ卸売業は完全に排除されるのではないか，卸売業の未来は暗い。そのような悲観的な見とおしが再燃したのである。はたして実際はどうなのか。卸売業について，もう一度，基礎から見直し，議論していく必要がある。

そこで，本章では，わが国の卸売業の特に構造変化について，歴史と現状を確認し，本質重視で主要な問題を検討し，議論する。結論として，そのような悲観論は誤りであり，卸売業の存在意義は今も大きい，今後も発展していく可能性が十分ある，卸売業は健在である，ということを確証していく。紙数が限られているので，関係する問題の全てを論じることはできないが，基本的な点については，できるだけ述べるようにする。

第 2 節　わが国卸売業の構造変化の実態

1．卸売業の事業所数，従業者数，年間販売額の動向

　検討や議論に入る前に，もう少し詳しくわが国卸売業の実態についてみておく。下の表は，経済産業省（旧通産省）の『商業統計』に基づくものである。

図表 12-1：「商業統計表」で見た卸売業の構造変化

年次	事業所数			従業者数	年間商品販売額	商品手持額
	計	法人	個人	（人）	（百万円）	（百万円）
昭和 47 年（1972 年）	259,163	161,743	97,420	3,007,647	106,780,082	5,224,766
昭和 49 年（1974 年）	292,155	188,405	103,750	3,289,663	173,113,132	9,768,906
昭和 51 年（1976 年）	340,249	224,823	115,426	3,512,973	222,315,445	11,340,786
昭和 54 年（1979 年）	368,608	250,379	118,229	3,672,638	274,545,131	13,112,098
昭和 57 年（1982 年）	428,858	297,395	131,463	4,090,919	398,536,234	16,953,438
昭和 60 年（1985 年）	413,016	294,199	118,817	3,998,437	427,750,891	17,133,505
昭和 63 年（1988 年）	436,421	317,876	118,545	4,331,727	446,483,972	18,285,258
平成 3 年（1991 年）	475,983	361,614	114,369	4,772,709	573,164,699	24,858,104
（平成 3 年再集計）	461,623	355,074	106,549	4,709,009	571,511,668	24,693,707
平成 6 年（1994 年）	429,302	337,173	92,129	4,581,372	514,316,864	22,549,666
平成 9 年（1997 年）	391,574	313,136	78,438	4,164,685	479,813,298	21,485,360
平成 11 年（1999 年）	425,850	339,977	85,873	4,496,210	495,452,581	-
平成 14 年（2002 年）	379,549	307,259	72,290	4,001,961	413,354,832	17,249,361
平成 16 年（2004 年）	375,269	304,626	70,643	3,803,652	405,497,178	-
平成 19 年（2007 年）	334,799	273,670	61,129	3,526,306	413,531,672	19,170,747
平成 24 年（2012 年）	371,663	321,848	49,815	3,821,535	365,480,510	12,288,022
平成 26 年（2014 年）	382,354	332,947	49,407	3,932,276	356,651,649	-

出所：「E-Stat 統計で見る日本」より作成（http://e-stat.go.jp/dbview?sid-0003149404）
　　　2018.12.25 閲覧）。

　これをみると，確かに 1990 年代から 2000 年代にかけて，わが国の卸売業は大きく縮小していることがわかる。『商業統計』でみるかぎりで一見して，わが国の卸売業は排除か衰退時代に入ったかのようにみえる。実際はどうなのか。

2．卸売業の大規模化

　卸売業の事業所数が減少した理由としては，いろいろなことが考えられる。

図表 12-1 をより詳しくみると，大きく減少したのは個人商店である。法人で
はそれほど減少していない。別途，『商業統計』（1997 年）の中の「流通経路
別統計編（卸売業）」でみると，「直取引卸」（生産者，国外から仕入れ，産業用使用者，
国外，小売業者へ販売する卸のこと）と「その他卸」（販売先が本支店，仕入先が本支店，
または仕入先が自店内の製造卸のこと）で商店数の減少が著しいが（3 年前比で約
16 ％減と約 10 ％減），年間販売額では少しだけ増加している（同約 2 ％増と約
3% 増）。単純に計算して，これら卸売業では，事業所の規模が拡大している。
この間に多くの業界で，吸収や合併，提携の動きも活発化していたので，この
事業所の規模の拡大は推測できる。また，取扱品目数の拡大や卸売業機能の拡
充，地方卸から広域卸，全国卸へ空間的な事業拡大も著しかった。小売業から
少し遅れて（1990 年代に入った頃から），事業所規模の拡大と吸収や合併などが
起こり，その結果として，卸売業の統計数値が減少傾向をみるようになったの
ではないかと思われる。

3. 流通経路段階の短縮化

　同じく，上の『商業統計』（1997 年）の「流通経路別統計編（卸売業）」では，
「W/W 比率」が始めて詳しく分析されている。ここで「W/ W 比率」とは，「卸
売業全体の販売額から本支店間移動を除いた値を，卸売業者以外の販売額（「小
売業者向け」，「産業用使用者向け」，「国外（直接輸出）向け」及び「消費者向け」の合計値）
で除した値」である（図表 12-2 参照）。卸売業者同士の取引が減少すると，この
値は 1 に近づく。戦後わが国の卸売業の特徴の一つがこの W/W 比率が異常に
高かったことである。1976 年は 1.92 倍，1979 年は 1.90 倍であった。それが
1997 年には 1.54 倍まで低下している。流通経路が短縮化したのである。『商業
統計』では，それを「国際化の進展，社会や消費者の多様なニーズに適合する
ための流通の効率化が進められているなど，流通産業全体における構造の変化
やバブル崩壊後の長引く景気低迷の影響」であると分析している。これについ
ては，別途，検討する余地があるが，この流通経路の短縮によって，卸売業の
事業所数や従業者数が減少した可能性は高い。しかし，それで卸売業は衰退し

図表 12-2：卸売業の販売先別年間商品販売額と W/W 比率の推移

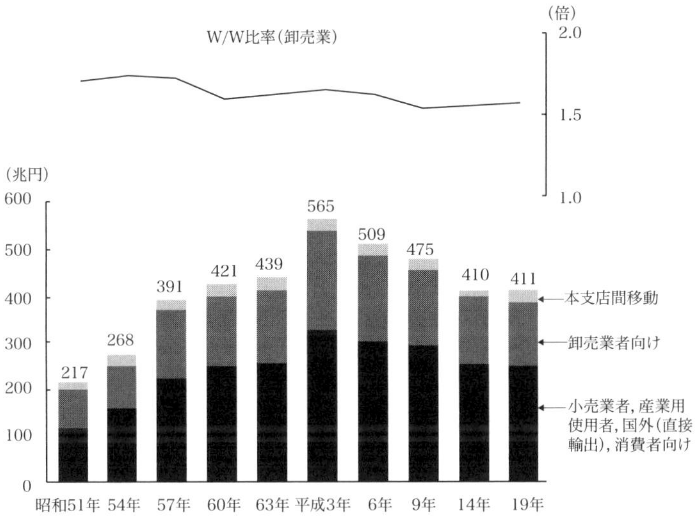

W/W比率（卸売業）

（倍）
2.0
1.5
1.0

（兆円）
600
500
400
300
200
100
0

217　268　391　421　439　565　509　475　410　411

昭和51年　54年　57年　60年　63年　平成3年　6年　9年　14年　19年

本支店間移動
卸売業者向け
小売業者, 産業用使用者, 国外（直接輸出）, 消費者向け

出所：経済産業省「w/w 比率からみた卸売業の流通経路の変化」『商業統計（平成 19年度）』http://www.meti.go.jp/statistics/tyo/syougyo/result-2/h14/index-gyoro.html（2018 年 12 月 25 日アクセス。）

ていると考えるのは早計である。経営の改善の現れである可能性が大きい。

4. 卸売業の国際事業展開

　戦後日本の高度成長期の段階では，卸売業の国際化や海外事業の展開などは，もっぱら「総合商社」や「貿易商社」に限られていた。しかし，1980 年代に入って，これが一般の卸売業でもみられるようになった。経済産業省の『海外事業活動調査』によれば，2007 年の卸売業の現地法人は 4,290 社に達している。そして 2016 年には 7,205 社へと増大している[4]。小売業も同じく 400 社から同 680 社へと増大している。日本流通業の国際化は間違いなく進展している。中でも卸売業の海外進出が活発である。現地法人の従業者数や売上高，経常利益，純利益，投資額など，どれをみても，卸売業の方が小売業よりも増加率が高い。

4)　経済産業省『海外事業活動調査』(2007 年，2016 年)。

国際化の視点からみても，卸売業は衰退でなく発展している可能性が高い。

5. 卸マージン比率の実態

　商品の仕入額と販売額の差はマージンである。そのマージンが販売額に占める割合がマージン比率である。これはどの企業の経営にとっても重要な指標である。そのマージン比率を,卸売業は,高度成長期を通じて寡占メーカーのマーケティング特に流通経路政策によって低下させられた。極端な場合は０％まで引き下げられた（例えば，1960年代の製薬会社Ｔ社の系列化卸の場合）。もちろん,それでは経営を行うことはできないし赤字になる。その赤字は寡占メーカーの（事後的で恣意的な）「リベート」によって補填された。卸売業者にとっては何とも不本意で非自立的な経営を強いられたのである。

　しかし，1990年代に入って，外圧の影響もあって公正取引委員会が業界に「リベート制度」の是正を「勧告」した。高額化し複雑化した「リベート制度」に寡占メーカー側でも限界を感じていたので，それを「渡りに船」と，この制度の廃止に踏み切った。それと関連して卸と小売の再販売価格維持目的の「建値制」も廃止した。現在の「オープン価格制」はこの時に始まる。価格制度の変更が卸売業に与えた影響は大きかった。卸売業者は，ようやく卸再販売の価格を自身で決めることが出来るようになったのである。部分的ではあるが「商業者」としての経営が出来るようになった。もちろん，「リベート制度」が廃止されると，リベートがなければ経営がやっていけなかった卸売業者は危機に陥るはずであったが，実際はそうはならなかった。1994年の卸売業のマージン比率は平均で12.4％である[5]。その後もこの比率は低下することなく，逆に上昇した。卸売業の販売価格は低下が予想されたが，それはなく高位安定で推移した。これが卸マージン比率の上昇と関係した可能性が高い。

---

5)　通商産業大臣官房調査統計部編『1997年わが国の商業ー転換期にある商業ー』社団法人通産統計協会，1997年，288頁。

第3節　「第1次流通革命」論と卸売業の構造変化

1.「第1次流通革命」と「流通革命」論

さて，1960年代の初頭に，いわゆる「流通革命」の議論が勃発し，社会的にもセンセーショナルに報じられた。その後もこの「流通革命」の議論は収束することなく，今も続いている。ただし，「産業革命」の議論ほど内容は定かでない。振り返って，一体，「流通革命」とは何だったのだろうか。1990年代に入ると，「第2次流通革命」の時代を迎えたといわれるが，しかし，「第1次流通革命」が不明のままでは，「第2次流通革命」の本質もみえてこない。本章の卸売業の議論とも関係するので，まず，これについてみていくことにする。

1960年代初頭の「流通革命」論では，田島義博氏と林周二氏が有名である[6]。両氏の主張は，大量生産と大量消費をつなぐための流通機構の近代化が必要である。それには製造業者による流通の指導性の発揮と，商業者を排除した直接販売による流通経路の短縮化，新しい流通経路の形成による流通パイプの拡張，製造業者による卸売業者の流通系列化，スーパーマーケットなどの大規模小売業の発展による流通経路の生産性の向上を推進すべきである，などである[7]。

それに対して，1970年代に，佐藤肇氏は，そのような「流通革命」論には問題がある。田島氏らの主張は寡占メーカーの論理であって，流通の近代化や合理化にはならない。「流通革命」の主体は，メーカーではなく小売業でなければならない。それも大規模な小売業だけでなく，中小の卸売商や小売商も連鎖化して大規模な流通組織を形成すれば主体になりうる。中小の卸売商や小売商に対して否定的であってはならない，といった主張がなされた。また，寡占メーカーのナショナルブランドに対して，大規模小売業もプライベートブラン

---

6)　田島義博『日本の流通革命』社団法人日本能率協会，1962年。林周二『流通革命－製品・経路および消費者』中央公論社，1962年。

7)　戸田裕美子「流通革命論の再解釈」（Japan Marketing Journal Vol.35 No.1, Japan Marketing Academy, 2015) が参考になるので参照されたい。

ドで対抗力を形成することができるとした。チェーンオペレーションとプライベートブランドの統合による「流通革命」論である[8]。

この佐藤氏の考えを受け継いだ矢作敏行氏は，1980 年代に，新しく登場したコンビニエンスストアやディスカウントストア，専門量販店などの業態型の小売業，特にコンビニエンスストアのオペレーションに注目した。小売店舗や品揃え規模の拡大だけでなく，業態開発の重要性を強調した。また，佐藤氏では寡占メーカーと大規模小売業は対抗的関係にあったが，実際は，両者に協力的な関係も存在するとして，流通における新しい組織間関係の形成にも注目した[9]。

このように，1960 年代から 1980 年代までのわが国の「流通革命」論は，その内容や方法，主役，視点などは，年代ごとで変化がみられるが，こと卸売業に関しては，一貫して否定的である，または議論が少なく消極的である。「流通革命」が進めば結果として卸売業は流通からは排除されていく，極論すれば排除される方が望ましい，そのようにも読み取れるふしがある，卸売業者からみればかなり悲観的な見通しを流布した議論だったといえる（「商社斜陽」論，「問屋無用」論，「卸中抜き」論，「経路短縮」論，「流通近代化」論，「流通システム化」論など）。

現実は，そのような議論とは反対に，卸売業者は長期に亘って増加し続けた。また，全体としての流通機構は，近代化も効率化もされることなく，30 年が経過した。一体，何が問題であったのか。議論のどこが間違っていたのか。これらの「流通革命」論は，今でもこの間の卸売業者の増大や不効率な流通経路の形成，流通費用の増大，物価の高騰，などについて，正しく説明することができないでいる。

上の「流通革命」論は現実の分析というよりも，多分に政策論な議論であった。現実を直視すれば，寡占メーカーがマーケティング特に流通経路政策を駆使して，卸売業と小売業の商業者たちを流通経路から排除したり，系列化しつつあったので，それを重視すれば，卸売業者が増え，流通経路が長くなり，流通コス

トが増加し，近代化は遅れ，非効率になっていくことは理解できたはずである。もちろん，このメカニズムを把握するには，論理的にも明確な「現代卸売流通論」が必要であるが，それはこの後で述べるとして，戦後復活した商業的な流通組織が非商業的な流通組織に変革されていった，というのが「第 1 次流通革命」の主な内容であったのである。そして，田島氏らはこれを推進すべきだと主張したのである。また，佐藤氏はそれを批判するものの，「流通革命」の主体をスーパーマーケットやコンビニエンスストア・チェーンなどの大規模小売企業に求めた。政策論としては考えられないことはなかったが，時代はまだそこまでは進展していなかった。それら新型の大規模小売業の発展は，寡占メーカーのマーケティング特に流通経路政策が展開していった結果として，流通経路に矛盾と限界が生まれ，それを克服する方法として，1980 年代以降，特に 1990 年代に入ってから，まさに「第 2 次流通革命」論的な構造変化の一環としてみられるようになっていく，いわばその先駆け的な現象だった。1960 年代から 1980 年代までの大規模小売業の生成と発展は，決して「第 1 次流通革命」の主役ではなかった。この時代では，まだ，それらは日本の流通を「革命」的に変革していくだけの力は存在していなかった。寡占メーカーのように卸売業者を流通から排除したり，系列化できるような勢力ではなかったのである。逆に，新型の大規模小売業の参入に対して，既存型の卸売業と小売業の反発は強く，寡占メーカーとも結託して，「大規模小売店舗法」を成立させ，それによって大規模小売業の成長を遅らせたのである。そして，寡占メーカーも，合衆国では支配的であった「商業者排除」の経路政策はとらず，商業者たちの「商業性」だけを「排除」するという，特殊に日本的な「流通系列化」を主な政策としていったのである。その結果が卸売業者の数の増大であり，多段階で生産性の低い流通組織だった。それは教科書でよくみかける伝統的な商業組織（収集卸，中継卸，分散卸，小売商）とは異なる戦後日本的で特殊な形態の流通組織である。『商業統計』で「W／W」比率を高めた大きな要因でもあった。

　この間，大規模小売業と寡占メーカーの中からは，収集，在庫，配送などの物流施設を設けて，卸売業の機能を，一部，代行するものも現われたが，品揃え，

価格調整, 債権回収, 市場情報の収集と編集, など, 他の卸売業機能まで代行するような企業は日本では現れなかった。フルラインで機能する卸売業者の力は強く, そのような卸売業を排除することによって失うかもしれないリスクの方が大きかった。そのため, 大規模小売業と寡占メーカーは, 直接取引を行った場合も, 伝票は卸売業者を通すという（卸売業者の売上になる）, いわゆる「帳合」制度を設けたのである。それだけ卸売業者の力が大きかったことを意味している。

こうして1960年代から1970年代末までは小売業は, また, 1980年代末までは卸売業も, 事業所の数は減少せず, 流通経路も短縮しなかった。とはいえ, その背後では, 間違いなく「流通革命」といって良い, 日本の流通段階では大きな構造変化は起きたのである。それは20世紀的な現代流通機構の形成であった。

2. 寡占メーカーによる「商業排除」の論理

この状況を論理的に正しく洞察した研究が, 実は, 既に存在していた[10]。1960年代からの日本流通は, まさにそれを後追いするかのように展開している。上の「流通革命」論議もこれと並行して読むと良くわかると思う。いま, それを筆者の責において概要を紹介すると（かなり大雑把であるが）以下のとおりである。

第1に, 大規模メーカーが, 大量生産体制を確立すると, 販売のための活動も行うようになる。最初は, 広告機構などを通じて自社商品の市場創造や需要獲得の活動を行っていく。やがて過剰生産と販売競争が激化して生産と市場で寡占体制が成立すると, 販売そのものも自社で行うようになる。支店・営業所・出張所が設立され, 販売会社も設立される。卸売商を介さないで小売商へ, さらには消費者へ直接販売が行われていく。もちろん, そのために多額の流通資本や流通コストが必要になる。その他でも何かと問題が起きるので, 商業者を完全に排除することには限界がある。その限界に至ると, または限界に至る

10）森下二次也『現代商業経済論』有斐閣, 1960年。風呂勉『マーケティング・チャネル行動論』
千倉書房, 1968年。

前でも，他に良い方法があれば，寡占メーカーはそれを選択する。わが国で高度に発達した「流通系列化」がそれである。まず，既存の商業者に自社商品の優先販売の要請を行っていく。次に，売れ行きが良い商品とそうでない商品の抱き合わせ販売を要請していく。最後に全商品の取扱い強制を行っていく。さらには競合する他社商品の取扱制限や禁止まで行うようになる。ここまで進行するとそれは商業者排除と何ら変わらない。同じ目的が達せられるのである。商業者排除ではないが商業排除であり，「商業の否定」である。流通資本や流通費用の節約も考えられるので，商業者排除よりも寡占メーカーにとってはより良い高等な流通経路政策であるといえる。それが制度化されると「専売店制」が出来上がる。卸売業者の仕入段階の流通系列化では最高形態である。次に，卸売業者の再販売段階でも流通系列化は行われていく。販路が制限され，制度化されると「テリトリー制」になる。これによって，それまで自立して存在していた卸売商業者は，特定の寡占メーカーに専属した「販売代理業者」（「デーラー」）に変質する。同様な政策が小売業者に対しても行われる。小売業者も特定の寡占メーカーに専属した「販売代理業者」（「デーラー」）に変質する。その小売業者の仕入先が同じ寡占メーカーに系列化された卸売業者に限定され，制度化されると「一店一帳合制」になる。寡占メーカーの流通系列化は，ひとまず，ここで完成形に至る。この後も別の経路の系列化と複合化されてより高次な流通系列化の体系（システム）が出来上がっていくのである。

　もちろん，卸売業者や小売業者たちは，本来は商業者である。すなわち，社会の商品の売買については基本的に無差別である。利潤を得て販売できる商品であれば誰からでも仕入れて誰にでも販売するという商業者すなわち商業資本である。それを通じて「売買の社会的集中」を行い，「売買の社会化の経済」を創造するので，生産者や消費者からも本来は歓迎される存在である。商業者は，利潤の源泉である剰余価値の生産は行わないが，市場経済ゆえに必要である社会的な流通資本や流通コストを大幅に節約するので，資本主義の社会でも利潤を得て存在することが許される，特殊な形態の事業者なのである。それが，先のような寡占メーカーから私的な都合の良い要請がなされても，そう簡単に

は認めるわけにはいかない。それを認めれば，彼または彼女は商業者ではなくなり，商業者としての社会性や自立性も失い，商業の本質に基づく利潤を要求することは出来なくなる。この商業者としての固有の本質とそれを基礎にした商業者的行動の論理が，私的で商業者否定的な寡占メーカーの経路政策と真っ向からぶつかるのである。どの国のどの産業でも，大量生産の結果，過剰生産と激しい販売競争が起こり，生産と市場で寡占体制が成立すると，必ず，寡占メーカーと商業者の間で，このような寡占商品の流通経路のあり方を巡って，激しく対立しあう構図が出来上がるのである。「流通革命」の議論が勃発するのはまさにこの時である。基本的には力で優った寡占メーカーが，この対立を彼らの側に有利な方向で「解決」していくことになる。それが商業者排除であり，流通系列化である。

商業者排除は，さしあたり寡占メーカーに近い卸売商業者の一部の排除で始まる。しかし，次の流通段階で，排除や系列化が行われていなければ，排除された卸売業者は，第2次段階の卸売業者になっていく。排除された卸売業者は「消滅」するのではなく，第2次卸または第3次卸として存続するのである。そして特殊で日本的な多段階の流通組織が形成されていく。

寡占メーカーが商業者を排除しても，流通資本や流通コスト（流通時間，流通費用，危険準備のための資金，など）はなくならない。商業者排除ではない「流通系列化」の場合も結果は同じである。それだけでなく，それまで「商業者」を介したことで節約されていた特殊な流通コストが復活していく。それもさしあたりは寡占メーカーが負担しなければならないので「流通コスト」は膨大である。それにもかかわらず，寡占メーカーが，あえて商業排除を行おうとするのは，彼らにとっては，それよりも大量生産と競争激化の重圧に対処していくことの方がいっそう重要な課題になっていくからである。その問題を解決するには，商業者の無差別な販売は障害である。そこで排除する必要があった。幸い，商業排除をしても，それで必要になる膨大な「流通コスト」は，生産と市場の寡占体制を基礎に高い市場価格が形成され，それを通じて「回収」することが可能であった。これらの要因が揃うことで，寡占メーカーは，マーケティング

特に経路政策を通じて，商業排除を行っていくのである。

　この寡占体制の成立に基づく高市場価格の形成は，さしあたりは寡占商品の出荷段階で，寡占企業間の競争制限によって行われる。もちろん，資本であるので，利潤追求の競争はなくならず，価格以外（非価格）で競争が継続される。先の寡占メーカーによる流通経路政策はその一つである。それが成功すると，次に，寡占商品の再販売段階でも価格に対して制限が行われていく。それによって，出荷段階の価格もより高い水準で安定的に形成することが可能となり，より高度のマーケティングを展開していくことが期待できる。寡占メーカーは，これを個別的に，また，他社とも協調しながら行っていく。こうして卸と小売の再販売価格も寡占メーカーが決定していく。それを卸と小売に維持するよう強制していくのである（「建値制」）。このような「独禁法違反」的な価格体系が，1950 年代後半の「独禁法適用除外」規定で合法化され，1960 年代から 1970 年代に，流通系列化の「完成」を踏まえて形成されていった。

　価格以外では，さしたる競争手段ももたない当時の商業者たちにとっては，当然，そのような価格体系も本来の商業性だけでなく自立性や社会性を制限するものであったので，「商業排除」であり「商業の否定」である。価格を手段に行っていたそれまでの流通情報の提供機能も大きく損なわれたことはいうまでもない。1960 年代以降の「第 1 次流通革命」は，この価格体系の形成も含めて，戦後日本の流通組織の変革であった。ゆえにこれ（「流通革命」，「流通システム化」）を推進していけば日本の流通は近代化され効率化されるなどはいえない方向への変化であった。繰り返しになるが高度成長期を通じて日本の物価は高騰し続けたのである [11]。

---

11) 1950 年の物価水準を 100 とすると 1985 年は約 700 であった（日本銀行や総務省統計局のデータベースを参照）。世界の物価も同じ様に上昇したが，日本は 1980 年代の「内外価格差」でみると約 2 倍で極端に高かった。

第4節 「第2次流通革命」論と卸売業の構造変化

1. 「流通革命」論の再燃（第2次流通革命論議）

　1960年代の「第1次流通革命」でも，寡占メーカーのマーケティングと並んで，スーパーマーケットやGMSなどの新型の大規模小売業が生成し，それによって既存の卸売業者が排除されるということがあったのは事実である。むしろ，それが「第1次流通革命」の主な内容であるかのように喧伝された。しかし，実際は，それらは，まだ，そのような力はなく，大きく発展もしていかなかった。ようやく，1980年代に入って，それらは本格的に発展するようになった。結果として，多数の中小零細の小売店が廃業に追い込まれた。それの影響で卸売業の経営も悪化した。1990年代に入った段階で，卸売業も事業所数や従業者数，売上額などで減少がみられるようになった。大規模小売業の発展がこれに影響したことは間違いない。

　政府の「公的規制緩和」や公正取引委員会からの「独禁法」に基づく「規制強化」，そして日本の流通の近代化や効率化への社会的要請の強まり，などが加わって，1990年代に，「流通革命」についての議論が再燃するようになった。例えば，久保村隆祐・流通問題研究協会編『第二次流通革命』（日本経済新聞社，1996年）はその代表格であったといえる。また，長期信用銀行総合研究所編著『全解明流通革命新時代』（東洋経済新報社，1996年）もこの議論の中で発表された文献だろう。前者では，特に「コンピューターを基盤とする情報技術，正確には情報・通信技術」や「文化的，精神的な豊かさを評価するようになりつつある生活価値観」が流通部門への大きな影響要因であるといわれている。後者では，「大規模小売業の中でも連鎖型小売業の発展」の影響が大きいとされている。いずれも，これまでの流通近代化は小売業段階までであった。しかし，これからは卸売業の段階も含めて，流通全体を近代化し，流通の生産性を高めていく必要がある。この意味において，わが国の「流通革命」は「第2ステージ」に入ったとの認識である。

　そこで，次に，この「第 2 次流通革命」論と関連して，1990 年代以降のわが国の卸売業特にその構造変化をみていくことにしよう。

2．大規模小売業の発展と卸売業の構造変化

　戦後わが国の小売業は，卸売業よりもかなり早い段階で近代化の動きをみせるようになった。しかし，全体としての小売業の構造変化は 1980 年代に入ってからである。スーパーマーケットや GMS などの「百貨店型大規模小売業」の発展を抑制する目的で 1973 年に「大規模小売店舗法」が制定され，翌年実施されたが，それによってもこれらの新型大規模小売業の発展は止まらなかった。それどころか，コンビニエンスストア・チェーンなどの新しい「連鎖型大規模小売業」を発生させる大きな契機にもなった。それらの大規模小売業の発展の影響を受けて，1982 年をピークに，中小零細の小売業は急減し始めた。小売業の大規模化と連鎖化，業態化と中小零細規模の小売店の急減現象は，わが国の小売業が全体でも構造変化を示し始めた証しであるといえる。これについては，本書の別章でも詳しく論じられるので，詳細はそちらに譲るとして，ここではそのような小売業の構造変化が卸売業の構造変化にどのように影響したかに焦点を当ててみていくことにする。

　卸売業の構造変化との関係では，小売店舗の大規模化もさることながら，業態化の影響が大きかったといえる。それまでの小売業は業種別または商品種類別に分化して，市場や商店街などの形態で商業集積を形成していた。そこへ戦前では百貨店が，また，戦後はスーパーマーケットや GMS などの百貨店型の大規模小売店が登場するが，それは第 1 は安い価格，第 2 は幅広い品揃え，第 3 はサービスなどを，既存小売業に対する競争優位の源泉としていた。しかし，1980 年代以降に登場したコンビニエンスストア・チェーンは，それらのいずれでもなく，時間や場所など，消費者の買物の便利さや日常生活への密着した配慮などを競争優位の源泉にしていた。1980 年代に多くの小売店が廃業したのは，このような新しい経営の考え方や方法が小売業界に登場したことの影響が大きかったのである。小売業の業態化は，小売業の経営形態の革新で

ある。特徴的にはマーケティングの考え方や方法が導入されたことである。この意義は大きい[12]。従来，小売業は本来は商業であるので，マーケティングとは対立するものと考えられたが，実際はそうではなく，小売業もマーケティングを行うことが出来る。連鎖型の大規模小売業はそれを実証した。それはマーケティングだけでなく，1980年代に始まる高度情報通信技術も積極的に導入し，多くの経営革新を行っていった。特にプライベートブランドを開発して，寡占メーカーのナショナルブランドに対抗するようにもなった。

スーパーマーケットやGMS，その後のディスカウントストアのような「①百貨店型大規模小売業」とコンビニエンスストア・チェーンのような「②連鎖店型大規模小売業」の発展によって[13]，日本の流通を近代化し，流通の生産性を向上させていくことは，「流通革命」論や「流通近代化」論，「流通システム化」論でも主張されていたことであり，それが日本の流通問題を解決していく重要な方向であるということは，流通関係者の共通した考え方であった。その点は，1980年代の大規模小売業の発展で，ある程度は実現された。しかし問題は卸売業である。

1960年代の「第1次流通革命」以降，卸売業に関しては，卸売業者の排除や中抜きなど，否定的な意識が社会全体に根強く存在していた[14]。基礎には寡占メーカーによる流通系列化などの私的流通システムの形成もあって払拭は困難であった。しかし，1980年代に入ると，特に1990年代に入って，新時代の潮流（特質）が強まり，実体の方は大きく変わり始めた。それまでの卸否定的態度は後退して，寡占メーカーと大規模小売業のいずれも卸売業者を肯定し支援する方向へと変化したのである。遅れたのは社会意識であった。

---

12) 小売業の業態論については，マクネアー，M.P. の「小売の輪」論（1958年）や O. ニールセンの「真空地帯」論（1966年）が仮説として有名だが，E.J. マッカーシーが『ベーシック・マーケティング』（1960年）で述べた「小売グリッド」論も注目に値する。いずれも「小売業のマーケティング形態」論である。
13) なお，これと並んで，③として無店舗型の大規模小売業がある。
14) 「産直思想」などもこの流れにあり，今も根強い。

３．大規模小売業による卸売業「排除」の限界

　1980 年代に入って，「大店法」で厳しく規制されても，大規模小売業の発展は止まらず，一部の大規模小売業は卸売業の機能を部分的に代行するようにもなった。その結果，卸売業の経営が悪化し，卸売業の構造が変化するという事態がみられるようになった。

　例えば，生鮮食料品の業界では，大手スーパーが成長して，卸売市場を通さず，農協や漁協と契約して，産物を店頭まで直送させるという，いわゆる「市場外流通」が増加した。それにより，卸売市場経由で行われていた卸売機能は大きく損なわれた。荷受会社や出入りの仲卸業者の経営は悪化した。それは今も続いている。また，玩具業界では，1991 年にトイザラス社が日本市場への出店を実現したことによって，玩具業界の流通構造は一変した。小売市場では価格競争が激化し，小売業者と玩具メーカーとの直接取引が増大した。そのため多くの玩具卸売業者が倒産した。その他の業界でもこれとよく似たことが起きていったことは事実である。

　この「第 2 次流通革命」の中で，大規模小売業がどの程度まで卸売業者を介さずに，直接,生産者から商品を仕入れていったかについては,残念ながら『商業統計』では公表されてないので，実態はわからないが，別途，公正取引委員会が『大規模小売業者と納入業者との取引に関する実態調査報告書』を年度別で公表しているので，それから推論すると，2018 年の現在では，全国の大規模小売業者と取引があった納入会社は 7,847 社（調査 31,955 社中 24.5%の有効回答社数）であり，その中で卸売業者は 4,403 社（56.1%），製造業者は 3,131 社（39.9%），その他は 907 社（11.6%）である。すなわち，大規模小売業者が生産者から直接仕入れている割合は，現在は，約 4 割である。中小の小売業者だとこの比率はもっと低いだろう。金額ではいくらであるかはわからないが，いずれにしても小売業者が卸売業者を通さないで生産者と直接取引をしている割合は，それほど大きくはない。

　理論的には，小売業および生産者が卸売業者を排除すると，卸売業者が行っていた機能を卸売業者以外の誰かが行わねばならない。通常，卸売段階で行わ

れる機能として，卸売情報の収集と編集，品揃え，検品，仕分け，配送，保管，返品，決済などがあるが，それらの機能の遂行には膨大な流通コストが必要である。もし，排除の対象にされるのが寡占メーカーに系列化された卸売業者であれば，大規模小売業者と寡占メーカーとの間で激しい対立が生じる恐れがある。そうではなくて，自立した卸売商業者であれば，その卸売商業者が遂行していた「卸商業者的機能」（売買の社会的集中による売買と売買操作の社会化の機能）も排除されるので，それに基づき節約されていた流通コストが復活するので，大規模小売業者はそれも負担しなければならない。大規模小売業者も商業者であるのでこの種の「商業者的機能」は代置できるかもしれないが，小売業者としての機能も統合して行うので制約があるにちがいない。卸売業排除で必要となる流通コストが卸売業者を介する場合と比べて大きければ卸売業者を排除することはできない。寡占メーカーと同じような理由で大規模小売業も卸売業の排除には限界があるということである。

4．大規模小売業による卸売業の「系列化」

　卸売業者を排除しないでも，排除と同じような目的を達することができる別の方法があれば，大規模小売業者はそれを選ぶだろう。寡占メーカーとよく似た「流通系列化」がそれである。大規模小売企業は卸売業者を自社の「購買代理人」にしようとする。しかし，これもそれほど簡単ではない。寡占メーカーの場合は生産と市場で寡占体制が存在し，それに基づき寡占価格が形成されたので「流通系列化」は可能だった。大規模小売業の場合はそれがない。中小企業庁の『第6回商業実態基本調査報告書』（通産統計協会，1994年）でみても，1992年の段階では，「系列化された卸売企業」は，全産業の卸売企業の中の30.7％であった。このうち「メーカー系列」の卸売業者は13.8％，「卸売商系列」の卸売業者は14.9％，「小売商系列」の卸売業者はわずか2％である。この種の統計も，他の年度では見当たらないので，その後はわからないが，ともかく，ここから推計すると，大規模小売業が卸売業者を「系列化」（「販売代理人化」）したのはごくわずかである。それによって卸売業の構造が変わった

とは考えにくい。

5.　大規模小売業による卸売商業者の「従属化」

　「排除」や「系列化」とは異なるもう一つ別の方法として「従属化」がある。大規模小売業の優越的地位を利用して卸売業者に「不当」な取引を強制していく方法である。例えば，大規模小売業者による卸売業者への「不当な返品」，「不当な値引き要請」，「不当な従業員等の派遣要請」，「不当な経済上の利益の提供要請」，など。これも公正取引委員会によって毎年のように調査されている [15]。

　しかし，これも 1990 年代に入り，海外からの「日本的商慣行」への強い批判と公正取引委員会の「独禁法」に基づく「規制強化」により，厳しく抑制されて，発展していかなかった。今もこれは続いているが，件数はそれほどではない。

6.　大規模小売業による卸売業の「選別化」

　こうして，1980 年代から 1990 年代にかけて，大規模小売業は，卸売業者に対して，いろいろな形態で経路政策を展開したが，いずれも卸売業の構造を変えるほどの力を発揮したとはいえず，「第 2 次流通革命」論で意図された結果が得られたということはできない。

　やがて，上とは異なる，議論ではあまり取り上げられなかった展開が起きていった。それが卸売業の構造を大きく変えていったといえる。卸売業者の「選別化」の政策である。すなわち，卸売業者の本来の卸商業性と自立性，社会性を認めた上で，大規模小売業者の経営の考え方や方法に適合する条件を有した卸売業者だけを相手にするという経路政策である。この少し前に寡占メーカーも採用し始めたのと同じ経路政策である。「流通系列化」としてみると後退であるが，新時代の潮流（特質）に沿った政策であるので，経路政策としては「流通系列化」よりは進んだ政策である。具体的には，大規模小売企業の規模や業態

---

15) 公正取引委員会『大規模小売業者と納入業者との取引に関する実態調査報告書』(2010 年)，同「小売業から納入業者への不当要請」(http://diamond rm.net/flash_news/18041/，2019 年 1 月 15 日アクセス)。

に見合った商品や納入が可能である卸売企業であること，大規模小売企業の多店舗展開に見合った広域配送・多頻度適時納品などが可能である卸売企業であること，大規模小売業が導入している情報システムと連動する情報システム（例えば，EDI 導入）を整備した卸売企業であること，などである。

　この政策は，近代化が遅れた卸売企業にとっては厳しい条件であるかもしれないが，卸売業本来の視点からみると非常に大きなチャンス到来である。「選別化」の条件を満たせば，卸売業者は，卸売商業者として，自立した経営を行うことができる。もちろん，卸売業者には事業規模の拡大や機能の拡充，高度情報化などに取組む必要があるが，それは不可能な条件ではない。卸売業を取り巻く環境が大きく変化し，それを可能にするような新しい時代が到来しているからである。

　1980 年頃から，わが国の社会も「高度情報化」の時代に移行した。卸売業者はこの時代の恩恵を蒙ることが出来る。「高度情報化」時代は，日本こそが世界に先駆けて開幕したといえるような時代である。1970 年代に 2 度の石油ショックで危機に陥った日本は，石油に依存しない産業構造に変革することを決意して，1980 年代初頭に半導体生産で世界第 1 位になり，IT 技術を基礎にした高生産性の生産システムを構築し，半導体を搭載した高品質の商品を生産して，海外に輸出し，次々と世界の市場を席巻していった。その影響を受けて合衆国は貿易と財政の赤字に陥り，産業が空洞化した。そこで，合衆国政府は，情報・通信産業の育成と大量のベンチャー人材の育成，そして日本に対しては「円高」（「プラザ合意」1985 年 9 月 15 日）や「市場開放」（「日米構造問題協議」1989 年）などを要求した。流通に関しては，「日本的商慣行」や「大店法」の撤廃を要求した。民間企業も，21 世紀の新しい経営である「戦略経営」と「ベンチャー経営」を導入していった。業界レベルでも，繊維業界では QR（1985年），食料品業界では ECR（1991 年）など，その他の業界でも EDI や SCM など，新しい経営の考え方や方法，特に高度情報化技術の開発と導入を行っていった。個別を越えた水平型あるいはネットワーク型の組織も含めて，この合衆国型の経営が全世界に拡がっていったのである。わが国の卸売業もこのような新時代

の潮流に恵まれ，高度化した情報通信技術を安価に導入することができた。今はそのような時代である。

第 5 節　「新しい寡占企業グループ」の成立

1．大規模卸売業の成立

　1980 年代から始まった新時代の潮流（特質）に規定されて，日本の寡占メーカーは，そして大規模小売業も，それまでの経営の考え方や方法を大幅に転換しなければならない時代に入った。卸売商業者の排除や流通系列化の政策は限界が明らかになり，後退し始めて，選別化の政策がとられるようになった。「重点卸化」政策など，業界によっては異なった名前で呼ばれたが，基本は選別化の政策であった。

　寡占メーカーあるいは大規模小売業，またはその両者から選別化の対象となった卸売業者は幸いである。卸売商業者として自立した経営を行える絶好のチャンス到来である。医薬品，加工食品，日用雑貨品，酒類，菓子類など，いくつかの業界では，あたかも「戦国時代の国盗り合戦」を髣髴とさせられるような光景が展開していった。地域の中小の卸売企業が大型化，広域化，多機能化，業態化や高度情報化で武装して，急成長していった。同業種の企業間で吸収や合併劇が起きていき，資本としての集中も進んだ。県境を越え，産業を越え，国境も越えて，事業所が増設され，組織が大きくなっていった。これまで業界で第 1 位だった寡占メーカーや大規模小売企業さえも売上で追い越す卸売企業も現われた。

　事態がここまで来ると，寡占メーカーと大規模小売企業は，もはやそれら大規模卸売企業を選別化の対象とするわけにはいかない。対等のパートナーとして，大企業同士の取組み相手とみる必要がでてくる。経路政策ではなく，一段上の経営戦略，さらには経営理念の次元に格上げして，「新しい企業間関係」のあり方を考えていかなければならない。「製販同盟」や「製配販同盟」，「戦略的同盟」，「戦略的提携」，など，「新しい企業間組織」，あるいは「新しい寡

占企業グループ」が形成されていく。

　1990年代以降のわが国の卸売業は，実際は，このような「新しい寡占企業グループ」の形成に関係する方向で変化していった。全体の流通業もこのような変化であったと考えられる。今，その全体をどのような言葉で表現すると良いのか，適切な言葉はみつからないが，とりあえず，ここでは，「新時代の流通機構」と呼ぶとすると，その「新時代の流通機構」を内部から規定しているのは，もはや寡占メーカーではない。また，大規模小売企業でもない。大規模卸売企業も含めた「新しい寡占企業グループ」である。そして，それを外部から規定しているのが，新時代の潮流（特質）である。

2.「新時代流通機構」と卸売業の構造変化

　20世紀の流通の主役は寡占メーカーであった。しかし21世紀の流通のそれは「新しい寡占企業グループ」である。それらは，通常，多国籍化し，多産業化し，多段階化している，すなわち多極化して新時代の経営を行っている。現在の卸売企業もこの「新しい寡占企業グループ」の主な構成員であるか，その担い手として機能している，新時代の卸売業者である。われわれは，まず，その「新しい寡占企業グループ」に目を向け，そこからの規定性を重視して，分析し議論を行うべきである。それらこそが現在の卸売業の主な内容，主な特徴，主な傾向を規定している最も主な勢力だからである。

　戦後，わが国の卸売業は，商業的な形態で復活した後，1950年代の半ば頃から，寡占メーカーのマーケティング特に経路政策（主に「流通系列化」政策）によって規定され，変化させられた。ミクロでは商業的だった卸売商業者が段階的に非商業的な卸売業者（販売代理人）へと変化させられた。マクロの方も非商業的な現代卸売流通機構へと変化した。やがてそれが矛盾と限界を生み出し，1980年代に入って，社会全体でも新時代的な潮流（特質）が形成されていき，寡占メーカーと大規模小売業は，いずれも，商業否定（「流通系列化」）から，商業肯定（「商業者の選別化」）へと経路政策を大きく転換しはじめ，1990年代には，さらに変化して，卸売業の大規模化が起こり，製造業者，卸売業者，小

売業者が対等の関係に立った「製販同盟」や「戦略的提携」などの「企業間組織」,「新しい寡占企業グループ」が形成されていった。全体としての流通は,そのような「新しい寡占企業」や「企業間組織」を主な構成員とした「新時代の流通機構」として存在しているのである。卸売業者はその中で卸売商業的に機能する機関として存在している。現在はそれがダイナミックに発展しつつある時代である。

第6節　わが国の卸売業の展望と課題

　上で述べた卸売業「肯定」論は,以下のようなデータによっても実証することが出来る。上場企業の価値分析を行っている「Ullet」[16]によると,2018年12月現在,年間の売上高が100億円以上の上場企業は,全産業では2,714社ある。そのうちで卸売企業は285社（10.5%）である。経常利益が10億円以上の上場企業も全産業では1,897社あり,そのうち卸売業は163社（8.6%）である。ちなみに,小売業は,売上高100億円以上は281社（10.3%）であり,経常利益10億円以上は153社（8.0%）である。卸売業の方が小売業よりもランクは上である。経済活動の中では売上高や経常利益は特に重要な指標であるが,全産業の中で,卸売業が,現在,これだけ大きな割合を占めているということは,それだけ重要性が高く健在であるということを示している。これを事実として認識しておくことは重要であろう。

　次のデータも今後の卸売業の研究では参考になる。『商業統計』で示される卸売業のデータは,必ずしも現実の卸売業を正しく反映しているということはできない。『商業統計』では,卸売業は,産業別,業種別の概念で定義して調査されている。そのため,厳密な卸売業の定義で考えた実体との間では大きな乖離がある可能性がある。かつては卸売業は卸売商業者によって担われていた。しかし,最近は,大規模製造企業や大規模小売企業も,経営を多角化している

16）「企業価値検索サービス」（http://www.ullet.com/　2019年1月10日アクセス）。

ので，卸売業を兼業しているケースは多くみられる。『商業統計』では，そのような企業が行う卸売業の部分は調査の対象には含まれていない。データは少し古いが，1997 年 3 月期の『有価証券報告書』に基づき全国 1,385 社の製造企業を集計したところ，売上総額では，171.2 兆円，売上原価は 134.5 兆円，販売費および一般管理費は 29.4 兆円，商品仕入額は 29.4 兆円，うち関係会社からの商品仕入額は 11.3 兆円であった。ここで，売上原価に占める他社からの商品仕入額の割合は 22 ％もあった。そのうちの 8.4 ％は子会社や関連会社などのいわゆる関係会社からのものであったが，残りの 13.6 ％は非関係会社からの商品仕入額であった。すなわち，大規模製造企業は，全産業の平均で卸売業的な機能を 22％も遂行していた。また，卸売商業者的な機能も 13.6％も遂行していたのである[17]。

　大規模小売企業も寡占メーカーと同様に，あるいはそれ以上に卸売業者的さらには卸売商業者的な機能を兼業していると推測される（大規模小売業の納入業者の中の約 40％が生産者であったという先のデータからこれが推測される）。大規模メーカーと大規模小売業による卸売業者的あるいは卸売商業者的な機能の遂行は，『商業統計』では調査の対象には含まれないので，卸売業の実体はどうしても過少に表現されるのである。もし，それらも含めると，現実の卸売業の規模はもっと大きく，構造ももっと発展の方向へ変化している可能性が考えられる。

　最後に，卸売業も，流通機構の一部である。その流通機構も，より大きな時代潮流（特質）から規定されて変動している社会的組織である。したがって，それらの影響を正しく分析し議論していくことが重要である。①市場の成熟化（消費の個性化，多様化，高級化，飽和化，など），②経済のグローバル化（生産と流通の海外への拠点移動，中国やインドなどの大洋州諸国の経済の発展，海外市場からの調達の拡大，など），③社会の高度情報化（インターネットを利用したネット流通の拡大，AI・ロボットなど「第 4 次産業革命」の進展の影響，など）は，わが国の流

---

17) 小西一彦「卸売業の構造変化の特質」，尾崎久仁博・神保充弘編著『マーケティングへの歴史的視角』同文舘，2000 年，145 〜 148 頁。

通機構，そして卸売業の構造と構造変化に大きく影響している要因であること
は間違いない。ただし，それらとの位置関係を，まず，正しく認識することが
重要である。それを羅列的でなく体系的に位置づけ，分析し，統合し，概念化
して，現状分析と未来予想の基礎にしうる「新時代卸売業」論の形成を行って
いく必要がある。卸売業の研究課題は山積している。

第13章　生産者と流通

第1節　生産者による流通への関与とマーケティング

1．生産者による流通への関与とマーケティングの登場

　生産者の規模が小さく，供給が需要に追い付かなかった時代では，生産者による流通への関与はほとんどなかった。その時代では，生産者はいかに生産コストを引き下げ，生産量を増やすかといったことに専念し，商品の流通は商業者に任せていた[1]。

　しかし，18世紀に産業革命が起こり，機械化と大量生産が進められ，次第に大量の商品を低コストで作られるようになった。そして，19世紀末になると，アメリカでは大量生産体制を確立した大規模メーカーの供給はいよいよ需要を上回り，商品が売れないという市場問題が深刻化した。

　1910年代に大規模メーカーは市場問題に対応するために，積極的に自社商品の流通に関与するようになり，いわゆるマーケティングが登場した[2]。

　マーケティングは，企業の対市場活動であり，その基本的な目的は市場需要の創造である。20世紀初頭における大規模メーカーが自社商品の流通に関与し，需要創造に採用した主な手段は，全国広告，製品差別化およびチャネルの管理であった。

---

1)　A.W. ショー著，丹下博文訳『市場流通に関する諸問題〔新版〕』白桃書房，2006年，37 〜 39頁。
2)　市場問題を解決するために，大規模メーカーが最初に行ったのは商品の価格を切り下げ，中小メーカーの市場を奪うことであった。しかし，競争が大規模メーカー同士の競争に転換していくにつれて，共倒れをもたらしかねない価格競争ができなくなり，価格競争に頼らない方法で自社商品の販売を促進することが大規模メーカーにとって喫緊の課題になった（森下二次也・荒川祐吉編著『体系マーケティング・マネジメント』千倉書房，1968年，3 〜 13頁；森下二次也「Managerial Marketing の現代的性格について」『経営研究』第40号，1959年，1 〜 8頁）。

日・週・月刊紙による全国広告を盛んに展開し，消費者に対して積極的な情報提供を行った。ただし，広告だけでは，消費者に優先的に自社商品を選択してもらうことができない。まずは自社商品に，他社商品から識別させるための何らかの特徴を与えなければならない。つまり，広告を需要創造に繋げるには，製品差別化が不可欠である。そのため，大規模メーカーは商品の品質をはじめ，パッケージ，各種サービス，ブランドなどの製品差別化に力を入れるようになった。しかし，その多くは競争者に模倣されやすいため，ほとんどの場合はブランドが製品差別化の中心的な要素として強調された。

製品差別化と広告によって，大規模メーカーがチャネルへの管理をより一層強化した。商品にブランドを与えることで，価格設定においては主導権を獲得し，商業者の再販売価格を拘束するようになった。また，広告の発達に伴って，消費者に直接商品情報を伝達するようになり，商業者を利用しなくても需要創造が可能となった[3]。チャネルについて，第2節と第3節で改めて説明する。

この時期に様々なマーケティング活動が展開されたとはいえ，これらの活動が統一的に管理されなかった。そして，第一次世界大戦が勃発し，軍需による好況で，アメリカの大規模メーカーは一時的に市場問題から解放され，マーケティング諸活動も一時的に停滞に陥った。

2．マーケティングの発展

(1) 高圧的マーケティングから消費者志向のマーケティングへ

第一次世界大戦後，軍需が著しく低下したことや，ヨーロッパの戦後復興による海外需要の低減によって，1920年代にアメリカは深刻な恐慌に襲われた。恐慌から脱出するために行われたのは，産業合理化であった。産業合理化は標準化と単純化を推し進め，その結果，多くの産業で大量生産方式が確立された。大量に生産された少品種の規格品を大量に販売するために，大規模メーカーは高圧的マーケティングを展開した。

---

3) 森下二次也，前掲論文；保田芳昭編『マーケティング論　第2版』大月書店，1999年，32～33頁。

　高圧的マーケティングでは，大量の広告が投入されたと同時に，自社販売員による訪問販売の強化やサービスの提供も重視されるようになった。広告の基礎となる製品差別化のうち，ブランドがますます強調され，パッケージングなどによる差別化も図られた。さらに，この時期に割賦販売が急速に普及し，将来の所得を先取りする形で，眼前の市場が一時的に拡大させられた。また，チャネルの管理においては，チェーン・ストアで繰り返された値引きを抑制するために，大規模メーカーは小売業者に対して再販売価格の維持を強要するようになった。

　こうした高圧的マーケティングは 1929 年の世界大恐慌を克服するために打ち出されたニューディール政策をきっかけに大きく変化した。ニューディール政策の多くは大規模メーカーを守るものであり，消費者の強い反発を招いた。消費者の反発を乗り切るために，大規模メーカーは高圧的マーケティングを低圧的マーケティング，あるいは消費者志向のマーケティングへと転換させた。つまり，生産したモノを高圧的マーケティングで消費者に押しつけるのではなく，消費者の嗜好や意見をもとに，売れそうなモノを作ろうとしたのである。それに伴って，市場調査が重要視されるようになった。その後，第二次世界大戦が勃発し，マーケティングは再び停滞に陥った。

(2) マネジリアル・マーケティングの確立

　第二次世界大戦後，生産力をさらに増したアメリカの大規模メーカーは市場をめぐって，激しい競争を繰り広げた [4]。

　競争に打ち勝つために，大規模メーカーはこぞって技術革新のための設備投資を行った。技術革新の競争は巨額な固定資本を必要とする。巨額な固定資本の回収は長期化にならざるを得ない。したがって，マーケティングは長期的な安定市場の予測と確保をしなければならない。しかし，他方，技術革新の競争は商品と設備の陳腐化を加速させ，巨額な固定資本の短期間での回収を要請する。そのため，マーケティングは大量に生産された商品を迅速かつ大量に販売

---

4)　本項は，森下二次也「続・Managerial Marketing の現代的性格について」『経営研究』第 41 号，1959 年，1 ～ 28 頁に基づいている。

しなければならない。

　つまり，技術革新のもつ矛盾する性格は，マーケティングに長期性と短期性を同時に要求したのである。このような二重性をもつマーケティング諸活動を統一的に管理するために，マーケティング管理，あるいはマーケティング・マネジメントが成立したのである。マーケティング・マネジメントの確立によって，市場細分化と標的市場の選定，製品，価格，プロモーション，チャネルというマーケティング・ミックス政策の立案が統合され，生産者による自社商品の流通への関与もシステム的に行われるようになった。

　戦後におけるマーケティングのもう1つの特徴は，マーケティングが企業経営の基本理念とされたことである。マーケティングは販売過程だけではなく，生産過程にも影響を及ぼすようになった。さらに，単なる商品種類の決定にとどまらず，その商品を生産すべき設備の投資とも結びつくようになった。このようにマーケティングが経営活動の始点まで関わるようになったことで，マーケティングを，企業経営の諸活動を律する基本理念として位置づけることが必要になった。

　したがって，経営者の視点に立ったマーケティング，いわゆる経営者的マーケティング，あるいはマネジリアル・マーケティングが求められた。マネジリアル・マーケティングはマーケティング部門の諸活動の統合的管理（マーケティング・マネジメント）だけではなく，トップ・マネジメントが，消費者志向を経営理念として認識し，その理念のもとでマーケティング部門と他の生産や財務，人事などの部門との調整を図ることも意味する。また，日本が戦後アメリカから本格的に導入したマーケティングはこのマネジリアル・マーケティングである[5]。

（3）戦略的マーケティングの台頭

　1950年代から1960年代にかけて，アメリカではマネジリアル・マーケティングが確立された。1970年代の後半に入ると，マネジリアル・マーケティン

---

5)　保田芳昭編，前掲書，15〜17頁。

グをさらに発展させた形での戦略的マーケティングが登場した。戦略的マーケティングは，マネジリアル・マーケティングと同じようにマーケティング・マネジメントを含みながら，トップ・マネジメントによるマーケティング部門と他の部門との調整を重視する。それに加え，戦略的マーケティングは，様々な経営諸機能を統合して企業全体の方向づけを行う企業戦略と密接している[6]。

　1970 年代前半までの時期では，大規模メーカーにとって，資本が比較的容易に調達ができ，経営資源が潤沢であった。そのため，個別事業や製品のマーケティング計画を選別することなく，それらに豊富な資金や経営資源を割り当てることによって成長することができた。

　しかし，1970 年半ば以降，特にオイルショックを境に，企業の経営資源が相対的に希少化・枯渇化した。さらに，市場そのものの伸び率が鈍化し，国内外の競争も激化した。このような環境のもとで，経営全体の立場から効率的な資源配分を図りつつ，事業の成長を企画する戦略的マーケティングが必要とされるようになった[7]。

（4）マーケティング主体の多様化

　マーケティングは大規模メーカーが直面した市場問題に対応するなかで発展してきた。しかし，作った商品や提供しようとするサービスが売れないという市場問題は，何も大規模メーカーだけの悩みではない。大規模メーカーを対象としたマーケティングの思想と技法は後には中小メーカーや商業者，サービス業者など多様な組織にも活用されるようになった。

3.　日本におけるマーケティングの展開

　日本では生産者による自社商品の流通への関与は，早くも 1890 年代から行われており，特に石鹸・化粧品・洋酒・新調味料・洋菓子など，ライフスタイルの西洋化に応じた新商品分野で先駆的に試みられた（図表 13-1）[8]。

---

6)　日本マーケティング協会編『マーケティング・ベーシックス　第二版』同文舘, 2001 年, 25 〜 27 頁。
7)　嶋口充輝・石井淳蔵『現代マーケティング　新版』有斐閣, 1995 年, 38 〜 39 頁。
8)　佐々木聡「企業のマーケティングと広告活動」, 宇田川勝・中村青志編『マテリアル日本経営史―江戸期から現在まで―』有斐閣, 1999 年, 74 〜 75 頁。

図表 13-1：日本企業のマーケティング活動

年	出来事
1890	「花王石鹸」発売,『時事新報』に最初の新聞広告掲載。
1896	東海道沿線に花王石鹸野立看板設置。
1898	小林富二郎商店, ライオン歯磨楽隊宣伝開始。
1907	「赤玉ポートワイン」製造販売。 寿屋洋酒店, 初の新聞広告を『大阪朝日新聞』に掲載。
1909	「味の素」の一般発売開始。 「味の素」の広告,『東京朝日新聞』に初めて掲載。 最初の「赤玉ポートワイン」の新聞広告掲載。 東京市電内に「味の素」の広告掲載。 東京鈴木洋酒店・名古屋梅沢商店・大阪松下商店,「味の素」販売の特約店となる。
1910	「味の素」, 台湾に初出荷（この年, 台湾の各商店を特約とする）。 大阪松下商店,「味の素」販売の関西総代理店となる。
1914	大阪の「味の素」取扱有力問屋による「味盛会」発足。
1915	森永製菓（株）, 全国に特約店制度を布く。
1917	「味の素」小売定価を廃止し建値制採用。
1919	「トリスウイスキー」を製造販売。 （資）寿屋洋酒店, 東京・大阪で酒販店従業員対象の赤玉会組織。
1920	小林商店, 大阪通天閣に大広告塔建設。
1921	「赤玉ポートワイン」の酒販店向け特売を西日本にて実施。 大阪の森永専売特約店の親睦団体友進会, 共同販売制の組合組織に改組。
1922	友進会, 株式会社へ改組し（株）友進会商会となる。 日本初の美人ヌード写真を使った「赤玉ポートワイン」のポスターを制作し, 全国の酒販店に配布。 赤玉楽劇座（オペラ座）組織, 全国各地を巡業。
1923	東京味の素会（東京特約店3店）結成。 森永製品関西販売（株）設立（友政商会と京都の特約店合同販売機関の巴商会の合併による。1929年まで各地に23の販売会社設立）。 森永製品販売（株）設立（卸店の組織）。 商品のチャネルと調査と販売促進を兼ねた「赤玉ポートワイン」の開函通知制度開始。 資生堂, チェーン・ストア制度発表。 森永製菓（株）, 丸ビルに直営のキャンデー・ストア開店。
1924	森永共栄会を組織（小売店の組織化）。
1925	全国的な「味の素」景品付特売初めて実施。
1926	「赤玉ポートワイン」の店頭販売促進のため, 酒販店赤玉ダース陳列会を実施。
1928	森永ベルトライン・ストア（小売店のチェーン・ストア）制度実施。
1929	初の国産本格ウイスキー「サントリーウイスキー白札」発売（翌年「赤札」発売）。 大阪で「味の素デー」開催。
1930	新聞・雑誌を通じて北米主要都市に「味の素」の広告宣伝開始。
1933	森永, 直営部を分離して（株）森永キャンデー・ストア設立。
1934	家庭訪問による「味の素」消費者実態調査実施。
1938	大阪梅田に（株）寿屋直営のサントリーバーを開店。

出所：佐々木聡（1999）, 75頁。

　消費者に商品情報を浸透させるために，メーカーは新聞広告を中心に，ポスターの掲載や，電車内広告，鉄道沿線の野立広告，楽団・劇団の巡行，さらには実演販売などを積極的に展開した。そして，1910 年代から 1930 年代にかけて，多くのメーカーは卸売業者を特約店・特定代理店にし，小売店をチェーン店または専売店にすることで，商業者の組織化に力を入れた。中には，資生堂や森永のように専門の販売会社を設立する例もみられた。例えば，1927 年から 1937 年までの間に，資生堂が設立した販売会社の数は 60 社にも達した。これらの販売会社の多くは従来の特定代理店との共同出資で設立されたものであり，資生堂からの役員が派遣されていた[9]。

　図表 13-1 で示されたように，日本のメーカーは戦前に多様なマーケティング活動を行っていた。とはいえ，マーケティングが本格的に導入されたのは戦後のことである。

　1955 年に日本生産性本部がアメリカにトップ・マネジメント視察団を派遣した。この視察によってマーケティングの重要性が認識された。翌年に同本部によるマーケティング専門視察団のアメリカへの派遣も実現された。派遣団員は日本の大手企業に所属しており，マーケティングの導入に力を入れた。こうした日本生産性本部の啓蒙活動もあり，マーケティングの思想や技法が日本に広まった。

　製品面では，新製品の導入・普及が活発化し，製品差別化も推進された。価格面では，再販売価格維持などの価格政策が採用された。プロモーションでは，広告が活発に展開され，広告費は 1955 年の 609 億円から，1960 年の 1,740 億円へと急増した。チャネルでは販売会社の設置や小売店の系列化など商業者の組織化がより一層進められた。また，市場細分化や標的市場の選定も意識的に行われるようになった[10]。

　このように生産者はマーケティングを通じて，多様な面から自社商品に対する需要を創造しようとした。第 2 節と第 3 節はチャネルに焦点を絞り，生産

---

9)　同上；佐々木聡『日本的流通の経営史』有斐閣，2007 年，5 ～ 101 頁。
10)　保田芳昭編，前掲書，64 ～ 73 頁。

者による自社商品の流通への関与を説明する。

第2節　チャネルの選択

　商品を生産者から消費者まで流通させる経路は，マーケティング・チャネル，略してチャネルと呼ばれる。チャネルは，一般に，生産者だけではなく，卸売業者や小売業者といった複数の企業によって構成される。したがって，製品，価格，プロモーションと比較して，生産者はチャネルを容易に変更することができない。そのため，チャネルの選択を慎重に行わなければならない[11]。チャネルの選択を行う際に，チャネルのタイプと，選択への影響要因を理解する必要がある。

1．チャネルのタイプ
　チャネルのタイプは長短・広狭・開閉といった3つの基準に基づいて分類することができる[12]。

（1）長短基準
　チャネルの長短基準は，チャネルに介在する商業者の段階数を意味する。商業者が介在しない直接流通は最も短いチャネルである。商業者の段階数がゼロであるため，0段階チャネルとも呼ばれる。そして，商業者が介在する間接流通では，①生産者→小売業者→消費者（1段階チャネル），②生産者→卸売業者→小売業者→消費者（2段階チャネル），③生産者→卸売業者→卸売業者→小売業者→消費者(3段階チャネル)のようにいくつかのタイプに分かれている。チャネルが短いほど，生産者が自社商品の流通を統制しやすいと思われる。

（2）広狭基準
　チャネルの広狭基準とは，特定販売地域に設定される商業者の数のことである。その数が多ければ広いチャネルであるといい，少なければ狭いチャネルで

11）菊池一夫「第8章　マーケティング・チャネルの選択」，成田景堯編著『京都に学ぶマーケティング』五絃舎，2014年，97頁。
12）風呂勉『マーケティング・チャネル行動論』千倉書房，1968年，202～210頁。

あるという。広狭の程度によって３つのタイプに区別される。

①開放的チャネル

　商業者の数を限定せずに，できるだけ多くの商業者と取引しようとする。チャネルが開放的であるため，商業者に自社商品を優先的に販売してもらうことが難しい。

②選択的チャネル

　一定基準を満たした商業者を選択する。生産者がより多くの資源を限定された商業者に投入することができるため，開放的チャネルと比較して，商業者からの販売努力を引き出しやすい。

③排他的チャネル

　特定販売地域に１つの商業者を選定し，その商業者のみに自社商品を販売させる。特定販売地域の専売権を与えるとともに，充実した販売指導や援助も行うため，選択的チャネルよりも商業者の販売努力を刺激することができる。

(3) 開閉基準

　チャネルの開閉は，商業者がある特定の生産者の販売窓口として専属化しているかどうかによって決められる。商業者が当該生産者の商品のみを取り扱う場合，閉じたチャネルであるといい，当該生産者と競合関係にあるほかの生産者の商品も取り扱う場合，開いたチャネルであるという。

　また，開閉基準と広狭基準は概念上では別個のものであるが，実際に排他的チャネルを選択した場合，特定販売地域の専売権を商業者に与える代償として，競合相手の商品取扱いを制限し，当該生産者への専属化を求めるのは珍しくはない。

2.　チャネルの選択に影響を与える要因

　チャネルの選択に影響を与える要因として，市場特性，商品特性，商業者の特性，競合相手の特性または自社特性が挙げられる[13]。

---

13) 菊池一夫，前掲書，101 ～ 103 頁；青木均「第６章　生産者と流通」，青木均・石川和男・尾碕真・濱満久『［改訂版］新流通論』創成社，2014 年，152 ～ 153 頁。

　市場特性は市場の類型や潜在的顧客の数，顧客の地理的分布，注文量などを含む。つまり，顧客が消費者なのか，産業用使用者なのか，または地理的に集中しているかどうか，注文量が大きいかどうかによって選択されるチャネルのタイプが異なる。

　商品特性には，単価，腐敗性，専門性などがある。例えば，商品の専門性が高い場合，消費者が商品を購入する際に専門知識をもつ販売員からの説明を求める。そうすると開放的チャネルではなく，こうした対応が可能な小売業者だけに販売させる選択的チャネルあるいは排他的チャネルが生産者に選択されやすい。

　商業者の販売能力，販売地域，競合商品の取り扱い，生産者のチャネル政策への態度といった商業者の特性もチャネルの選択に影響を与える。生産者が必ずしも好んだ商業者を利用できるとは限らない。優れた商業者であるほど，当該商業者に自社商品の販売努力をしてもらおうと，生産者同士が競いあうからである。

　競合相手のチャネル政策はしばしば自社が選択できる商業者の範囲を制約する。例えば，利用したい商業者が競合相手の閉じたチャネルに組み入れられた場合，自社と取引するのは難しい。

　自社特性にはチャネル統制への欲望や，チャネル管理の能力，財務的資源などが含まれる。チャネルを強く統制したい場合，チャネルが短く，狭くなりがちである。しかし，チャネルを強く統制したくても，それに必要とされる知識やノウハウ，または資金がなければ，実現できない。その結果，長くて広いチャネルしか選択できない可能性がある。

第3節　チャネルの管理

　生産者は消費者に商品を直接販売することもあるが，多くの場合，卸売業者や小売業者といった商業者を通して販売する。生産者は商業者に対して，自社商品を優先的に販売してもらいたい。それに対して，数多くの生産者から同種・

異種の商品を品揃えている商業者は特定の生産者のために販売努力をしない。それだけではなく，商業者は競合相手に対抗するために，生産者が確立しようとするブランド・イメージを損なう価格競争もしばしば行う。したがって，生産者にとって，卸売業者や小売業者といったチャネル・メンバー（以降はメンバーと略す）の諸活動を自らのマーケティング目標達成にとって望ましい方向に調整することが重要である。

　また，生産者の立場か商業者の立場かに関係なく，メンバーは各自の利益最大化を図って行動すれば，チャネル全体の有効性と効率性が損なわれる。今日における競争は個々の企業間の競争というよりも，チャネル間の競争に変わりつつあるため，各メンバーの諸活動の統合が不可欠である[14]。

　本節ではまずは生産者の立場に限定せずに，チャネルの管理にかかわる基本知識，具体的には垂直的マーケティング・システム，チャネルにおけるコンフリクト，コンフリクトの管理について解説する。次に日本の生産者が行ってきたチャネルの管理，いわゆる流通系列化について説明する。

1.　垂直的マーケティング・システム

（1）垂直的マーケティング・システムの類型

　メンバーの諸活動が同じ標的市場の消費者満足に向かって統合されるチャネルを，「垂直的マーケティング・システム（Vertical Marketing System）」（VMS）と呼ぶ[15]。

　VMS には，企業型，契約型，管理型の3つのタイプがある[16]。企業型VMS とは，所有関係によって諸活動が統合されたシステムである。一つの企業が生産活動に加え，卸売または小売も行うことを意味する。資生堂や花王が販売会社を設立し，自ら卸売に携わる事例や，婦人服の卸売業者から発展した

14) Stern, L.W., and El-Ansary, A.I., *Marketing Channels*, Prentice-Hall, Inc., 1977, pp.391-394; Etgar, M., Effects of Administrative Control on Efficiency of Vertical Marketing Systems, *Journal of Marketing Research*, Vol. 13, No. 1, 1976, pp.12-24.

15) Perreault, W.D., Cannon, J.P., and McCarthy, E.J., *Basic Marketing 18ed.*, McGraw-Hill Irwin, New York, 2011, p.296.

16) Stern,L.W.,and El-Ansary,A.I., *op.cit.*, pp.394-425.

ワールドが専門店を設立するとともに，自社工場を建設し，小売と生産活動を企業内部で統合する事例は企業型 VMS に該当する。

契約型 VMS とは，契約によって制度的に独立した生産者，卸売業者，小売業者の諸活動を統合しようとするシステムである。第9章で学んだボランタリー・チェーンやコペラティブ・チェーンまたはフランチャイズ・チェーンはその典型である。

管理型 VMS とは，所有権と契約によらずに，あるメンバーのパワーによって，法的には自律性をもつメンバーの諸活動が統合されたシステムである[17]。例えば，パナソニックは中小規模の家電小売業者を系列化し，その経営活動を指導している。あるいは，セブンイレブンは取引先の食品メーカーを組織し，共同で商品開発を行っている。

(2) チャネル管理の主体

VMS が，一つのシステムとしての有効性と効率性を発揮するには，リーダーシップを取るメンバーが必要である。このメンバーはチャネル・キャプテンと呼ばれる。チャネル・キャプテンはメンバーの諸活動を一定の方向へと統合し，メンバー間のコンフリクトを緩和する必要がある[18]。

チャネル・キャプテンは誰かという観点から，チャネル・システムを3つのタイプに大別できる。第1は生産者主導型チャネル・システムである。大規模メーカーによって構築された選択的チャネルと排他的チャネルはその典型である。第2は卸売業者主導型チャネル・システムである。これは生産者と小売業者がともに多数の零細業者からなる産業では成立しやすい[19]。第3は小売業者主導型チャネル・システムである。大規模小売業者が，そのバイイングパワーや POS システムに基づいた情報力によって，生産者に PB（プライベートブランド）商品を生産させたり，有利な条件で取引交渉を進めたりする場合がこれに当てはまる。

---

17) 江尻弘『流通論　改訂版』中央経済社，2002年，199〜200頁。
18) Perreault, W.D., Cannon, J.P., and McCarthy, E.J., *op.cit.,* pp.293-295.
19) Stern, L.W., and El-Ansary, A.I., *op.cit.,* p.437.

2.　チャネルにおけるコンフリクト

　メンバーはそれぞれの役割を担当し活動しているが，必ずしも調和している
とは限らない。メンバー間のコンフリクトは場合によって，チャネル全体の有
効性と効率性を損なうだけではなく，チャネルの存続自体まで危険にさらす。
したがって，コンフリクトの発生原因を理解し，それを適切に管理することが
重要である。

　コンフリクトを引き起こす根本的な原因はメンバー間の機能的相互依存性で
ある[20]。商品を消費者まで到達させるには，多様な活動が遂行される。一方，
メンバーの間で分業を行っている。したがって，消費者に商品を届けるために，
メンバーは相互に依存せざるをえない。その結果，あるメンバーの行動は必然
的に他のメンバーの目標達成に影響を与える。機能的相互依存性の程度が高い
ほどコンフリクトの発生可能性が高くなる。機能的相互依存性に加え，目標の
不一致や，役割・領分または現実についての認識の食い違いもコンフリクトを
もたらす[21]。

　限度を超えたコンフリクトはチャネルの存続自体を危うくするため，チャネ
ル・キャプテンはそれを管理しなければならない。

3.　コンフリクトの管理

(1) パワー資源と依存度

　チャネル・キャプテンはコンフリクトを管理するために自らの影響力を行使
しようとする。この影響力を規定するのはチャネル・キャプテンがもっている
パワー資源とチャネル・キャプテンに対する他のメンバーの依存度である[22]。

20) Stern, L.W., and Gorman, R.H., Conflict in Distribution Channels: An Exploration, in Stern, L.W. ed., *Distribution Channels: Behavioral Dimensions*, Houghton Mifflin, Boston, 1969, p.156; Stern, L.W., and El-Ansary, A.I., op.cit., p.282.

21) Bowersox, D.J., Cooper, M.B., Lambert, D.M., and Taylor, D.A., *Management in Marketing Channels*, McGraw-Hill Inc.,1980, pp.74-80; Stern, L.W., and El-Ansary, A.I., op.cit., pp.284-286.

22) Stern, L.W., and El-Ansary, A.I., *op.cit.*, pp.286-292；原田英生・向山雅夫・渡辺達朗『新版ベーシック流通と商業—現実から学ぶ理論と仕組み』有斐閣，2010 年，124 ～ 129 頁。

パワー資源は強制，報酬，専門性，正統性，一体性に大別されている。強制は経済的不利益を与えることである。例えば，マージンやリベートの縮小，独占的販売権の廃止，取引停止などである。報酬はその逆であり，経済的利益の供与を意味する。例えば，有利なマージンやリベートの提供，独占的販売権の付与などである。専門性は他のメンバーにとって重要な専門知識やノウハウを保有していることである。生産者が自社商品に関する専門知識をもっているため，小売業者に商品取扱方法の助言を受け入れてもらえる。正統性は価値観などによって他のメンバーにチャネル・キャプテンに従う義務があるという感情をもたせることである。そして，一体性はブランドやリーダーのカリスマ性などに基づいて，他のメンバーがチャネル・キャプテンと一体化したいという欲求をもつことである。

パワー資源に加え，依存度もチャネル・キャプテンが発揮できる影響力を左右する。メンバー間の依存度関係は販売依存度と仕入依存度で量ることができる[23]。販売依存度とは，ある売り手の販売総額に占める特定の買い手への販売額の比率である。仕入依存度とは，ある買い手の仕入総額に占める特定の売り手からの仕入額の比率である。メンバーの規模はメンバー間の依存度関係に影響を与える[24]。例えば，大規模メーカーにとって，中小小売業者への販売依存度は低いが，中小小売業者にとって，大規模メーカーへの仕入依存度が高い。チャネル・キャプテンは他のメンバーに依存される程度が高いほど，他のメンバーの諸活動に影響力を発揮しやすい。

（2）コンフリクトの管理戦略

チャネルにおけるコンフリクトの具体的な管理戦略として，交渉戦略，対境戦略，相互浸透戦略および超組織的戦略が挙げられる[25]。

交渉戦略は，最もよく利用されるコンフリクトの管理戦略である。実際には，チャネルにおけるコンフリクトの管理戦略のほとんどは，交渉によって解決策をみつける特徴を備えている。交渉戦略を展開する際に，どれほど譲歩する必

23) 風呂勉「Marketing Channel における交渉」『商大論集』第 17 巻 第 5 号, 1965 年 12 月, 24 頁。
24) 石原武政「流通系列化の基礎条件」『経営研究』第 31 巻 第 2 号, 1980 年, 56 ～ 61 頁。
25) Stern, L.W., and El-Ansary, A.I., *op.cit.*, pp.292-309.

要があるのか，交渉相手に譲歩させるためにどのように誘導すればよいのかを考えることは重要である。

　対境戦略とは，営業担当者や購買担当者といったメンバー組織の境界で活動する人が，情報の収集と交換を通して，メンバー間のコミュニケーションを促進し，その関係を調整，管理する方法である。メンバー間の意思疎通によって，コンフリクトの事前防止および早期解決が可能になる。

　相互浸透戦略とは，メンバー間の相互作用の頻度を高め，互いの理解を促進する戦略である。その代表的な手法は人事交流である。

　超組織的戦略は2つの方法でコンフリクトの解決を図る。第1は当事者の話し合いまたは第三者の介入であり，第2は上位目標の設定である。メンバー間の相互依存度が高いほど，相互作用が多いほど，超組織的戦略を制度化する基盤が備えられる。

4.　流通系列化

　日本では生産者主導型チャネル・システムの構築・運営について，伝統的に流通系列化と呼ばれてきた。流通系列化は，大規模メーカーが販売量の増大や販売価格の維持といった自社のマーケティング目標を実現するために，制度的に独立した卸売業者や小売業者を組織化し，再販売価格，取扱い商品，販売地域などにおいて彼らの活動をある程度コントロールすることを指している。

　大規模メーカーは自社商品の流通に関与するために，自ら販売会社あるいは直営販売店を設置することもできる。しかし，販売会社と直営販売店を設置することは膨大な投資が必要とされる。それに加え，商品の売れ残りなど，従来商業者が負担するリスクは大規模メーカー自身が負担しなければならなくなる。こうした理由によって，自ら販売会社や直営販売店を設置するよりも，流通系列化のほうが大規模メーカーに選好される。

　図表13-1で明らかになったように日本における流通系列化は早くも20世紀初頭に行われていた。しかし，本格化するのは1960年前後のことであった。その頃から自動車，家電製品，化粧品，加工食品，医薬品など多くの業界で流

通系列化が展開された[26]。

　流通系列化の主な手段として，建値制（消費者向けの希望小売価格をベースに，その何割掛けという形で流通段階ごとに設定される標準的な価格の体系），一店一帳合制（小売業者の仕入先を特定の卸売業者に限定する），専売店制（商業者に自社商品のみを取扱わせる），テリトリー制（商業者の販売地域を制限する），リベート（取引時に決めた販売価格によって支払いが行われた一定期間後に，メーカーがその代金の一部を割戻し金として商業者に払い戻す）などがある[27]。これらの制度によって，大規模メーカーは再販売価格の維持，自社の系列内企業間の競争の抑制，自社商品の販売促進などを可能にした。

　しかし，流通系列化は消費者の購買行動の変化や大規模小売業者の成長に伴って，1990年代後半から大きく変容した[28]。消費者ニーズの多様化や個性化によって，より幅広い品揃えからより自分に見合った商品を探し出すような比較購買が定着した。特定のメーカーとの関係で品揃えが限定された系列店はそのニーズに対応することができなかった。また，バブル崩壊後，消費者の低価格志向が進行した。系列店で維持された販売価格はこうした低価格志向の流れに合わなかった。

　消費者の購買行動の変化に伴う系列店の衰退に加え，大規模小売業者の成長によって，従来の流通系列化を維持することが難しくなった。戦後，チェーン・ストア経営に基づいて，総合スーパー，食品スーパー，ディスカウント・ストアなどの大規模小売業者が大きく成長した。大規模小売業者はバイイングパワーやPOSシステムに基づいた情報力をもとに，取引先の卸売業者やメーカーに対して仕入価格の引き下げを厳しく要求した。その結果，建値制が崩れてしまい，リベートは大規模小売業者向けの値引きの原資となってしまった。

　また，これらの大規模小売業者は広域あるいは全国にわたって出店するとともに，本部による一括仕入も強化した。その結果，販売地域が制限される卸売業者がこうした新しい仕入方式に対応できなくなった。

26) 原田英生・向山雅夫・渡辺達朗，前掲書，86～89頁，127～129頁。
27) 同上，129～131頁；田口冬樹『新訂 体系流通論』白桃書房，2005年，298頁。
28) 原田英生・向山雅夫・渡辺達朗，前掲書，118～147頁；田口冬樹，前掲書，295～299頁。

　自社を取り巻く環境が大きく変わったことに対応するために，1990 年代後半から，大規模メーカーは建値制からオープン価格制への転換，販売会社の統廃合による商圏の広域化，リベートの簡素化や廃止など，チャネル政策を大きく変更した。また，小売業者に対する営業内容においても，取引価格よりも，効果のある売場作りの提案や棚割り管理などに力を入れるようになった。さらには，大規模小売業者との協調関係の構築にも積極的に乗り出した。情報システムや物流システムに投資し，大規模小売業者と様々な情報を共有しながら，より効果的な商品開発や効率的な物流を実現しようとした。このようにチャネルにおける大規模メーカーの影響力の変化に伴って，自社商品の流通に対する関与の仕方も変化してきた。

第 14 章　消費者と流通

第 1 節　資本主義と消費者の発生

　「消費者は消費をする人のことである」というのはその通りである[1]。しかし，それでは，消費者については，まだ，何も言っていないのと同じである。自給自足社会では，生産と消費が分離されておらず，ある生産物の消費者は同時にその生産物の生産者でもある。例えば，日本の縄文時代では，生活共同体の中の人々が狩猟や漁労，採集でとった食べ物，動物の骨や石などで作った道具は生活共同体の中で消費されていた。このように自給自足社会では消費者を生産者から区別することが難しい。

　生産者から区別された存在としての消費者は，単純な商品生産の社会になってから登場した。そこでは人々は他人のために生産を行い，また，他人が生産した商品を消費する。しかし，この単純な商品生産の社会では，商品の交換が最初の物々交換から，貨幣を介した直接的な商品流通，さらには商人を介した商人商業[2]の流通へと発展していくが，程度の差こそあれ，生産者と消費者は完全に分離されたとはいえない。なぜならば，単純な商品生産の社会における生産の目的はなお消費のためだからである[3]。

---

1)　ここでの消費者は最終消費者を指している。生産財を消費する生産者や産業使用業者などを含まない。

2)　小西一彦によれば，商人商業を，①単純な商品生産者の下での商人商業，②中小の資本制的商品生産者の下での商人商業，③寡占的な大資本が支配する下での商人商業に大別することができる。同氏は，①を資本主義以前の商人商業＝前期的商業，②を自由競争時代の資本主義の商人商業＝近代的商業，③を独占または寡占の時代に入った資本主義の商人商業＝現代商業と呼んでいる。本章はその分類と呼び方を採用している。小西一彦『現代流通論の基本問題』神戸商科大学研究叢ⅩⅩⅩⅧ，1991 年，48 頁。

3)　同上，137 〜 138 頁；森下二次也『現代の流通機構』世界思想社，1997 年，187 〜 189 頁。

　物々交換の社会では，生産者は自ら消費しきれない生産物を交換に出し，物々交換で得た生産物を自ら消費する。直接的な商品流通と商人を介した商人商業[2]の流通の社会では，確かに生産者は自分の商品を販売するが，その目的は依然として得た貨幣で自分の生活に欠かせない必需品を購入し，消費することである。つまり，単純な商品生産の社会では，商品交換の形態は変わっていくが，生産者と消費者の関係は根本的に変わっていないのである。

　ただし，物々交換の社会および直接的な商品流通の社会と比べて，商人が介することで，生産者と消費者との分離は拡大された。生産者にとっての買手は消費者ではなく，消費者にとっての売手は生産者ではなく，商人となったからである。また，単純な商品生産社会における商人商業，つまり資本主義以前の商人商業（前期的商業）は，商品を生産者から安く買って，消費者に高く売るような不等価交換に基づいて利潤を獲得していた[4]。消費者と生産者は不等価交換によって前期的商業に収奪されていた。消費者ははやくも消費者としての問題に直面させられた。ただし，この段階では消費者と生産者は完全に分離されていなかったため，消費者としての固有の問題とはいえない[5]。

　前期的商業は，最初は社会全体の商品流通を促進させていた。しかし，後にその存在条件が失ったにもかかわらず，商人は経済的有利な地位や権力との結託を利用し，生産者と消費者に不等価交換を強いていくことで，かえって商品流通を阻害するようになった。このような前期的商業の社会は限界にぶつかり，この限界から新しく現れたのは資本主義の社会である[6]。

　資本主義の社会になってはじめて，生産者と消費者は完全に分離されるようになった。資本主義の社会では，生産者は，基本的に資本家あるいは企業の所有者を意味している。実際に生産を行う労働者は生産者と呼ばれない。労働者は生産者にとって生産要素の一つに過ぎない。また，労働者は自ら生産した商品の所有者でも売手でもない。労働者が主体的に販売できるのは自らの労働力

---

4)　不等価交換を行う資本主義以前の商人商業がなぜ存在できたかの条件について，小西一彦，前掲書，48 ～ 51 頁を参照されたい。
5)　森下二次也，前掲書，188 ～ 189 頁。
6)　小西一彦，前掲書，50 ～ 56 頁。

という商品しかない。そして，労働力の再生産のために必要とされるすべての
ものは生産者あるいは資本家から買わなければならない。つまり，労働者こそ，
商品の主な買手としての消費者である。このように資本主義の社会では，生産
者と消費者は完全に分離され，消費者が純粋に消費者として現れたのである[7]。

第 2 節　流通問題と消費者運動

　資本主義の社会では，消費者は同時に労働者でもある。そのため，消費者が直
面する問題は，基本的に労働者の問題として現れる。第一に，労働力の対価であ
る賃金に関する問題である。労働者が得られる賃金は彼らが生産した商品の価値
と比べてはるかに小さい。そして，企業にとって，賃金はコストであり，賃金が
高ければ高いほど企業が得られる利潤は減少するため，賃金の上昇も難しい。

　第二に，労働者は得た賃金で商品を購入する際に，つまり消費者として，商
品を価値通りの価格で購入できるかどうかの問題である。後述するように市場
が少数の大規模企業によって支配されるようになるにつれて，商品の価格は価
値以上に高く設定・維持されるようになる。それによって，消費者は商品を価
値通りで購入することもますます難しくなる。

　消費者はこれらの状況を少しでも改善するために，個人的には商品を購入す
る際に商品の種類や品質，価格などを見比べて，よりよいものをより安く購入
できるように努力する。しかし，このような個人的な努力に限界があるため，
やがて集団的な対応が発展していく。第一の問題への集団的な対応は労働運動
であり，第二の問題への集団的な対応は消費者運動である[8]。

　本節の残りは後者の消費者運動に焦点を当て，まずは１９世紀の自由競争段
階と２０世紀の寡占段階における消費者運動の特徴をそれぞれ概観する。次に
1970年代以降，社会志向のマーケティングの展開とそれに伴う消費者運動の
沈静化を検討する。

---

7)　小西一彦，前掲書，138頁；森下二次也，前掲書，189頁。
8)　小西一彦，前掲書，139〜140頁；森下二次也，前掲書，190〜192頁。

1．自由競争と消費者運動

　19世紀の自由競争段階における消費者運動の特徴は三つある。第一に，20世紀の消費者運動と比べて，それほど激しくはなかった。第二に，消費者運動はもっぱら商業とくに小売商業に向けられていた。そして，第三に，消費者運動の典型的な形態は生活協同組合運動であった[9]。なぜこれらの特徴を持っていたかについて順次述べていく。

　自由競争段階では，消費者が商品を購入する際の市場価格は需要と供給によって決定された。どの売手でも市場価格を操作することはできなかった。その結果，生産者は利潤をより多く獲得するために，生産に専念し，生産性の向上に努めるとともに，商品の販売をもっぱら商人に委ねていた。消費者は主に商人から商品を購入するが，ここでの商人が近代的商人であり，消費者に不等価交換を強制するような前期的商人ではなかった。そのため，消費者は基本的に商品を価値通りに購入することができた[10]。これは，後に述べる消費者に高市場価格を強いる寡占段階と比べて，19世紀の消費者運動がそれほど強力的ではなかった最大の理由である。

　既述のように自由競争段階では，生産者は商品の販売をもっぱら商人に委ねていた。消費者が商品を購買する際に直接接触するのは商人であるため，消費者運動はもっぱら商業とくに小売商業に向けられていた。

　そして，第三の特徴で，消費者運動の典型的な形態が生活協同組合運動であった理由は，消費者にとってほかのより有効な対抗手段を持っていなかったからである。このような弱い立場にある消費者であるにもかかわらず，なぜ自ら流通過程に参入し，流通の内部から対抗することができたのか。それは，なぜ生産者は商人を介して商品を販売するのかの理由と共通している。

　商人は多数の生産者から商品を仕入れて，多数の消費者に販売することで，商人の手元に売買が社会的に集中されている。商人は売買の社会的集中を通して，生産者の商品を消費者への販売を容易にし，販売時間，販売労働，危険に

---

9)　小西一彦，前掲書，140〜142頁；森下二次也，前掲書，192〜202頁。
10) 等価交換を前提とした近代的商人の利潤の源泉について，森下二次也『現代商業経済論 改訂版』
　　有斐閣，1977年，75〜85頁を参照されたい。

備えるための資金などの流通費用を大幅に節約することができる。社会全体の産業資本にとって，さもなければ自身が支出しなければならない流通費用が商人を介することで著しく節約されるため，商人の存立を認めたのである[11]。流通費用の節約という点において，消費者の生活協同組合が商人と同じ機能を果たすことは，生活協同組合が存立しえた大きな理由である。それに加えて，自由競争段階における小売商業はほとんど小規模であり，流通過程に比較的参入しやすいことも一因である。

　最初の近代的な生活協同組合は，「ロッチデール公正開拓者組合（Rochdale Society of Equitable Pioneers）」である。1844 年 12 月 21 日に，いち早く産業革命を経験したイギリスの工業都市マンチェスター郊外ロッチデール市に 28 名の労働者によって創立された。同組合は，①自由加入制，②民主的管理，③資本利子の制限，④購買高配当，⑤政治的宗教的中立，⑥現金取引，⑦教育促進を運営原則に定め，これらを忠実に遵守することで大きな成功を抑えた。これらの運営原則は 1895 年に設立された国際共同組合同盟（ICA, International Co-operative Alliance）にほぼ受け継がれている。

　ロッチデール公正開拓者組合の影響を受け，イギリス国内のみではなく，1800 年代後半からヨーロッパ各地にも生活協同組合が設立されるようになった。中にはフィンランドやアイスランドのように，生活協同組合の発展ぶりがイギリスをしのぐ国も現れた。そのため，資本主義の自由競争段階における消費者運動の典型的な形態であった生活協同組合運動は，イギリス型あるいはヨーロッパ型ともいえる[12]。また，定着せずに終わったが，1870 年代末以後，日本にもロッチデールの協同組合思想が紹介され，数年間の間に東京・人阪・神戸などに消費組合が設立された[13]。

---

11) 森下二次也，前掲書，1977 年，54 〜 70 頁。
12) 森下二次也，前掲書，1997 年，198 〜 201 頁。
13) 日本における生活協同組合の展開と事業活動は，西村多嘉了『現代日本の消費者と流通』法律文化社，1990 年，140 〜 152 頁を参照されたい。

2．寡占競争と消費者運動

　20世紀に入ると，資本主義が寡占段階に移行し，この段階における消費者運動の特徴も三つある。第一に，自由競争段階の消費者運動と比べて，急速に一般化し，激しさも増していった。第二に，消費者運動は商人だけではなく，生産者にも向けられるようになった。第三に，消費者運動の典型的な形態は生産者および商業者に対して，流通の外部から批判し，けん制する抵抗運動であった[14]。

　寡占段階では，市場が少数の大規模企業によって支配されるようになった。そのため，消費者が直面する市場価格は，需要と供給に関係なく，少数の大規模企業の協調によって設定された高市場価格となった。大規模企業は価格の面において協調するが，ほかの面において激しく競争する。深刻化した市場問題に対応するためのマーケティングは，20世紀の初頭にアメリカに登場した。大規模企業は自社商品に対する需要創造に注力し，急増した流通費用を高市場価格の設定で消費者に転嫁することができた。しかし，消費者は生活を維持していくために，たとえ商品の価格が不当に高く設定されたとしても，それを買うしかない。さらには，価格の問題だけではない。マーケティングによって，欲求そのものの形成やその充足の方法は大規模企業に操縦されるようになり，消費者としての自立性が著しく損なわれる問題も発生した。こうした背景のもとで，寡占段階で消費者運動が急速に一般化し，激しさも増していった。

　第二の特徴は，消費者運動は商人だけではなく，生産者にも向けられるようになった。これは，消費者が市場において大規模生産者と直接接触するようになったことと関連している。前述通り，寡占段階では，市場問題の深刻化に伴って，大規模生産者は自ら商品の販売を展開したため，消費者と直接接触することが急増した。また，市場価格の高騰や消費者操縦問題などによって，消費者は消費者運動を大規模生産者にも向けなければならないことに意識させられた。

---

14) 小西一彦，前掲書，142～145頁；森下二次也，前掲書，1997年，203～210頁。

　自由競争段階では，消費者は自ら流通過程に参入し，流通の内部から消費者問題に対応しようとした。寡占段階では，流通の内部からの対抗がますます難しくなり，消費者運動の典型的な形態は流通の外部からの抵抗運動へと変わった。なぜ消費者が自ら流通過程に参入することが難しくなったのか。大きな理由としては，寡占段階の産業資本にとって，流通費用の節約よりも深刻化した市場問題の対応が優先課題となったからである。そのため，流通費用の節約は消費者の生活協同組合が存立する積極的な理由として捉えられなくなった。大規模企業は自ら商品の販売を展開し，流通への支配を強化した。自立性を持つ商業者でさえその存立が難しくなる中，消費者の生活協同組合も困難に直面させられた。それに加えて，大規模小売企業の成長によって，生活協同組合は激しい競争にも晒された。こうした背景のもとで，20 世紀に入ると，各国での生協運動が衰退していった。

　流通の外部からの抵抗運動の典型は急速に資本主義の寡占段階に突入したアメリカで見られる。20 世紀に入って，アメリカでの消費者運動は 1900 年代，1930 年代および 1960 年代といった 3 回の盛りあがりを見せた。運動内容の推移は各時期における大規模企業が展開したマーケティングの内容に対応している [15]。

　20 世紀の初頭，アメリカの大規模企業は大量生産に見合う大量販売を実現するために，消費者の要求を顧慮することもなく，製品差別化と全国広告を中心に高圧的マーケティングを展開していた。誇大な広告，詐欺的な販売方法などが横行し，この時期の消費者運動の重点も真実の広告の表示など販売過程に向けられていた。その成果は 1906 年の「純良食品・医薬品法」の制定，1916 年の Better Business Bureau の設立，1929 年の消費者調査協会の設立などとして結実した。

　1930 年代のマーケティングは高圧的マーケティングから消費者志向のマーケティングへと転換した。大規模企業は生産したモノを高圧的マーケティングで消費者に押しつけるのではなく，市場調査で把握した消費者の嗜好や意見を

15) アメリカにおけるマーケティングの展開の詳細について，本書の第 13 章を参照されたい。

もとに，売れそうなモノを作ろうとした。マーケティングの方向性の転換は消費者運動が勝ち取った成果の一つともいえるが，逆に消費者がより説得性の高いマーケティングに対応しなければならない一面ももたらした。つまり，これまで販売過程にとどまっていたマーケティングは生産過程まで拡大され，綿密な市場調査に基づいて企画・生産された製品そのものも販売説得の手段として使えるようになった。マーケティングの方向転換に対応するために，1930年代の消費者運動は販売方法だけではなく，商品そのものにも目を向けるようになった。例えば，1936年に設立された消費者同盟は商品テストや商品知識の普及を中心に活動していた。

　第二次世界大戦後，大規模企業の間に技術革新の競争が繰り広げられ，マネジリアル・マーケティングが確立された。それによって，マーケティングは販売過程と製品計画にとどまらず，設備計画や投資計画まで影響を及ぼすようになった。そして，技術革新の競争に基づいた新製品開発の競争は，製品のライフサイクルを短縮化させ，それが計画的陳腐化や市場細分化を招いた。しかも，これらの新製品はもっぱら消費者の主観的な選好に訴求するものであり，再び強力な販売促進が欠かせなくなった。さらに，貧しい人ほど多く支払いさせられたマーケティングの展開や技術革新が引き起こした深刻な公害などは社会的に注目され，広く批判されるようになった。

　このような背景のもとで，1960年代にアメリカに第3回目の消費者運動の高揚を迎えた。この時期の消費者運動は販売方法や商品のような個別の企業活動ではなく，企業全体に目を向けるようになり，大きな成果を抑えた。例えば，1962年にケネディ大統領によって，消費者の4つの基本的権利，すなわち，①安全を求める権利，②知らされる権利，③選択する権利，④意見を聞いてもらう権利が特別教書として議会に送付され，その結果消費者諮問委員会が設置された。

3. 社会志向のマーケティングと消費者運動の沈静化

　消費者運動は消費者問題の防止・解決や消費者の権利の確立において，企業と政府に影響を与え，数々の成果を収めてきた。しかし，企業と政府に消費者

運動への対応の喫緊性を意識させたことは，結果として消費者運動そのものの沈静化をもたらした。1960 年代の消費者運動の高揚などを受け，アメリカに社会志向のマーケティング，すなわちソーシャル・マーケティングが提起された。

　ソーシャル・マーケティングには二つの流れがある。第一は，営利企業のマーケティングは環境保護，貧困撲滅，健康的な生活様式の形成などの社会的問題にも対応しなければならないという考えである[16]。これまでの営利企業のマーケティングはもっぱら利益目標を優先してきたが，これからは社会的目標にも寄与しなければならない。第二は，営利企業が採用し発展させたマーケティングの概念・技法は学校，教会，博物館，政府などの非営利組織での適用が可能であり，それによって，社会的問題がより効果的・効率的に解決されるという考えである[17]。

　二つの考えは異なるとはいえ，両者が相まってマーケティングにおける社会的問題への考慮・対応が促進された。1970 年代以降，アメリカの大規模企業にとって，社会的問題の防止・解決を考慮したうえで企業経営の意思決定を行うことは，すでに避けられない時代の潮流となった。こうした対応を施した結果，企業に対する消費者の批判が弱まり，消費者運動の沈静化につながった[18]。

　日本における消費者運動は戦後急速な展開を見せた。その主要な形態は，①消費者が自ら流通過程に参加する生活協同組合型，②欠陥商品や誇大広告などに対応するための情報提供・商品テスト・消費者教育型，③商品の品質や価格などについて，生産者や監督官庁への直接的な抗議・告発型に分類することができる[19]。

　アメリカでの消費者運動と同じように，日本における消費者運動の展開も，社会の商品流通，特に商業と大規模企業のマーケティングと深くかかわってい

---

16) Lazer, W., Marketing's Changing Social Relationships, *Journal of Marketing*, Vol.33, January, 1969, pp.3-9.

17) Kotler, P and Levy, S.J., Broadening the Concept of Marketing, *Journal of Marketing*, Vol.33, January, 1969, pp.10-15.

18) Lazer,W. and Kelley, E. J., *Social Marketing: Perspectives and Viewpoints*, Richard and D. Irwin, 1973；小西一彦，前掲書，144 〜 145 頁。

19) 西村多嘉子，前掲書，184 〜 192 頁。

る。そして，アメリカと似たように，日本での消費者運動は，企業と政府に影響を与え，消費者権利の保護や消費者問題の防止・解決において成果を獲得してきた。しかし，企業と政府が消費者問題への対応に乗り出したことは，消費者運動の弱体化にもつながった[20]。

第3節　新時代と消費者の概念拡大

　消費者運動の典型的な形態は流通内部からの抵抗から，流通外部からの批判・けん制へと変わり，そして，流通外部からの抵抗は企業と政府による消費者問題への対応で沈静化していった。1980年代に入ると，消費者を取り巻く環境は激変した。本章の最後は日本に注目して，1980年代以降における新時代の潮流，消費および消費者の特徴，さらには消費者問題を含む社会的問題に対応するためのソーシャルビジネスの可能性について議論していきたい。

　すでに第12章で述べられたように1980年代以降の新時代は，市場の成熟化，経済のグローバル化，社会の高度情報化と特徴づけられている。市場の成熟化は消費の個性化，多様化などをもたらしている。ただし，ここでの個性化と多様化は消費者が主体的に作り出したというよりも，新製品競争を激しく展開している大規模企業のマーケティングがもたらした変化として見たほうがふさわしい[21]。また，物質的豊かさが満たされたことによって，精神的豊かさがより重要視され，環境問題や貧困問題などの社会的問題に対する消費者の関心も高まった[22]。

　経済のグローバル化は輸出入の拡大をもたらし，日常的に輸入品を消費するようになった。そして，輸入品の急増に伴って，輸入品の品質や安全性などに関する消費者問題も多発した[23]。また，グローバル化が進むにつれて，消費者

20) 小西一彦，前掲書，145頁。
21) 小西一彦「流通構造の変化と現代流通論の課題」，小西一彦・石原武政編著『現代流通の動態分析』千倉書房，1991年，7～8頁。
22) 内閣府『平成19年国民生活白書』，4頁；内閣府『平成20年国民生活白書』，38頁
23) 西村多嘉子『現代流通と消費経済』法律文化社，1998年，114～119頁。

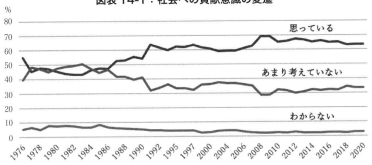

図表 14-1：社会への貢献意識の変遷

出所：内閣府（2020）『社会意識に関する世論調査』より作成。

は足元の社会的問題にとどまらず，地球温暖化や発展途上国での環境汚染や労働問題など，世界レベル，地球レベルの問題にも目を向けるようになった[24]。

　そして社会の高度情報化は，情報通信関連商品やサービスへの購入を促進した。消費者は同時に労働者でもある。高度情報化の社会では情報通信関連の知識を持たず，商品やサービスの生産に使われる情報通信機器を使いこなせなければ，企業に雇用してもらえなくなったためである[25]。また，高度情報化の社会では，インターネット通信販売は急速に成長した。インターネット通信販売を利用することで，いつでもどこでも国内外の商品を購入することができるようになった。他方，健康食品などによる身体的被害や代金を支払ったものの商品が到着しないといった金銭的被害，SNS 上の広告の不当表示など，様々なトラブルも発生している[26]。さらには，インターネットの普及に伴って，世界中の人々は簡単につながるようになり，消費者問題や社会的問題において，国境を超えた連帯が行われやすくなる傾向も見られた[27]。

　1980 年代以降における消費者の特徴は，社会志向の高まりである。図表14-1 で示されたように，1980 年代後半以降，「何か社会のために役立ちたい」

24) 内閣府『平成 20 年国民生活白書』，37 頁。
25) 前掲書，小西一彦「流通構造の変化と現代流通論の課題」，1991 年，7 〜 8 頁。
26) 内閣府『平成 20 年国民生活白書』，17 〜 18 頁；消費者庁『平成 30 年版消費者白書』，50 〜 52 頁。
27) 吉村純一「現代流通研究における消費分析の課題と役割」，日本流通学会監修，吉村純一・竹濱朝美編著『流通動態と消費者の時代』白桃書店，2013 年，14 〜 16 頁。

と思っている人の割合は，「あまり考えていない」とする人の割合を上回った。そして，1990年代以降は6割前後を推移し，2008年から2009年には急増し，約7割の人は社会のために役立ちたいと思っていた。その後やや低下したが，依然として6割を超過し，2020年時点では前者は63.4%，後者は33.6%であった。また，どのようにして社会のために立ちたいかについての複数回答で，1998年時点では，1位は社会福祉に関する活動（37.5%），2位は自然・環境保護に関する活動（36.0%），3位は町内会などの地域活動（34.4%）であった[28]。

1980年代以降，消費者の社会志向が高まってきた背景には，大量生産・大量販売・大量消費がもたらした弊害と関わっている。大規模企業のマーケティングによって，消費者は購買段階で限りなくの消費欲望が刺激され，様々な被害を受けてきた。それだけではない。自分自身の生活を取り巻く自然環境や社会環境まで破壊されていった。その中で，消費者はこれまでのような，たんに買い手としての消費者問題だけでなく，生活者として，環境問題や地域問題にも関心を持つようになった。

こうした社会志向が高い消費者は，『平成20年国民生活白書』では，消費者・生活者，あるいは消費者市民と呼ばれている。この呼称からも示唆されるように，1980年代以降，生産者や政府に対する消費者の活動は，買い手として直面する問題のみでなく，生活者，そして，市民としての問題にも注目しなければならない。そして，2000年代に入ると，消費者市民は自らビジネスを立ち上げ，流通過程さらには生産過程に参入し，消費者問題も含む社会的問題に取り組む動きが活発化しはじめた。本節の残りは新時代における新しい消費者運動，正確的に言うと，消費者市民の活動形態の一つとして，ソーシャルビジネスの可能性について述べていきたい。

ソーシャルビジネスとは，社会的課題を解決するために，新しいビジネス手法を考案し，適用し，①社会性，②事業性，③革新性を満たす事業体のことである[29]。貧困や差別，高齢者福祉，環境汚染など今日解決が求められる社会

28）内閣府『平成10年社会意識に関する世論調査』。その後，上位3位の項目に変化はなかったが，順位の入れ替わりが見られた。
29）経済産業省『ソーシャルビジネス研究会報告書』2008年，3頁。

図表 14-2：NPO 法人の認証数累計と増加数

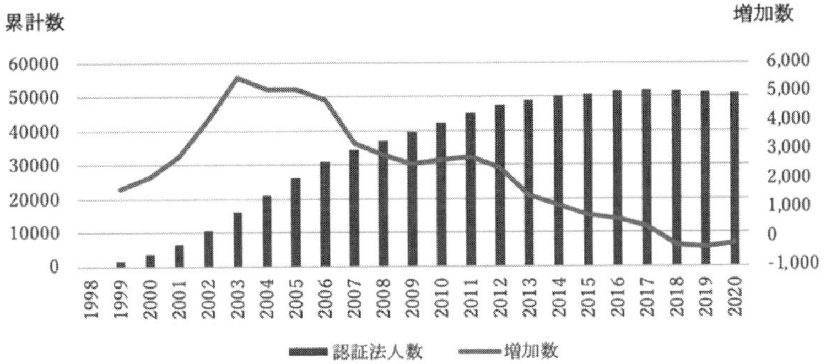

出所：内閣府 NPO ホームページ「特定非営利活動法人の認定数の推移」より作成。

的問題に対して，慈善活動としてではなく，ビジネスとして対応していく事業
体のことを指している。ソーシャルビジネスの組織形態は多様であるが，中核
をなしているのは，社会志向型企業と事業型 NPO である。社会志向型企業は，
企業形態をとりながら，営利を第一義的な目的としておらず，社会的課題の解
決を事業活動のミッションとしている。事業型 NPO は，従来の慈善型 NPO の
活動を超えて，市場を通して有料・有償の商品やサービスを提供している[30]。

　ソーシャルビジネスは欧米では政府や従来の慈善型 NPO の限界を克服する
存在として 1980 年代以降注目を浴びている。日本では，1998 年の特定非営
利活動促進法（NPO 法）の施行をきっかけに，ソーシャルビジネスの動きが
始まった。背景には 1995 年の阪神淡路大震災におけるボランティア活動を促
進する狙いがある。ボランティア団体に法人格を付与することで，団体に対す
る信頼性が高まり，法人の名で取引もでき，特定非営利活動が促進されるよう
になる[31]。

　図表 14-2 で示されたように，2000 年代に入ると，認証 NPO 法人が急増し

---

30) 同上，3 ～ 4 頁；土肥将敦「『ソーシャル・ビジネス』概念の形成と課題—英国 BigIssue のスト
　リート・ペーパー事業を中心に—」『一橋論叢』第 132 巻第 5 号，2004 年，186 ～ 187 頁。
31) 同上；内閣府 NPO ホームページ，https://www.npo-homepage.go.jp/about，2021 年 1 月 30
　日アクセス。

はじめた。2020年時点では，その数は 51,041 に達した。そのうち，事業型
NPO も数多く含まれている。実際に認定を受けていない NPO 法人の収益構
造を見ると，8 割以上は事業収益によるものであり，寄付金と補助金・助成金
の割合は 15％以下となっている[32]。また，社会志向型企業も 2000 年代後半
になってから増加し，2008 年時点では約 8,000 社の企業数が 2015 年に約 20
万 5,000 社まで増加している[33]。

　こうした「社会性」，「事業性」，「革新性」を持ち合わせたソーシャルビジネ
スの担い手はほかでもなく，消費者市民から発生し成長した起業家である。つ
まり，消費者は買手として，消費者問題だけに注目するのではなく，生活者そ
して市民としてビジネスを立ち上げて，今日における社会的問題の解決に立ち
上がったのである。そして，自らビジネスを立ち上げることで，流通過程のみ
でなく，生産過程まで参入している。資本主義の社会における消費者問題の根
源は，消費者が生産から疎外しているところにある[34]。ソーシャルビジネス
によって，消費者は消費者であると同時に，本来の生産者としての側面も取り
戻すことで，消費者問題の根本的な解決が可能となる。ソーシャルビジネスに
おいて，消費者市民は消費者問題のみならず，幅広い社会的問題に注目してい
る点，そして，流通過程および生産過程に踏み込んでいる点を考えると，従来
の消費者運動より前進したといえる。

　今日における様々な社会的問題の解決に対して，ソーシャルビジネスの意義
や役割は大きい。ただし，過大に評価してはいけない。実際に，ソーシャルビ
ジネスは人材の確保や教育，収入源の多様化など様々な課題を抱えている[35]。
また，格差拡大などの社会的問題の多くは問題解決に必要な条件を持っている
社会の主な勢力，つまり営利企業が本気で取り組まなければ，ソーシャルビジ

---

32) 内閣府『平成 29 年度特定非営利活動法人に関する実際調査報告書』，27 頁。認定を受けた NPO
　 法人は，認定を受けていない NPO 法人と比べて，税制上の優遇措置を受けられる。詳細は内閣府
　 NPO ホームページを参照されたい。
33) 経済産業省『ソーシャルビジネス研究会報告書』2008 年，8 頁；三菱 UFJ リサーチ＆コンサルティ
　 ング株式会社『我が国における社会的企業の活動規模に関する調査報告書』2015 年，1 頁。
34) 森下二次也，前掲書，1997 年，224 〜 225 頁。
35) 内閣府『平成 29 年度特定非営利活動法人に関する実際調査報告書』，10 頁。

ネスはいくら発展しても解決が難しい[36]。

　そこで，現在のソーシャルビジネスに期待できることは，まず，自らの事業を成功させることで，営利企業に社会的課題の解決を事業活動のミッションと考え，行動しても，事業が成り立つことを示すことである。2015 年 9 月の国連サミットで 17 のゴール・169 のターゲットから構成される「持続可能な開発目標（SDGs）」が打ち出された[37]。社会的問題の解決を事業の重要なミッションにすることは，すでに時代の潮流になっているといっても過言ではない。実際に，営利企業や政府も SDGs に積極的に取り組みはじめている。ソーシャルビジネスは自身の成功をもって，この流れを加速させることができる。

　また，ソーシャルビジネスに期待できるもう一つ大きな役割は，人々の意識を変革することである[38]。ソーシャルビジネスを展開する際に，一般に地域と連携し，次第に地域の人々に強く信頼されるようになる。ソーシャルビジネスを成功させることは，地域の人々も利益中心でない新しい社会の可能性が信じられるようになる。したがって，新しいビジネス手法を用いて，社会的問題の解決に立ち上がる消費者市民の起業家はより多く現れると期待できる。

---

36) 小西一彦「関西におけるソーシャルビジネスの展開」，鈴木克也編著『ソーシャル・エコノミーの構図－ソーシャルビジネスを核として－』エコハ出版，2018 年，233 頁。
37) 外務省「JAPAN SDGs Action Platform」https://www.mofa.go.jp/mofaj/gaiko/oda/sdgs/about/index.html，2021 年 1 月 30 日アクセス。
38) 小西一彦，前掲書，2018 年，207 ～ 235 頁。

第 15 章　消費者行動

第 1 節　消費者と流通の関係

コンビニエンスストア（以下，コンビニ）が当たり前に存在する現代では，朝早くであっても，深夜であっても，気軽にお弁当やお菓子などを購入することができる。また，インターネットの発展やスマートフォンの普及によって，通信販売を行う企業がより身近な存在となっている。こうしたことを踏まえると，消費者である我々にとって，コンビニやインターネット，スマートフォンが存在する前と比べて，現代は製品・サービスを手に取りやすい流通環境があるといえる。

　本章では，このような消費者と流通の関係について考える。次節では，消費者行動の基本的枠組みについて説明を行う。その上で，消費者行動において重要な考え方である購買意思決定プロセスについて解説を行う。

第 2 節　消費者行動の基本的枠組み

消費者行動（consumer behavior）とは　体どのようなものなのだろうか。消費者行動は「消費者が製品やサービスなどを取得，消費，処分する際に従事する諸活動（意思決定を含む）」と定義がなされている[1]。こうした消費者行動は，①消費行動，②購買行動，③買物行動，④使用行動に分類することができる（図表 15-1）。

---

1)　青木幸弘「消費者行動とマーケティング」，青木幸弘・新倉貴史・佐々木壮太朗・松下光司編著『消費者行動論』有斐閣アルマ，2012 年，10 頁。

図表 15-1：消費者行動の分類

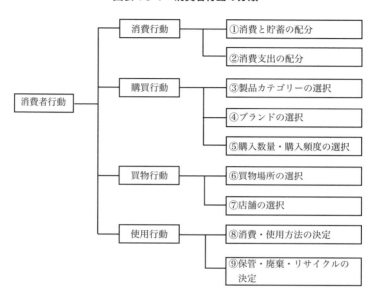

出所：井関利明「消費者行動」富永健一編『経済社会学』(社会学講座 8) 東京大学出版会，1974 年，46 頁，三浦俊彦「消費者行動」及川良治編『マーケティング通論』中央大学出版，1992 年，49 頁，杉本徹雄「消費者行動とマーケティング」杉本徹雄編『新・消費者理解のための心理学』福村出版，2012 年，14 頁，青木幸弘「消費者行動の分析フレーム」青木幸弘・新倉貴士・佐々木壮太朗・松下光司編著『消費者行動論』有斐閣アルマ，2012 年，31 頁を一部変更して作成。

1. 消費行動

　われわれ消費者は，消費のみを行って生活をしているのではなく，労働や余暇活動も行っている。そして，労働によって得られた所得から生活に必要な製品・サービスを取捨選択しながら生きている。

　消費行動には，①消費と貯蓄の配分，②消費支出の配分が含まれる。こうした事柄は，経済学で従来扱われてきたものである。

　消費と貯蓄の配分では，現時点で充足したいニーズのために消費を行ったり，将来充足したいニーズのために貯蓄を行ったりする。例えば，1 人暮らしをし

ている消費者であれば，住居費，食費，被服・理容費，水道代，電気代，ガス代，通信費などの生活のために消費を行う一方，老後のことを考えて貯蓄を行うかもしれない。

　消費支出の配分とは，こうした消費の内訳をどのようにするのか，ということである。例えば，仕事を優先する 1 人暮らしの男性であれば，職場に近いところに住むために割高な家賃のマンションを借りたり，自炊する時間を節約するために外食をしたり，惣菜や弁当などの中食を利用することは十分に考えられる。

2.　購買行動

　購買行動は，消費者行動の中で，具体的な形での製品・サービスを手に入れることに関わるレベルである。購買行動には，③製品カテゴリーの選択，④ブランドの選択，⑤購入量・購入頻度の選択が含まれる。こうした事柄は，マーケティング論や消費者行動論などによって扱われてきたものである。

　最初の選択レベルは，製品カテゴリーの選択である。これは，呼び起こされたニーズの充足ないし問題解決の手段として，どのような製品カテゴリーが選ばれるかということである。例えば，小腹が空いた時に，お菓子を購入してお腹を満たすことを考えてみよう。具体的には，ポテトチップスにするのか，チョコレートにするのかといったレベルでの選択があてはまる。

　ブランドの選択は，製品カテゴリーの選択の次に生じるものである。一般的に，ある製品カテゴリーの中には，競合となるブランドが複数存在することが通常であり，それぞれのブランドがライバルに対して差別化を図っている。例えば，ポテトチップスという製品カテゴリーであれば，カルビーのポテトチップス，湖池屋のカラムーチョなどのブランドが選択肢として挙がるであろう。また，チョコレートという製品カテゴリーであれば，ロッテのガーナ，森永製菓の小枝などのブランドが候補に挙がるであろう。

　そのような際，ブランドの選択だけでなく，購入数量や購入頻度の選択も重要である。例えば，食料品をはじめとした購入頻度の高い製品については当面において必要な分のみを購入したり，1 度にまとめ買いをしたりする，といっ

た購入数量・購入頻度の選択の問題がある。

　こうした製品カテゴリーの選択，ブランドの選択，購入数量や購入頻度の選択には，マーケティングや流通が影響を及ぼしている。つまり，製品の販売が終了したり，製品が棚に並ばなくなったり，新製品が投入されるなど，企業側のマーケティングないし流通によって購買行動は影響が及ぼされているということである。

　また，購買行動には，製品カテゴリーの選択，ブランドの選択，購入量・購入頻度の選択など，様々なレベルの意思決定が含まれる。こうした意思決定の問題のうち，購買意思決定プロセスについては次節で詳しくみていく。

3.　買物行動

　買物行動には，⑥買物場所の選択，⑦店舗の選択を含む。買物行動には，実際に店舗に出向く行動や無店舗販売を利用したホームショッピングなども含まれる。こうした事柄は，流通論と強い関わりのあるものである。

　買物場所の選択とは，製品やブランドを入手する方法を決定することである。通常，製品を入手するためには，実店舗に出向くか，あるいは，通信販売を利用するかといった方法を行うことになる。いずれにせよ，「どこで」を重視した消費者行動分析といえる。

　店舗の選択は，購入場所の選択と関連する。例えば，マフラーを購入する際に，東京で購入するのか，横浜で購入するのか，といった都市の選択から始まる。次に，東京で購入する場合，新宿に行くのか，渋谷に行くのか，といった商業集積の選択が続くことになる。そして，新宿に行く場合，伊勢丹で選ぶのか，高島屋で選ぶのか，といった店舗の選択がある。伊勢丹で選ぶ場合，マフラーを購入するのが，ポールスミスなのか，バーバリーなのか，といった売り場の選択がある。

4.　使用行動

　消費者行動は，製品・サービスを購買して終了するわけではない。それらを

実際に消費および使用した後で，最後に保管したり，廃棄したり，リサイクルをする。使用行動には，⑧消費・使用方法の決定，⑨保管・廃棄・リサイクルの決定を含む。

消費・使用方法の決定とは，実際に製品を消費したり，使用したりするということである。製品の消費・使用のされ方が，商品開発や改善の際に影響を及ぼすことがある。例えば，企業は消費者が実際に消費・使用経験による生の声や不満を参考にすることがあてはまる。

保管・廃棄・リサイクルの決定は，従来消費者行動論においてあまり扱われていなかった問題である。しかしながら，大量生産・大量消費・大量廃棄型の社会に代わるものとして提示されており，現代は循環型社会と呼ばれており，重要となっている問題といえる。実際，購買をする際，捨てにくいものよりも捨てやすいもの・再利用しやすいものを選択の基準とすることがある。

第 3 節　購買意思決定プロセス

前節で取り上げた購買行動は，様々なレベルの意思決定（製品カテゴリーの選択，ブランドの選択，購入量・購入頻度の選択など）を含むことについて言及した。こうした意思決定については，消費者行動の定義に含まれているように非常に重要な視点といえる。

ところで，意思決定とは，どのようなものであるのだろうか。意思決定とは，「複数の選択肢の中から 1 つ選ぶこと」とされている [2]。そして，購買行動を意思決定として捉えた場合，それは一時点の「購買行為」だけでなく，その前後に行われる様々な活動も含めて，一連の「プロセス」として捉える必要がある [3]。

一般的に，購買意思決定プロセスは，①問題認識，②情報探索，③代替案評価，④選択・購買，⑤購買後評価という 5 つの段階に分けて捉える。

---

2)　都築誉史「判断と意思決定」，箱田裕司・都築誉史・川畑秀明・萩原滋『認知心理学』有斐閣，2010 年，282 頁。
3)　青木幸弘「消費者行動の分析フレームワーク」，青木幸弘・新倉貴史・佐々木壮太朗・松下光司編著『消費者行動論』有斐閣アルマ，2012 年，31 頁。

1. 問題認識

はじめに，問題認識とは，消費者が解決すべき問題を認識することによって始まる段階のことである。消費者の理想とする状態と現実の状態との間のギャップの程度が閾値以下である場合，問題を認識しない。一方で，消費者の理想とする状態と現実の状態との間のギャップの程度が閾値以上である場合，問題を認識する。このような問題認識には2つのタイプのものがあるとされている。1つ目は，理想の状態が更に高まることによって生じる問題認識である。例えば，友人が流行のファッションを身にまとっているのをみて，自分が所有しているファッションでは十分に満足ができなくなった状態に陥り，新たな衣服を購入することが挙げられる。2つ目は，現実の状態が低下し，理想の状態とかけ離れることによって生じる問題認識である。例えば，視力が落ちた状態があてはまる。視力を矯正するためにメガネやコンタクトを購入しようとしたり，手術をしようとしたりすることが挙げられる。

2. 情報探索

情報探索では，消費者が選択・購買に先立ち，いくつかの選択肢（代替案とも呼ばれる）に関する様々な情報を積極的に探索して収集を行う。情報探索には，2つのものがあるとされている。1つは，購買することを意識した「購買前の能動的な情報探索」である。例えば，寒さを感じる季節になり，マフラーを購入しようと，ポールスミスのオフィシャルサイトでどのようなマフラーがあるかを調べてみたり，店舗内で肌触りを確かめてみたりすることがあてはまる。もう1つは，購買することを意識しない継続的な購買環境に関する「受動的な情報取得」である。例えば，以前マフラーを購入したが，それから新製品が出ていないかどうかを確認するためにオフィシャルサイトを閲覧したり，実際の店舗で確認をしたりするということである。以降では，情報探索といった場合，「購買前の能動的な情報探索」を指すこととする。

消費者が情報探索をする際，まず内部探索を行う。「内部探索」とは，消費者が過去の購買経験などを通して形成された記憶の中から関連した情報を再生

するといった情報探索である。内部探索で充分といった判断がなされた場合，次の意思決定へ進む。一方で，内部探索で充分でないと判断がなされた場合，外部探索を実行することになる。「外部探索」とは，インターネット，家族・友人，店員，新聞・雑誌，テレビ，広告など，自分以外の様々な情報源から情報探索をするものである。

3.　代替案評価

　代替案評価では，消費者が積極的に探索して収集した情報を用いて，自らの評価基準に照らして代替案を比較・評価する。消費者は，代替案を比較・評価する際に，経験則をもとに情報処理を簡略化してしまうやり方であるヒューリスティクスを用いる。これは，食品や日用品といった頻度の高い購買や，ある特定の製品カテゴリーにおけるお決まりの選び方のことである。例えば，いつものビールを選んだり，半額の時のみに冷凍食品を買うことがあてはまる。

　代替案評価に関する意思決定は，製品・ブランドにおいて何かしらの属性で劣っている選択肢をどのように取り扱うかという視点から「非補償型意思決定ルール」と「償型意思決定ルール」に分類することが可能である。

　「非補償型意思決定ルール」とは，製品・ブランドにおいて重要な属性が劣っていれば，他の優れた属性があっても補償されないと考えるルールである。また，「補償型意思決定ルール」とは，製品やブランドにおいて何かしら劣っている属性がある場合でも，他の優れた属性によって補償できると考えるルールである。

4.　選択・購買

　選択・購買では，消費者が代替案を購買することについての確からしさに従って選択肢を選択し，購買をする。店舗内における購買意思決定では，入店前に何らかの購買に関する計画がある場合，「計画購買」と呼ばれ，何らかの購買に関する計画がない場合，「非計画購買」と呼ばれる。このような計画購買お

よび非計画購買について詳細な分類がなされている⁴⁾。まず，「計画購買」を次のように3つに分けている。

狭義の計画購買：来店前にはブランドレベルでの購入を予定しているが，当該ブランドを購買するものである。例えば，チョコを買おうとした際，事前にロッテのガーナを買おうと思った上で，実際にコンビニでそれを買うということである。

ブランド選択：来店前には商品レベルでの購入を予定しているが，店舗内での意思決定の結果として特定のブランドを選択するものである。例えば，チョコを買いにコンビニに行き，そこにあったガーナを買うということである。

ブランド変更：来店前に特定のブランドの購入を予定していたが，店舗内での意思決定の結果として予定とは異なるブランドを購入するものである。例えば，ガーナのチョコを買おうと思ってお店に行ったが，新しい製品が出ていたためにロッテのクランキーを買うということである。

　また，「非計画購買」については，次のように4つに分けている。

想 起 購 買：家でのストックがなくなっていることや，店舗内で商品や広告をみたり，過去の購買・使用経験を思い起こして購入をしたりする場合である。例えば，スーパーの来店時には忘れていたために潜在化していたティッシュペーパーの必要性が商品自体やPOPなどを目にすることによって活性化されてティッシュペーパーの購買に至るというものである。

関 連 購 買：購入された他の商品との関連性から店舗内でその必要性が認識され商品を購入するというものである。例えば，コンビニでコンビニコーヒーを買った際に，パンやお菓子を購入するということである。

4）　青木幸弘「店頭研究の展開方向と店舗内購買行動分析」，田島義博・青木幸弘『店頭研究と消費者行動分析—店舗内購買行動分析とその周辺』誠文堂新光社，1989，72～73頁。

条 件 購 買：来店時には明確な購買意図はもっていないが，特定の商品に対
　　　　　　する必要性を頭に描きつつ，価格やその他の条件が整えば購入
　　　　　　しようとするものである。例えば，スーパーで夕食の買物をし
　　　　　　ている時に，冷凍食品が安くなっており，冷凍うどんのストッ
　　　　　　クがなくなりそうであったために購入をするということであ
　　　　　　る。
衝 動 購 買：非計画購買のなかで上記の３つの累計のいずれにも属さない
　　　　　　ものである。商品の新奇性に起因する購買や真に衝動的な購買
　　　　　　などが該当する。

5.　購買後評価

　消費者は，選択・購買したブランドを消費ないし使用し，事後的な購買後の
評価を行う。選択・購入した代替案を消費・使用した結果に関する評価は，満
足・不満足という形で次回の購買機会にフィードバックされる。

第4節　消費者と流通のこれから

　この章では，消費者行動の基本的枠組みおよび購買意思決定プロセスについ
てページを割いてきた。インターネットの発展，スマートフォン，タブレット
の普及によって，流通はこのような消費者の行動も変化させている。近年，ス
マートフォンから誰でも簡単に商品を購買したり，販売したりするフリマアプ
リが登場している。例えば，子持ちで共働きの主婦について考えてみよう。彼
女は念願であった男の子が一年前に生まれ，育児をしながら週４日仕事をし
ている。ちょっとした隙間時間にメルカリで男の子のために子供服を買ったり，
出産前に使っていたものや夫の衣類を売ったりすることが最近のマイブームで
ある。ある時，着替えをさせるのが簡単なものをあまりもっていないことに気
づき，プルオーバーをメルカリで探すこととした。その際，子供服として人気
なブランドであるミキハウスのプルオーバーを買うことにした。これは，子供

が成長して着なくなった後に高値で売ることを想定したための行動である。

　このような事例から，一体何がいえるのであろうか。消費者と流通の側面から考えてみると，現在の購買意思決定プロセスが次回の購買意思決定プロセスに影響を与えることが挙げられる。こうした事柄は，消費者行動の分類のうち，使用行動における処分の方法としてフリマアプリを使ってリセールを行うことがあたる。個人で販売や購買が可能な流通環境が整ったことで，今まで使用していて不要になったものを販売し，その売り上げをもとに次回の購買を行うということである。このように，流通は消費者の行動を変化させているといえるだろう。

第 16 章　政策と流通

第 1 節　政策とは

　ニュースを見る人であれば，マイナス金利という言葉を聞いたことがあるで
あろう。このマイナス金利は，日本政府が日本銀行を通じて打ち出した金融政
策の 1 つである。政府はこの金融政策を通じて，お金を借りやすい状態を作
り出し，借りた人の投資や消費を通じて，日本経済の活性化を図ろうとしてい
る。このように政策は，主体（日本政府）と対象（金融市場），目標（お金を借
りやすい状態），およびその目標を達成するための論理を反映した中身（マイナ
ス金利）によって構成される。

　ここで，「目標」はお金を借りやすくするのではなく，日本経済の活性化で
はないのかと思う人もいるであろう。一般的な政府であれば，策定したすべて
の政策はどんな道筋をたどるにしろ，最終的には国民生活の向上・維持につな
がっていくのが通常である。ただし，それはどんな政策を通じて達成するかは
いろいろな方法がある。例えば，前記のようにお金を借りやすくする金融政策
を通じて，借りた人の投資と消費によって経済を活性化させ，最終的には国民
生活の向上・維持を達成させるという方法もあれば，財政政策のうちの公共投
資を通じて経済の活性化と国民生活の向上を図るという方法もある。

　このように，政府は経済の活性化や国民生活の向上・維持という「(最終)目標」
を達成するために，そうなるきっかけを政策通じて作り出すのである。本章で
は混乱を避けるために，政府の政策を通じて達成したい「(最終) 目標」を目
的と呼び，ある政策によって引き起こしたい状態(目的を達成するためのきっかけ)
を目標と呼ぶ。つまり，政策とはある公共主体がある状態に達するために使用

する方法である。

　ただしここで留意すべき点は，同じ目標を達成したいときでも，その目標を達成するための論理が異なれば，具体的な政策の中身も異なる。例えば，前述したお金を借りやすくする状態・目標にするためのマイナス金利という政策がある。だが，同じ目標を達成するには，日本銀行が民間銀行から国債や債券を購入し，彼らの現金所有量を増やす量的緩和政策を通じても達成出来る。このように政策を通じてある状態にする道筋は，1つではないのである。

第2節　流通の振興政策

　流通政策とは，流通機構を対象にした公共政策である。その立案者は政府か地方公共団体である。政策の目標を基準に分類すれば，大きく3つに分けることが出来る。1つ目は，流通の振興政策である。2つ目は，自由競争に任せた弊害の防止と，中小商業者の育成に必要な時間稼ぎをするための調整政策である。3つ目は，流通機構内の競争や公正な取引方法を維持するための競争政策である。流通の調整政策と競争政策は次節以後に検討し，本節では流通の振興政策について説明する[1]。

1.　振興政策の目的

　流通の振興政策は，中小小売商と中小卸売商の育成政策によって構成されているが，両者を育成していく目的は共通している。中小商業者は，大規模商業者と比べて，資本力が弱く，経営ノウハウも遅れていることが多い。そのため，不景気に影響されやすく，大企業との競争でもしばしば劣位になることが多い。大規模商業者に対する中小商業者のこうした不利を緩和させるために，政策を通じて中小商業者を育成・振興すべきだというのが流通の振興政策である。

　しかし人によっては，それなら不景気に強く，効率の良い大企業による業務

---

1)　本節は石原武政・加藤司編著『日本の流通政策』中央経済社，2009年；渡辺達朗『流通政策入門 第3版』中央経済社，2011年を参考にして作成した。

提供のみで良いのではないかと主張する。だが，こうした主張は，中小商業者がもつ下記 3 つの側面を見逃している可能性が高い。

1 つ目は，多くの雇用が中小規模の商業者によって提供されている事実である。平成 26 年（2014 年）の商業統計によれば，全小売従業者のうち，9 割弱（1,025万人強）の労働者は，従業員人数が 50 人以下の中小小売商によって雇用されている。そして全卸売従業者のうち，8 割弱（218 万人強）は従業員人数が 100 人以下の中小卸売商によって雇用されている[2]。言い換えれば，中小小売商と中小卸売商をちゃんと育成できなければ，多くの労働者とその家族が低い生活レベルに強いられるか，下手すると路頭に迷わせるかということになる。

2 つ目は，大企業では難しい小回りの効いた経営である。ほとんどの大規模商業者は全国共通の戦略を策定し，バイングパワーを獲得するために本部一括購買のシステムを採用している。こうした大規模商業者による戦略策定や一括購買は，各地域の特性をきめ細かく踏まえることが難しい。

例えば，イオンであれば全国のどこの店に入っても，その店に入っているテナントや棚に置いてある商品は，似たり寄ったりする。その理由は規模や学習の経済性を発揮させるには全国平均という基準でテナントや商品を揃えざるを得ないからである。しかし中小小売商は，もともと地域を限定して商売をしているため，大規模小売商よりきめ細かく地域の特徴やニーズに応えやすい。

こうした小回りの効いた経営はテナントや品揃えの面でのみ発揮するのではなく，地域の特徴を生かした街づくりにも発揮される。小回りの効いた経営ができる特性を踏まえると，より地域住民の生活向上を目指すなら，中小商業者の育成はやはり避けては通れないのである。

3 つ目は，どんな大企業でも中小企業から成長した事実である。企業にも生命があり，どんな大企業でもいつか幕を閉じるときがくる。そしてどんな大企業でも中小企業から成長するという道理を理解していれば，中小企業の育成は必要不可欠だということに気が付く。

---

[2]　経済産業省 HP「平成 26 年商業統計確報」，https://www.meti.go.jp/statistics/tyo/syougyo/result-2/h26/index-kakuho.html，2021 年 2 月 13 日にアクセスし算出した。

これは商業の世界でも同じるである。いまこそ日本一の小売商となったイオンも三重の四日市市にある小さな呉服屋からスタートした。そして同じく日本の小売業を代表するイトーヨーカ堂やかつて日本一の小売商であったダイエーなどの大規模小売商もその例外ではない。

こうした中小商業者が世の中に対して果たす役割とその相対的な衰弱性があるため，中小商業者を育成する政策が必要だと考えられている。

2. 中小小売商の育成政策

戦後間もない時期の中小小売商に対する政策は，中小企業政策のなかで実施されてきた。これらの政策的特徴はどうやって育成をするかではなく，どのように保護するかに重点が置かれていた。

こうした保護的観点からの政策策定が育成的観点に転換したのは，1962年のときである。1962年に通商産業省は，産業合理化審議会の流通部会で流通政策についての議論を始めた。そこでは，日本全体の経済発展にとって流通機構の生産性向上や流通活動の機能高度化が不可欠だという結論が出された。そしてこうした結論に合わせて，1960年代中盤以後の中小小売商に対する政策は，商店街活性化，店舗の共同化，ボランタリー・チェーンへの組織化に繋がる事業への育成政策[3] に変わった。

これらの育成政策の1つ目の目的は，政策の支援を通じて中小小売商が集まっている商店街にスーパーマーケットや百貨店のような良い買物環境を作らせようとしていた。例えば，気持ちよく買物ができるように店舗ファサードの整備や商店街アーケードの整備への支援，あるいは買物の便利をもたらすワンストップショッピングに繋がる店舗の共同化事業への支援などがそうである。

そしてもう1つの目的は，スーパーマーケットに効率性をもたらしたチェーンストア経営のシステムを中小小売商にも導入することである。例えば，同業

---

3) 政府が実施した政策支援は大きく3つに分けることができる。1つ目は診断指導や人材育成等のソフト面から支援である。2つ目は何かの事業を実施する際の費用支援である。3つ目は指定された事業を実施した事業所に対する税制面の支援措置である（渡辺達朗，前掲書，138〜139頁）。

種の中小小売商が共同で仕入れや保管・配送，販売促進などの活動を実施する
ボランタリー・チェーン組織化への政策的支援がそうである。

　こうした政策は 1980 年代まで続いた。その後は反省点を踏まえて，街づく
り政策の中に取り入れられた。なお，街づくり政策のなかでどのように取り入
れられたかについては，次節で述べる。

3.　中小卸売商の育成政策

　日本の中小卸売商に対する育成政策は，1960 年代前半から始まった都心問
屋街の郊外移転，すなわち卸売業団地化政策に集約することが出来る。

　戦後間もない時期の卸売商は，小売業者が商品の買い付けがしやすい都心に
店舗を構えていた。そして処理できる商品情報や物流の限界と，当時流通系列
化が進められていたことと重なって，１つの中小卸売商が扱える品揃え数は有
限であった。そのため，複数の卸売商が集まって問屋街を形成していた。

　問屋街は日本経済の成長に伴って，扱う商品量も増えた。当然，商品の受け
入れと小売店への配送のための物流量も増加した。こうした物流量の増加は交
通量の増加を伴うため，周辺地域住民に交通上の不便をもたらした。そして小
売業との顧客層の違いから周辺の小売集積地との調和もとれずにいて，問題と
なっていた。

　さらに地価が高騰したことを受けて，少しでも多くの商品を倉庫に入れよう
としたため手狭になり，しかもその場所も飛び飛びとなっていた。飛び飛びに
なった倉庫は卸売商の効率を下げ，倉庫が手狭になったことで従業員の労働環
境は悪化した。

　こうした問題を解決するために，政府は 1963 年に「中小企業卸売業店舗集
団化助成事業」（卸売業団地化）の政策を打ち出した。政府は助成金と低利融資
を通じて，多くの都心問屋街を郊外卸売業団地へと移動させた。卸売業団地化
政策は都心の交通問題や卸売業の倉庫に起因する非効率化などの問題を解決さ
せた。

　上記のような中小卸売商に対するハード面の育成政策はある程度成功したか

もしれないが，中小卸売業が大規模卸売業に対抗させるためのソフト面（連鎖化事業や共同事業の推進など）の育成政策がほとんど機能しなかったため，中小卸売商はかなり減少した。

第3節　流通の調整政策

1.　調整政策の目的

　流通の調整政策は，前節で述べたように中小商業者を育成するための時間稼ぎの一面があるほかに，自由競争に任せた弊害を防止するための一面も持っている。

　流通の調整政策は中小商業者，とりわけ中小小売商を保護する性格が強い。その原因は，前節で述べた中小商業者の役割と中小商業者が大規模商業者に対しての競争劣位にある。そのため，調整政策の目的の1つは，中小商業者を育成するための時間稼ぎである。

　調整政策のもう1つの目的は，自由競争に任せてしまうと都市機能の破壊や余分の社会的コストの増加，および地域の特性を失わせてしまう可能性を防止することにある。なぜ自由競争に任せるとこのようなことが起きてしまうだろうか。

　資本主義のもとでは，企業は資本の拡大再生産を最重要視する傾向がある。資本の拡大再生産を成功させるためには，利益を出す必要がある。そのため，小売商は利益に繋がるところに店舗を構えようとする。こうした小売商の立地活動は，結果として元来ある都市機能を破壊し，社会的コストの増加をもたらす可能性がある。

　例えば，郊外に大型ショッピングセンターを立てることによって，都心（まち）にある中心商店街の売上が下がり，結果としてシャッター商店街になってしまう。そこで生活する人の買物の不便を増加させることが都市機能の破壊の1例である。あるいは郊外型ショッピングセンターの新設によって，そこへの交通アクセスが増え，道路などの新設が必要になったり，あるいはその分のメ

ンテナス費用が増えたりすることがある。こうした費用の増加が社会的コストの増加という[4]。

　こうした都市機能の破壊と社会的コストの増加を防ぐことは，調整政策のもう 1 つの目的である。

2.　歪められた大店法

　大規模小売店舗法[5]（以後，大店法と略す）の本来の役割は，「中小小売商を育成するための時間稼ぎ[6]」でなければならない。しかし，一方の中小小売商の育成政策が思ったように成果を出せなかったため，大店法は結果として百貨店法と同じく「消費者利益を放置し，育成を伴わないただの中小小売商の保護法案」となってしまっていた。

　大店法は百貨店法の性格を多く引き継いていたため，百貨店法から簡単に説明する。戦前，日本政府は中小小売商の近代化を進めたいため，近代的な百貨店を積極的に規制しようとしなかった。だが，中小小売商が自己保護のために反百貨店運動を展開し世論を味方につけて，政治的色彩の強い百貨店法（1937年）を政府に作らせた。戦後の混乱期が過ぎると再び百貨店の効率的なビジネスモデルに押された中小小売商が再び同じような方法を通じて，政府に第二次百貨店法（1956 年）を作らせた。

　しかし 1950 年代に入ると百貨店のビジネスモデルよりも効率的なチェーンストア経営のビジネスモデルを導入したスーパーマーケットの台頭により，百貨店法が導入された以後でも中小小売商の苦境は続いた。

　そこで中小小売商は再び政治に訴え，1959 年には百貨店以外の大規模事業者を規制する小売商業調整特別措置法を，1973 年には大店法を成立させたの

---

4)　原田英生『ポスト大店法時代のまちづくり』日本経済新聞社，1999 年。
5)　大規模小売店舗法の正式名称は「大規模小売店舗のおける小売業の事業活動の調整に関する法律」である。
6)　その証拠として，大店法の目的が書かれている第 1 条では「消費者の利益の保護に配慮しつつ，大規模小売店舗における小売業の事業活動を調整することにより，その周辺の中小小売業の事業活動の機会を適正に保護し，小売業の正常な発達を図り，もって国民経済の健全な発展に資すること」と記されている。

である。当然，中小小売商の近代化を図りたい政府は前節で述べたような中小小売商の育成政策も一緒に成立させた。しかし中小小売商の育成政策は，ハード面（店舗ファサードやアーケードの改修など）の改善ばかりが進み，肝心な流通効率に大きな影響力をもつソフト面（ボランタリーチェーン経営や人材育成など）の育成がなかなか進まなかった。

　市場は残酷である。多くの消費者はより買物環境や便の良い，そして安い商品を販売してくれるスーパーマーケットを選択して買物した。そのため，中小小売商の衰退は止まらなかった。

　さらに中小小売商に追い打ちをかけるように，1989年の日米構造協議ではアメリカが中小小売商の保護政策の問題点を強く批判し，その撤廃を強く要求した。こうした批判をかわすために，大店法の運用は緩和方向に向かい，2000年には大規模小売店舗立地法（以後，大店立地法と略す）にとって代わられた。

　本来であれば調整政策は「中小小売商を育成するための時間稼ぎ政策」でなければならない。しかし中小小売商が保護されている間に，自身が育成されようとしない，あるいはただ受動的に育成されていたとしたら，やはり大規模小売商と対抗するまでの力をつけることが難しい。当然，努力し成長しようとした中小小売商もいた。しかしその他多数がそうでなければ，全員合意制を前提にする商店街組合などの組合を通じた近代化を目指す中小小売商はできることに限界があることを否めない。

　このように育成と保護の両輪を上手く回せなかった中小商業者のための流通政策は，失敗に終わったといえよう。

3. 街づくり3法

　前記した中小商業者育成のための流通政策がほぼ失敗に終わったことを受けて，新たに立ち上がった政策が街づくり3法である。

　街づくり3法は，中心市街地活性化法（1998年），大店立地法（2000年），改正都市計画法（1998年）の3法によって構成される。街づくり3法の最大

の特徴は，中小小売商の大規模小売商に対する競争劣位を前提にする，すなわちこれまでの育成と調整政策の考え方ではなく，中小小売商が集積している商店街を地域住民の生活の一部として捉えるようになったところにある。

　言い換えれば，中小小売商を結果としてただ救済するという政策になってしまうことを防ぐために，地域のなかで中小小売商はどのような役割を持つべきかという考え方へと変化したのである。当然，その目標も中小小売商を育成することではなく，地域住民の視点からみて自由競争に任せた弊害を防止するに変わったのである。

　ここで注意すべき点は，街づくり３法は中小小売商の育成がもはや必要ないと考えているのではなく，特徴のある街づくりをするために尽力してくれる中小小売商を育成しようという考えに変わったのである。

　このような考え方は，何も街づくり３法のなかでいきなり出てきたものでなく，産業構造審議会によって出された「80 年代の流通産業ビジョン」のなかで登場し，「90 年代流通産業ビジョン」には流通業の課題の１つへと昇格され，そして街づくり３法ではその中心を担うようになったのである。

　紙幅の関係上，街づくり３法を詳細に説明することができないが，ここでは簡単な特徴紹介に止めたい[7]。

　中心市街地活性化法では，中心市街地を商業や業務，居住などの機能が集まっており，文化や伝統を育む「まちの顔」として捉えている。こうした考えのもとで，中小小売商のみでなく，その地域の中心市街地の活性化に繋がる，あるいは必要不可欠な事業は，すべて支援対象となりえるようになったのである。

　大店立地法では，中小小売商を「保護」する考えで出発した大店法とは異なって，立地する大規模店が地域住民にとって必要か，そして立地することによって周辺住民への悪影響（騒音や交通渋滞，および街並みとの調和性など）はないのかを検討し，これらの影響を減少・防止するための法律である。

　改正都市計画法は，その地域の土地をどのように利用するべきかの区画計画

---

7)　街づくり３法の詳細は石原武政・加藤司編著，前掲書を参照されたい。

に関する法律である。改正された後のこの法律の最大の特徴は，地域住民の意向に詳しい市町村が決定できる都市計画の範囲が拡大されたことにある。

　街づくり3法は，これまでの中小小売商をただ「保護」することになってしまった政策より，はるかに完成度は良い。しかしその成果はいまいちであった。地方にあるほとんどの商店街はシャッター店舗が増え，そして街の特徴を生かしたような中心市街地になっていないのである。その原因はおそらく地域住民による街づくりへの参与をしていない，あるいは参与できないところにあるであろう。こちらは本論の趣旨から外れるため，割愛する[8]。

第4節　流通の競争政策

1.　競争政策の目的

　流通の競争政策は，「独占禁止法」とそれを補完する「下請法」によって構成されている。両法律の目的は，ともに公正かつ自由な競争を促すことであるため，本章では，両法律を一括して独占禁止法と呼ぶ。

　独占禁止法は公正取引委員会によって運用されている。公正取引委員会によれば，「独占禁止法の目的は，公正かつ自由な競争を促進し，事業者が自主的な判断で自由に活動できるようにすることです。市場メカニズムが正しく機能していれば，事業者は，自らの創意工夫によって，より安くて優れた商品を提供して売上高を伸ばそうとしますし，消費者は，ニーズに合った商品を選択することができ，事業者間の競争によって，消費者の利益が確保されることになります」[9]と説明している。

　つまり流通の競争政策は，独占禁止法を通じて流通機構内の競争と公正な取引方法を維持させることが目標である。そうした目標が達成されると，事業者は競争に対応するために創意工夫を働かせ，やがてはその創意工夫が国民（消

---

8)　アメリカの街づくりの成功事例を通じて，日本の街づくりの不足点について言及していた原田英生，前掲書を参照されたい。

9)　公正取引委員会 HP「独占禁止法の概要」，https://www.jftc.go.jp/dk/dkgaiyo/gaiyo.html，2021 年 2 月 11 日アクセス。

費者）に利益をもたらすと政府は考え，それを競争政策の目的にしている。

2.　独占禁止法とは

　日本が侵略戦争を引き起こした一因は，財閥による経済独占にあると考えた米国占領軍は，財閥の解体を目的に独占禁止法を日本に導入した。現在では競争を維持・促進するための政策として存在している。

　独占禁止法は，競争相手を市場から排除したり（私的独占），複数企業によるカルテル（不当な取引）や契約にない役務の要求（不公正な取引方法）などの競争を阻害する行動を禁止している。そして競争をしなくてもよい状態を規制（独占的状態の規制，企業結合の規制，事業者団体の規制）する。

　独占禁止法の施行は 1947 年からであったが，冷戦の開始と経済復興を優先したい日本政府の思惑のもとで，本格的な運用は 1973 年の石油危機以後になってからであった。そして流通機構に対して本格的な運用が開始されたのは，1980 年代に入ってからであった。

　流通機構に関わる独占禁止法の違反事件がもっとも多いのは不公正な取引方法である。その原因は再販制度によって作り出された取引慣行と大規模小売業者による優越地位の濫用にある。

3.　再販制度と不公正な取引方法

　前述したように日本の独占禁止法は財閥解体のために，1947 年アメリカによって導入された。その内容は一刻も早く協調体制を作り上げて経済復興を図ろうとしている日本にとっては，厳しすぎるものであった。そのため政府は，いく度の規制緩和策を講じてきた。そのうちの一つが再販売価格維持契約制度（以後，再販制度と略す）である。

　本来の独占禁止法は再販売価格維持に繋がる一切の行為を原則違法としている。しかし当時の日本政府は，過度な価格競争から消費財メーカーを守りたいため，一部の商品を再販制度に適用させた。こうした商品は再販品[10]と呼ばれ

10) 再販品は，独占禁止法自体の規定によって再販売価格維持行為が認められた法定再販品と，公正

ている。再販品を生産するメーカーは，比較的高い収益を維持していた。そしてこれらのメーカーは，獲得した利益を，自らの大量生産を支えるための大量販売に積極的に支出した[11]。この大量販売を確保する方法が流通系列化[12]であった。

当時のメーカーは流通系列化を維持するために，さまざまな取引方法を用いた。例えば，販売地域を制限するテリトリ制と帳合制，競合他社の商品販売を制限する専売制，あるいは自社の商品を中心に扱ってもらうためのリベートや事後調整金などがそうである。流通系列化を維持するこれらの諸取引方法は，流通機構内の競争を制限し，小売価格の安定化をもたらした。

皮肉にも，こうした政策は消費財メーカーが育成された後にも続き，流通機構内の健全な競争と公正な取引を妨害した。そこで公正取引委員会は，指定再販品を大幅に縮小させ，1997年にはすべての指定を解除した。

しかし指定再販品を解除しても，流通系列化を維持する多くの諸取引方法が取引慣行として温存されたままであった。そのため小売価格は硬直化し，流通機構内の公正な競争と取引方法も阻害されたままであった。そこで公正取引委員会は，1978年に公正取引委員長の私的諮問機関として独占禁止法研究会を設置し，『流通系列化に関する独占禁止法上の取扱い』（1980年）と題する報告書を提出させ，この報告書をもとに不公正な取引方法に関する「一般指定」を1982年に改定した。

この改定された「一般指定」で取り上げられた行為類型は，共同の取引拒絶，差別対価，不当廉売，欺瞞的顧客誘引，抱き合わせ販売，排他的条件付き取引，優越的地位の濫用などの16項目に及んだ。このうちの共同の取引拒絶と再販

取委員会に指定された指定再販品によって構成される。法定再販品は書籍，雑誌，新聞などの「著作物」が含まれる。指定再販品は，1953年に化粧品，染毛料，家庭用石鹸，歯磨き，1954年に雑酒，キャラメル，医薬品，1955年にカメラ，1959年にワイシャツが指定された（渡辺達朗，前掲書，86頁）。

11) 大量生産を支えるための大量販売に積極的に支出した理由は，当時の日本メーカーが生産規模と累積生産量が多ければ生産コストを下げられると考えていたためである。

12) 流通系列化とは，メーカーや流通業者が自らの商品の販売について，販売業者の協力を確保し，その販売について自己の政策実現できるよう販売業者を掌握し，組織化する一連の行為である（石原武政・加藤司編著，前掲書，49頁）。

行為は原則違法で，その他の行為類型は「合理の原則」，すなわち公正競争阻害性の有無で違法性を判断することになった[13]。

　しかしこうした取引慣行を改めるには不十分だと日米構造協議時のアメリカに非難され，1989 年公正取引委員会は，より厳しい「流通・取引慣行に関する独占禁止法上の指針」を作成し運用を始めた。公正取引委員会のこうした一連の措置は，流通系列化を解消できたかというと，流通系列化的な行動が減少したとはいえ，依然と残っている現実を踏まえれば，それはまた不十分であると言わざるを得ない。

4.　大規模小売業と不公正な取引方法

　上記までは，メーカーが商業者に対する流通系列化の行動が，競争と公正な取引方法を阻害したため，公正取引委員会はこれらの阻害を取り除くために独占禁止法をいく度改正したと説明した。しかし流通機構内の競争や公正な取引方法を阻害したのは，何もメーカーだけではない。近年では大規模小売業者がバイングパワーを活かし，不公正な取引方法をサプライヤー（主に卸売業者）に押し付ける事件も多く起きている。

　戦後，多くの百貨店は大量販売に支えられた大量購入によって生じる優越地位（＝バイングパワー）を利用して，サプライヤーに対して，不当な返品や事後値引き，販売業務への従業員の派遣要請などの不公正な取引方法を押し付けた事例が多く発生した。公正取引委員会は，1954 年に百貨店業特殊指定を告示し，返品，事後値引き，買たたき，派遣店員，押し付け販売などを不公正な取引方法として指定し禁止した。

　1970 年代頃になると，百貨店に代わってスーパーマーケットが日本小売業のトップランナーとなった。そのスーパーマーケットもバイングパワーを活かして，協賛金や配送センター使用料（センター・フィー）などの新たな不公正な取引方法に繋がる要求をサプライヤーに求めた。そのため，公正取引委員会は 2005 年に「大規模小売業者による納入業者との取引における特定な不公正

13) 石原武政・加藤司編著，前掲書，54 〜 55 頁。

な取引方法」（大規模小売特殊指定）を告示し施行した。その後もいくつかの不公正な取引方法が生まれたが，公正取引委員会は定期的にそれらの行為を禁止のガイドラインに加えていき，流通機構内の競争を担保しようとした。

　ここで留意すべき点は，バイングパワーの行使がすぐにサプライヤーへの不公正な取引方法に繋がる訳ではないということである。そもそも多くの小売企業がチェーンストア経営システムを導入した理由は，本部と店舗の分業を通じて，流通活動の規模と学習の経済性を発揮させることと，より安く商品を仕入れられるバイングパワーの獲得を目的にしていた。こうした流通活動の効率性とより安く商品を仕入れられることで，商品を安く顧客に販売しようとしているのである。

　言い換えれば，チェーンストア経営システムの導入目的は，独占禁止法の最終目的の消費者利益の増進と一致するのである。そのため，バイングパワーを行使して正当な値下げを要求するところには問題はない。問題はバイングパワーを使用して商品の売買契約にない活動を要求するところにある。

　このように流通や流通機構は，生産者，商業者，消費者，流通補助業者のみでなく，政府の政策からも大きな影響を受けており，そして，時代とともに変化しつづけている。

索　引

執筆者紹介（執筆順。＊は編者）

小西一彦（こにし　かずひこ）：第1章・第12章執筆
　　1972年3月　大阪市立大学大学院経営学研究科修士課程終了
　　1975年3月　大阪市立大学大学院経営学研究科博士課程単位取得満期退学
　　1975年4月　兵庫県立神戸商科大学商経学部助手，講師，助教授，教授を経て，
　　2004年4月　兵庫県立大学経営学部教授
　　2005年3月　兵庫県立大学退職
　　2005年4月　追手門学院大学経営学部教授
　　2012年3月　追手門学院大学退職
　　2005年4月　兵庫県立大学名誉教授　現在に至る
　　専　　攻　商業論，流通論，マーケティング論，ベンチャービジネス論

成田景堯＊（なりた　ひろあき）：第2章・第3章・第4章・第5章・第7章・
　　　　　　　　　　　　　　　　　　第16章執筆
　　2008年3月　明治大学大学院商学研究科博士前期課程修了
　　2014年3月　明治大学大学院商学研究科博士後期課程単位取得満期退学
　　2015年4月　松山大学経営学部講師
　　2018年4月　松山大学経営学部准教授　現在に至る
　　専　　攻　商業経営，流通論，小売国際化

秦小紅＊（しん　しょうこう）：第6章・第8章・第9章・第10章・第11章・
　　　　　　　　　　　　　　　　　第13章・第14章執筆
　　2013年3月　明治大学大学院商学研究科博士前期課程修了
　　2018年3月　明治大学大学院経営学研究科博士後期課程修了　博士（経営学）
　　2018年4月　東海学園大学経営学部助教
　　2020年4月　九州産業大学商学部講師　現在に至る
　　専　　攻　流通論，商業経営，小売国際化

芳賀英明（はが　ひであき）：第15章執筆
　　2011年3月　学習院大学大学院経営学研究科博士前期課程修了
　　2015年3月　学習院大学大学院経営学研究科博士後期課程単位取得満期退学
　　2015年4月　東京経営短期大学経営総合学科講師
　　2017年4月　松山大学経営学部准教授　現在に至る
　　専　　攻　消費者行動分析，ブランド戦略

流 通 入 門

2020 年 4 月 10 日　　初版発行
2021 年 4 月 10 日　　増補改訂版発行

編著者：成田景堯・秦小紅
発行者：長谷 雅春
発行所：株式会社五絃舎
　　　　〒173-0025　東京都板橋区熊野町 46-7-402
　　　　Tel & Fax：03-3957-5587
　　　　e-mail：gogensya@db3.so-net.ne.jp
組　版：Office Five Strings
印　刷：モリモト印刷
ISBN978-4-86434-131-8
Printed in Japan　ⓒ 2021